Cinzas do Passado

pelo Espírito Lucius

Psicografia de Sandra Carneiro

CB124307

vivaluz
editora

VIVALUZ EDITORA ESPÍRITA LTDA.
Rua Emídio Fazzio, 114 - Alvinópolis
Atibaia - SP - Cep 12942-420
Telefones: (11) 4402-2312 - Fax: (11) 4412-8750
E-mail: vivaluz_editora@uol.com.br

Copyright 2002 by
VIVALUZ EDITORA ESPÍRITA LTDA.
Rua Emídio Fazio, 114 – Alvinópolis
CEP 12942-420 – Atibaia – São Paulo
Telefone: (0xx11) 4402-2312 - Fax: 4412-8750
vivaluz_editora@uol.com.br

L939c Lucius (Espírito)
Cinzas do passado / Lucius; psicografia de Sandra Carneiro. - Atibaia, SP: Vivaluz, 2002.

ISBN 85-89202-01-1

1. Espiritismo - Obras psicografadas.I. Carneiro Sandra
II. Título

CDD: 133.9

Índices para catálogo sistemático:

1.Romance espírita : Espiritismo 133.9

7ª Edição – 2009
5.000 exemplares

Revisão: Maria Helena de Mola
Rosana Morales
Capa: Ricardo Yorio
Diagramação e editoração eletrônica: Ricardo Yorio
Coordenação: Alexandre Carneiro
Impressão: Lis Gráfica e Editora

Impresso no Brasil / printed in Brazil

É proibida a reprodução de parte ou totalidade dos textos sem autorização prévia do editor

Agradecimento

Com muito carinho e emoção, agradecemos a doação da pintura de capa cedida generosamente por sua pintora, Maria de Lourdes de Freitas Marques que, não obstante seus oitenta e sete anos e todas as lutas já experimentadas, segue acreditando na vida.

Desejamos profundamente que Deus a abençoe e ilumine agora e sempre.

Sandra Carneiro

Prefácio

Há momentos em nossas vidas em que nuvens escuras parecem nos envolver. Sentimo-nos perdidos e não conseguimos encontrar a saída para nossos problemas e dificuldades. Sentimo-nos sós e desamparados, sem ninguém que nos compreenda e olhe por nós.

Saibamos, especialmente nessas horas, que Deus nunca nos abandona. Por mais difíceis sejam nossos problemas, por mais penosos sejam os momentos pelos quais passamos, acreditemos que nada nos acontece por acaso. Deus, em sua infinita bondade, nos cerca com Seu amor e carinho.

Muitas vezes, porém, esse carinho nos chega em forma de correção; como um pai corrige e orienta ao filho que ama, nosso Pai Maior permite a dor em nossas vidas, para nos auxiliar a crescer e compreender sua vontade, suas leis eternas, para que aprendamos a fazer melhores escolhas. O processo de aprendizagem, freqüentemente, é doloroso porque insistimos em nos apegar ao orgulho e ao egoísmo, resistindo às lições que precisamos aprender.

Busquemos reconhecer a Providência em tudo que nos acontece. Deus nunca nos desampara. Ele está sempre presente cuidando de nós e nos protegendo, através de seus mensageiros. Busquemos abrir nossos corações para ouvir a voz suave e amiga desses companheiros espirituais que nos apoiam e auxiliam, e não deixemos a desesperança e a amargura se instalarem em nossos corações, controlando nossas vidas. Se abrirmos o coração sinceramente a Deus e procurarmos compreender com humildade tudo que nos acontece, iremos perceber a maravilhosa ordem como os fatos se encadeiam em nossa existência. Tudo tem um significado. Tudo são sinais a nos apontarem o caminho que precisamos seguir para sermos mais felizes, para encontrarmos Deus de forma verdadeira e para realizarmos aqui na Terra, o que devemos realizar.

E assim, é nosso mais profundo desejo que os personagens deste romance, seus dramas, suas emoções, suas lutas e vitórias, possam inspirar você, amigo leitor, tocando seu coração, despertando o que ainda está adormecido e levando alegria e paz aos corações desalentados.

Tudo na vida passa. Dor, alegria, tudo passa; mas a paz, a força e a serenidade que a fé em Jesus despertam em nossos corações nos acompanharão para sempre.

Lucius

Sumário

Capítulo 1

As labaredas foram crescendo e espalhando-se até queimar toda a casa.

Distante das chamas, um homem a tudo observava desalentado e vencido, sentindo-se fraco e impotente. Via tudo como se assistisse a um filme, como se os fatos que acabavam de ocorrer nenhuma relação tivessem com sua própria vida. Aos poucos o fogo diminuía, depois de haver destruído a casa e tudo que havia dentro dela.

O homem, que permanecia imóvel profundamente triste e perplexo, aparentava cinqüenta anos e seu semblante sofrido denunciava uma vida de dificuldades. Foram anos de trabalho duro e muita luta. Todas as suas doces lembranças estavam dentro daquela casa, agora destruída pelo fogo. Ao menos ninguém se machucara – pensava ele – que vivia sozinho em seu sítio. Seus filhos Pedro, Antônio, José e Lucas estavam na cidade grande, longe dali, em São Paulo e sua esposa querida, Dulce, partira mais de dez anos atrás.

Jorge estava extremamente abatido e seu olhar era distante, perdido em algum ponto do horizonte. Ele não conseguia acreditar que tudo aquilo estivesse mesmo acontecendo.

Alguns amigos, vizinhos e dedicados empregados vinham trabalhando desde a madrugada, combatendo o fogo que insistiu em alastrar-se impetuoso e devorador até o amanhecer.

Jorge só conseguia pensar em Dulce, a mulher que ele tanto amava...

— Ah! Dulce! Dulce minha querida Dulce! Amor de minha juventude, alegria da minha vida. Tudo que construímos está destruído... tudo...tudo transformado em cinzas... O que vou fazer agora, meu Deus?

Dor e desalento tomavam conta do coração de Jorge. Sentia-se desfalecendo. Suas forças estavam desaparecendo e não tinha ânimo nem mesmo para erguer os olhos aos céus em busca de ajuda.

Com o coração disparado, oprimido pela tristeza, e os pensamentos em descontrole, as lágrimas desciam pela face de Jorge que sentia sua alma fatigada e sem esperanças.

Foi quando ele, ainda observando os amigos Duda, Luís, dr. Genésio e alguns empregados, completamente entretidos no esforço imenso de tentar controlar o fogo e apagar as últimas chamas, sentiu-se subitamente envolvido por suave sensação. Tudo à sua volta lhe sumia da visão, desaparecendo lentamente. As vozes dos amigos foram também se distanciando...

Envolvido por aquele torpor que lhe dominava aos poucos, viu Dulce aproximar-se dele envolta em uma intensa luz que jamais vira antes em sua vida. Tão intenso era o brilho que quase lhe ofuscava os olhos. O brilho, entre tons rosados e prateados envolvia o rosto e o corpo de Dulce. Ela chegou suavemente, como sempre fazia em vida, olhou-o dentro dos olhos, como só ela sabia fazer e lhe disse:

— Jorge, querido Jorge...

Ele então, embora inebriado pela visão da esposa amada, caiu em profundo sono. Naquele exato momento, seus vizinhos vinham ao seu encontro, fatigados pelos esforços despendidos na longa jornada da madrugada.

Ao encontrarem Jorge desfalecido, assustaram-se pensando que ele não fosse ter forças para resistir ao ocorrido.

Jorge, porém, dormia profundamente. Na verdade, seu corpo dormia; seu espírito, com a ajuda de Dulce e de dois outros companheiros desencarnados que com ela haviam chegado, ia sendo desprendido lentamente, com calma e cuidado. À medida que seu corpo físico adormecia, seu corpo espiritual desprendia-se com maior facilidade.

Os amigos de Jorge colocaram-no imediatamente no pequeno caminhão e juntos dirigiram-se depressa ao hospital da cidade. No caminho, conversavam preocupados e ansiosos:

— Ele ainda está respirando, mas acho que o coração está batendo mais fraco! Por favor, mais rápido dr. Genésio, mais rápido! Estou com o coração apertado. Tenho muito medo de que Jorge não agüente – pediu Duda, deixando transparecer na voz a tensão e a preocupação que sentia pelo amigo. E continuou:

— Puxa! Ele parecia bem, controlado. É claro que devia estar abalado, mas parecia estar tentando se controlar.

— Como vamos saber o que ele sentia, Duda? Ele sofreu um impacto muito forte. Afinal, aquele sítio é tudo para ele.

— É verdade. Ver a casa que ele construiu com tanto esforço e tudo o mais que havia dentro dela destruído...

— Vamos mais rápido, Dr. Genésio! Acho que a respiração está ficando mais fraca. Sinto também que os batimentos cardíacos estão muito espaçados. Parece até que o coração está parando! – insistiu Luís, depois de sentir os pulsos do amigo.

— Meu Deus, Luís! Acho que ele não vai agüentar! Os batimentos estão quase imperceptíveis. Não consigo senti-los mais...

Dr. Genésio acelerava o mais que podia pelas poeirentas estradas de terra que levavam até a cidade. Duda e Luís tentavam acompanhar as reações físicas de Jorge, pedindo a Deus pelo amigo que era muito querido.

Apesar de sua severidade, que muitas vezes beirava a rispidez, Jorge tinha o respeito dos amigos e de muitos moradores da pequena cidade. Alguns o conheciam desde pequeno. Sendo o mais velho de oito irmãos, era muito cobrado em relação às responsabilidades da casa. Trabalhava no campo desde antes do amanhecer até o anoitecer. De família simples e sem posses, Jorge crescera acompanhando o pai no trabalho de capataz da fazenda Vera Cruz. Quando o pai morreu, a mãe decidiu mudar-se para a cidade com os oito filhos, na esperança de encontrar trabalho. A tentativa não foi bem sucedida e a vida na cidade tornou-se muito dura. Jorge não conseguia trabalho certo que pudesse prover-lhes o necessário. Diante das dificuldades e dos recursos escassos, tiveram de mudar várias vezes de casa. Da fazenda onde nascera, já não restava mais nada.

No início da mocidade, ainda enfrentando muitas dificuldades, Jorge conheceu Dulce e casaram-se pouco tempo depois. Tiveram quatro filhos. Assim que os meninos cresceram, podendo ajudá-lo no trabalho, vendeu o pouco que possuíam e comprou um pequeno sítio onde, com muito esforço, conseguiu se estabelecer.

Sítio Esperança foi o nome que Dulce escolheu quando se mudaram para aquele pedaço de céu, como ela costuma chamar o lugar.

Às vezes Jorge ficava a assistir o pôr do sol naqueles campos. Passava horas observando a beleza do entardecer, e não raro, nesses momentos em que estava sozinho, ficava muito pensativo. Sentia uma angústia que não compreendia. Sentia saudade de alguma coisa distante em sua memória, porém não conseguia lembrar-se de nada que pudesse fazê-lo compreender essa melancolia que o invadia, às vezes. Embora a lida no sítio fosse difícil, Jorge gostava dela: gostava do cheiro do mato, do gado e dos cavalos. Apesar das dificuldades que passara por toda a sua vida, sentia-se feliz no sítio Esperança. No entanto, a angústia persistia sempre em seus momentos de recolhimento.

Dedicado e responsável, ajudou a mãe e os irmãos contribuindo quanto podia para que tivessem uma vida mais tranqüila, com muita simplicidade, mas com o necessário.

Jorge conquistou o carinho de amigos e vizinhos na cidade, que lhe respeitavam a dedicação e o esforço

Quando chegaram ao hospital, todos já sabiam que a casa de Jorge se havia incendiado. Não sabiam a extensão dos estragos, tampouco que o fogo mais uma vez destruíra tudo. O fogo... o mesmo fogo que levara Dulce... pobre Jorge!

Não foi difícil para eles, quase todos amigos e conhecidos de longa data, recordarem-se do ocorrido naquela noite, dez anos atrás. O desespero de Jorge e de seus filhos. A forma como ela chegou ao hospital...Infelizmente não havia muito a ser feito. Mas o que mais impressionou a todos foi a calma e serenidade com a qual ela enfrentou a situação.

Ninguém nunca compreendeu o que havia sucedido naquela noite. Sabiam que o celeiro havia incendiado rapidamente, sem que ninguém percebesse o princípio das chamas. Foi intenso e arrasador.

Se eles reviviam tudo como se estivesse acontecendo naquele momento, como não estaria Jorge se sentindo? O fogo estava novamente presente em sua vida e de forma tão forte e agressiva!

Ao verem Jorge desacordado e carregado pelos amigos, temeram pelo pior. Ainda na porta do hospital Jorge foi colocado em uma maca e levado imediatamente ao centro de emergência.

Diante do olhar perplexo dos três amigos, assustados e esgotados... Lá foi ele portas adentro com toda a equipe médica à sua volta. Mas Jorge nada via, nada ouvia e não reagia...

— Oxigênio! Ele deve ter respirado muito gás carbônico – pediu o médico assim que Jorge foi colocado sobre a maca.

— Acho que vamos precisar fazer ressuscitação... Os

batimentos estão muito fracos. Ele não reage – prosseguia o médico enquanto andava rapidamente ao lado da maca.

— Preparem os procedimentos para entubar. Creio que vamos ter de utilizar esse recurso. Tudo preparado no centro de emergência?

— Tudo preparado, doutor.

Capítulo 2

Não muito longe, numa outra dimensão muito mais sutil, Jorge encontrava-se com Dulce, após dez anos de dolorosa separação. Ele estava espantado; não sabia se aquilo era um sonho ou o que lhe acontecia. Desejara tão intensamente, por tanto tempo, sonhar com ela... Sua querida Dulce, a esposa e amiga, que o acompanhara em todas as suas lutas e dissabores. Ela sempre o apoiava, serena e confiante, mesmo diante das maiores dificuldades. Naqueles dez anos de separação, ele nunca sonhara com ela, ainda que falasse sempre com ela em pensamento, trabalhasse para ela, cuidasse do sítio e da casa para ela, vivesse para ela...

Alguns meses após sua morte, decidido a tentar de tudo para revê-la, Jorge havia procurado alguns lugares que lhe disseram poderiam trazer alguma notícia de Dulce, mas nada acontecera. Durante alguns meses freqüentara um centro espírita, em busca de notícias da sua esposa. Porém mais de um ano se passou e nada aconteceu. Jorge desistiu então de procurar qualquer consolo ou religião. Fechou-se ainda mais para a vida, tornando-se melancólico e distante. Ninguém podia avaliar o seu sofrimento e nem mesmo a visita dos filhos conseguia alegrá-lo.

Como ninguém conseguiu descobrir as verdadeiras causas do incêndio que a haviam levado, sua angústia por explicações se acentuava. Seu filho mais velho, silenciosamente, o culpava pelos fatos daquela noite terrível. Aquela noite com a qual sonhou tantas vezes, revendo repetidamente o incêndio rápido e devastador. Outras imagens de pequena casa em chamas apareciam em seus sonhos, enchendo suas noites de agitação e dor. Horríveis pesadelos o atormentavam, desde que Dulce se fora.

Mas agora ele estava com ela. Que alegria e leveza sentia em seu coração ao vê-la tão linda e iluminada! Finalmente estava sonhando com ela, pensava. Mas algo lhe dizia no fundo da alma que aquilo não era um sonho...

— Dulce! O que está acontecendo? Sinto-me estranho. Estou sonhando!? Dulce, que saudade senti de você nesses anos todos! O que aconteceu comigo? Eu morri? Nossos filhos, onde estão?

Jorge fazia uma pergunta atrás da outra, ao mesmo tempo em que olhava ansioso e curioso tudo o que se passava à sua volta.

— Calma, Jorge. Não fale, apenas nos acompanhe. Você não morreu. Estamos levando-o para um lugar especial. Você entenderá quando chegarmos lá. Não se preocupe.

— Quem são esses dois homens?

— Este é nosso irmão Tiago e este é João Lucas. São companheiros de socorro e amparo a todos aqueles que precisam de auxílio em momentos como o que você está vivendo agora.

— Mas o que... Como?... Sinto-me muito estranho...

Jorge estava muito confuso diante de tantas sensações diferentes e inexplicáveis... Ele flutuava junto com Dulce e seus companheiros. Não sabia direito como ou para onde estavam indo, mas via ao longe a Terra afastando-se. Podia ver os mares azuis, misturados à terra. O sol iluminava parte do planeta e ele conseguia ver também um lado escuro onde era noite. Já estavam longe. Tão rápido e tão longe!

Ele não conseguia entender. Como podia estar flutuando? Como estava com Dulce, se ainda não morrera? Estava feliz por vê-la, mas tinha muitas perguntas passando por sua mente. Não conseguia organizar as idéias pois seus pensamentos vinham um após outro sem que tivesse qualquer controle sobre eles. Percebia muito mais claramente seus pensamentos e sentimentos de uma forma nunca experimentada antes.

— Querido Jorge, não se preocupe. Apenas relaxe e confie em mim. Todas essas perguntas que estão passando agora pela sua cabeça serão respondidas. Acalme sua mente. Estamos trazendo você para o plano espiritual para que você possa ter as respostas que procura.

— Plano espiritual? Do que você está falando?

— Sim, plano espiritual. Nós queremos ajudá-lo em sua missão na terra, Jorge. Queremos ajudá-lo a encontrar a força de que necessita para seguir em frente, realizando tudo aquilo que tem para fazer em sua vida.

— E o que eu tenho para fazer?! Já não fiz tudo que deveria? Estou no fim da minha vida!!

— Tudo a seu tempo. Quando chegarmos, você irá descansar um pouco e depois conversaremos mais tranqüilamente. Estamos atravessando uma região muito pesada. Preste atenção à sua volta. Você irá perceber quantas áreas escuras. Aqui não é o melhor lugar para discutirmos isso e nem para esclarecermos a todas as suas dúvidas. Aguarde um pouco mais, em breve chegaremos. Acima de tudo, acalme seus pensamentos. Apenas concentre-os em Jesus. Pense no seu amor. Pense no amor que nos une e confie em mim, Jorge.

Jorge olhou ao redor, espantado com o que via. Como tudo era estranho e desconhecido, ele não conseguia prestar atenção a todos os detalhes do que se passava à sua volta. Mas agora, observando detidamente percebia que havia zonas escuras, como se fossem fuligem ou uma espécie de fumaça viscosa. De quando em quando via imagens que pareciam pessoas, flutuando também. Era um cenário feio e muito triste.

Ele percebeu que a Terra também estava envolvida numa espécie de fumaça densa, escura, com aquela aparência pegajosa. De alguns pontos partiam pequenas luzes que cruzavam os céus em direção ao infinito. Esses pequenos pontos luminosos atravessavam aquele espaço negro e viscoso e expandiam-se encontrando com outros menores que vinham de outras partes, formando caminhos de luz pelo Universo afora.

Aos poucos Jorge foi sentindo-se mais confortável. Acalmou-se e entregou-se à suave condução de Dulce. Apesar de ser um homem que gostava de ter o controle de tudo nas próprias mãos, sentia naquele momento que uma força maior o dominava e que aquela era uma situação sobre a qual não tinha a menor compreensão. Suspirou profundamente segurando com mais força as mãos de Dulce, deixando-se dirigir por ela.

Capítulo 3

Enquanto Dulce e Jorge viajavam pelo espaço, seus filhos recebiam a notícia do acontecido. Não tinham noção exata do que se passara, porém sabiam que era grave.

— Mas... Pedro, o que foi que a Duda disse?

— Ela disse que o pai está no hospital e que a casa queimou inteira.

— A casa queimou todinha? Outra vez! Como é que isso foi acontecer novamente? E como está o pai?

— Ele não está bem. Parece que foi sério. Duda não sabe exatamente o real estado de saúde dele, porque chegou ao hospital desacordado e não tiveram maiores notícias até agora.

— Mas então a situação é muito grave! O pai corre algum risco?!

— Eles não disseram. Só pediram para irmos assim que fosse possível.

— Vamos avisar o Lucas e o Zezito e vamos para lá agora mesmo!

— Eu não posso ausentar-me do trabalho hoje, Antônio. Tenho uma série de compromissos e não vou poder desmarcar todos. Vou ver o que consigo fazer. Irei assim que conseguir me organizar.

— Pedro, o pai não está bem... Ele precisa de nós! Temos de ir imediatamente, ver como ele está, saber o que aconteceu realmente. Não vou conseguir fazer mais nada enquanto não estiver lá e souber com precisão de todos os fatos. Por que você não quer ir imediatamente? Tem algum compromisso mais importante do que saber como está o pai? Pedro, pelo amor de Deus!

— Olha, Antônio, eu sei que a situação é grave, mas não posso simplesmente abandonar meu trabalho... Vou ver como as coisas correm e aviso durante o dia.

— Eu vou avisar o Zezito e o Lucas e ver o que eles querem fazer. Só não consigo entender como é que você pode pensar em seu trabalho numa hora destas, Pedro.

— A vida tem de continuar. Você conversa com eles e depois me telefona para dizer o que pretendem fazer. Agora preciso ir. Já estou atrasado.

Antônio, o mais novo dos quatro irmãos, foi o último a deixar o sítio e juntar-se aos outros em São Paulo. Era muito carinhoso e atento a todas as necessidades dos pais. Quando Dulce ainda estava viva, ela o chamava de "meu pequeno anjo da guarda", pois Antônio estava sempre cuidando dela, sempre por perto disposto a ajudar. Sofreu muito quando ela partiu, apenas o cuidado e a preocupação com o pai puderam abrandar a perda e a dor.

Já Pedro não sentia o mesmo. Achava que o pai tivera alguma culpa no incidente que causara a morte da mãe. Nunca dissera isso abertamente, mas as suspeitas viviam rondando sua mente, embora ele soubesse que não existia nenhum indício que pudesse ligar de alguma forma Jorge ao ocorrido naquela noite. A exaustiva investigação conduzida pelo inquérito instaurado não conseguiu concluir a causa do incidente. Ninguém compreendia como acontecera nem como ou por que Dulce estava lá. Pedro não se conformava, não aceitava. Pensava nela todos os dias e pouca ou quase nenhuma atenção dedicava ao pai, uma vez que no fundo o culpava. De quando em quando sentia uma ponta de remorso por cultivar aquelas suspeitas. Racionalmente sabia que o pai nada tinha a ver com a tragédia. Ele mesmo testemunhara todo o sofrimento que o acometera após o incêndio. Ele acompanhou a profunda depressão que se abateu sobre o pai. Não comia, não trabalhava mais; não falava. Nos primeiros seis meses que se seguiram ao incidente, ele pouco falava. Ficava olhando o vazio por horas e horas seguidas. Com muita insistência de toda a família, ele comia algo. Era como se ele quisesse morrer também.

Pedro acompanhou todo esse processo. No entanto, associou a reação inconformada do pai à culpa e remorso. Talvez os pais tivessem discutido e a mãe, triste e magoada, tivesse saído de casa e ido ao galpão. Mas eles nunca brigavam... Era quase impossível um desentendimento com Dulce, tamanha a atitude de compreensão e colaboração que ela demonstrava em todos os momentos. Se eles não brigaram, então talvez fosse algum descuido do pai. Qualquer que fosse o caminho de seus pensamentos, sempre acabavam no pai como o culpado por tudo.

Naquela manhã, seguindo para o trabalho, muitas lembranças se revolviam na mente de Pedro. Ele nem percebeu os faróis que atravessou pela cidade, completamente absorto nas lembranças do passado. Cogitou em não visitar o pai. Sempre sentira em relação a ele uma mágoa forte e intensa embora não soubesse ao certo de onde ela provinha. Após a morte da mãe, essa mágoa abriu-se em chaga profunda. Sem dúvida, para Pedro o pai era o culpado e ele estava agora provando do próprio veneno. Novamente a idéia de não visitá-lo passou pela sua cabeça. Pensou em todo o trabalho que tinha para aquele dia, tentando concentrar sua mente em coisas mais produtivas.

Pedro era um advogado bem-sucedido. Estava realizado na profissão e planejava crescer muito mais. Ambicionava tornar-se promotor e futuramente juiz. Não havia se casado ainda, mas finalmente encontrara a pessoa com quem estava construindo uma relação forte, que o levaria a ter seu lar e a própria família. Ele tinha trabalhado duro para construir tudo o que possuía. E havia conseguido!

Apesar de tudo estar bem, como ele sempre desejara, no fundo de seu coração havia uma tristeza, uma angústia indefinida que insistia em incomodá-lo. E também aquele sentimento persistente de mágoa e revolta para com o pai o perturbavam. Sempre pensara no pai como um homem duro e severo demais. Nunca haviam conseguido aproximar-se e quase tudo em seu pai o irritava, o incomodava. Por certo ainda não havia encontrado a tão famosa felicidade. Possuía tudo o que sempre desejara e podia ser considerado um homem bem-sucedido. Porém não estava feliz, nunca se sentira verdadeiramente feliz.

Quando encostou o carro no estacionamento do prédio, no centro novo de São Paulo, não conseguia lembrar de como chegara até ali. Desligou o carro e ficou pensativo por mais alguns minutos. Decidiu finalmente que de qualquer forma, iria visitar o pai. Não poderia ignorar o que estava acontecendo. Tinha de saber como ele estava. Apesar de tudo, ele se preocupava com o pai.

Irritou-se, por fim, com a ambigüidade dos seus sentimentos, sem entretanto entender que sentia pelo pai ao mesmo tempo amor e amargura.

Capítulo 4

Lá pelo meio do dia, Antônio, Zezito e Lucas já estavam a caminho do hospital. Seguiam calados e pensativos pois era impossível não relembrar, não reviver tudo outra vez, como em um pesadelo... Por que estavam tendo de enfrentar novamente o fogo em suas vidas quando ainda havia cinzas em seus corações? Dez anos não tinham sido suficientes para fazê-los esquecer completamente a morte da mãe. E agora teriam de viver tudo de novo... E no mesmo lugar... Era muito difícil para os três irmãos. E naquele dia o caminho se fez ainda mais longo do que costumava ser. Viveram e reviveram as horas de dor e angústia guardadas em suas memórias várias vezes antes que chegassem ao hospital.

Quanto mais se aproximavam da cidade, mais longa lhes parecia a distância e mais ansiosos ficavam. Acima de tudo, temiam o estado de saúde do pai... Temiam que já estivesse morto e não quisessem contar a eles. Mas a esperança também era muito forte. Queriam acreditar que o pai estava bem e que iriam encontrá-lo restabelecido.

Apesar do céu azul e do belo dia ensolarado, a cidade parecia apagada e triste. O hospital nunca havia sido tão distante como naquele dia.

Finalmente chegaram e as notícias que aguardavam os três irmãos eram ao mesmo tempo confortadoras e preocupantes.

— Ele está desacordado – informou o médico responsável pelo caso – não está em coma e seu estado de saúde geral é estável. Não tem queimaduras, não sofreu nenhum ferimento grave. Acreditamos que está em estado de choque. Dorme profundamente. Sua respiração é lenta e fraca e seu pulso é quase o mesmo de um paciente em coma, mas não há comprometimento dos órgãos internos. Ele está bem, porém desacordado.

— Desde quando ele está assim? – perguntou Antônio, entre assustado e aliviado.

— Desde que chegou ao hospital. Parece que estava bem, quer dizer, dentro do possível naquelas circunstâncias, mas de repente perdeu a consciência. Encontraram seu pai desacordado, e ninguém sabe dizer se ele sentiu alguma dor, ou se simplesmente desmaiou. Estamos realizando uma série de exames para procurar o que pode estar causando esse estado de sono e letargia no qual ele se encontra.

Não obstante os acontecimentos que feriam seu coração, Antônio sentia uma estranha confiança no futuro. Não saberia explicar, mas no fundo sentia que o pai ia ficar bom. Apesar da angústia de saber da destruição da casa, da lembrança amarga da morte da mãe, de todas as lembranças doídas, tinha uma sensação de alívio ou amparo ao mesmo tempo. Era como se bem no fundo de seu coração, Antônio tivesse a certeza de que tudo estava acontecendo conforme deveria acontecer... Mas como podia ser isso? Antônio não raciocinava. Apenas sentia.

Conforme o tempo ia passando, ele ficava mais ansioso pela chegada de Pedro. Já entardecia quando decidiram todos ir até a casa, ou o que dela havia restado. Após certificarem-se junto aos médicos de que a condição do pai era estável e de que nada mais poderiam fazer, mais tranqüilizados, resolveram ir até o sítio. Foram em companhia de Josué, o delegado da cidade, que precisava iniciar a investigação para averiguar as causas do incêndio. Não havia dúvidas de que os próximos dias seriam difíceis para todos eles, pois teriam de remexer de novo o passado.

Dirigiram-se para o sítio Esperança. Enquanto seguiam pela estrada que ligava a cidade ao sítio, a sensação de relativa tranqüilidade de Antônio foi então se alterando e intensa angústia foi invadindo seu coração. Um medo indefinível, impreciso, foi sufocando seu peito. Quanto mais próximo estavam do sítio, mais angústia e ansiedade sentia. Ele chegou sentindo-se profundamente triste. Antônio foi tomado então de pânico incontrolável. Ele não queria chegar perto da casa, não queria se aproximar.

Josué estacionou o carro na frente do que fora a entrada principal. Todos desceram, menos Antônio. Ele olhava a casa. Lembrava da mãe. Lembrava de algo mais que não conseguiu identificar e começou a chorar descontroladamente.

— Calma, Antônio. Você precisa se acalmar. Respire fundo. Pense que tudo vai ficar bem. Vamos apenas dar uma olhada geral na casa e depois partimos.

— Não consigo! Não posso entrar. Está tudo queimado, destruído. É terrível!! A casa onde passei toda a minha infância está em cinzas...

Zezito e Lucas se calaram. Eles sabiam a dor de Antônio. Sempre fora o mais apegado aos pais e aos irmãos, sempre valorizava em tudo a família. O que dizer, o que pensar num momento como aquele? Como poderiam entender o porquê de tudo aquilo? Como poderiam ser fortes diante da dor que esmagava seus corações? Estavam tentando ser fortes, pois sabiam que desespero não iria ajudar em nada. Afinal, não havia nada que pudessem fazer para mudar os fatos. Tinham de dar andamento às investigações e cuidar do pai. Precisavam decidir o que fazer com ele assim que saísse do hospital, por que todos tinham certeza de que ele iria sair. Precisavam ser práticos, racionais.

— Vão indo na frente. Eu encontro vocês em seguida – falou por fim Antônio, depois de acalmar-se um pouco – eu estou bem. Preciso apenas ficar um pouco sozinho.

Josué, que nessa altura já havia entrado e saído várias vezes do que sobrara da casa, e andado do lado de fora também, entregou a Zezito e Lucas alguns papéis que eles deveriam assinar.

— Vocês já conhecem os procedimentos, não é? Estamos dando início às investigações para apurar as causas do incêndio. Dependendo dos indícios encontrados como causas do incêndio, poderão eventualmente ser identificadas ligações deste com o incêndio anterior. Caso isso ocorra, podem até pedir reabertura do outro inquérito.

— Mas será que é realmente necessário, Josué? Não dá para fazer a investigação de um jeito mais simples? Afinal o outro processo foi concluído e arquivado por falta de provas! Abrir de novo velhas chagas seria demais para o pai e também para todos nós!

— Eu sei, Zezito! Acho que vocês todos já sofreram demais com tudo o que aconteceu. Vamos fazer todo o possível para que as investigações sejam realizadas o mais breve que conseguirmos. Tentaremos agilizar todo o processo, mas vocês sabem que não depende de mim. Há uma série de trâmites, toda uma burocracia que precisa ser seguida à risca. Vocês sabem como funciona, afinal, Pedro é advogado. Nos empenharemos para que tudo fique esclarecido o mais breve possível.

— Agradecemos muito todo o empenho que você puder dedicar a este caso.

Finalmente Antônio tomou coragem para sair do carro. Estava entrando no que fora a varanda da casa quando ouviram barulho de carro ao longe. Era Pedro que chegava.

Capítulo 5

Enquanto estavam ali reunidos, bem longe Dulce e Jorge alcançavam seu destino. Estavam numa colônia, bem acima da Terra. Não era propriamente uma colônia de socorro, mas de recuperação e refazimento. Para aquela colônia eram encaminhados espíritos com alguma consciência, mas que ainda necessitavam de muito suporte e amparo para fortalecer-se e preparar-se para novas encarnações ou novos aprendizados.

O lugar era muito agradável, amplo e espaçoso. Possuía vegetação farta e linda com muitas árvores, flores e pássaros. Alguns eram parecidos com os que Jorge já conhecia, outros eram muito diferentes, mas todos eram lindos! Alguns com cores brilhantes e vibrantes, ora em tons suaves, porém não menos brilhantes. Muitas pessoas que estavam ali vestiam uma espécie de túnica branca. Uns caminhavam; outros estavam sentados, meditando. Havia os que, com livros nas mãos, estudavam. Alguns conversavam em pequenos grupos. Uma harmonia intensa e suave era sentida em toda parte.

Envolvido por sensações de alegria, paz e serenidade, Jorge concluiu:

— "Estou no céu! Morri e estou no céu!!"

Tão logo ele emitiu esse pensamento, Dulce, que parecia distraída, encarou-o e disse:

— Não, Jorge, você não morreu, seu corpo está apenas dormindo. E aqui não é o céu, ao menos não como você imagina. Você está numa colônia de refazimento, acima da Terra, na direção da cidade de Araxá em Minas Gerais. Para cá são encaminhadas muitas pessoas do Brasil que necessitam fortalecer sua fé, seu preparo espiritual. A grande maioria já possui alguma consciência de Deus, das verdades eternas, do amor ao próximo, porém necessitam fortalecer esses valores para que tais princípios norteiem sua próxima encarnação, e possam assim ser homens e mulheres mais felizes, mais firmes e mais úteis no trabalho de regeneração da humanidade.

— É engraçado, Dulce, mas de repente o lugar me pareceu um pouco familiar. Eu não sei explicar... Essas pessoas todas vestidas de branco... De repente me sinto como se já tivesse estado aqui...

— E você já esteve Jorge. Algumas vezes durante essa sua encarnação e também durante algum tempo, como espírito, antes de reencarnar para ser meu esposo, nessa encarnação que você vive agora.

Jorge e Dulce, com os irmãos que os acompanhavam, continuaram caminhando até chegarem diante de um grande edifício branco, que mais parecia uma biblioteca, ou algum lugar de estudo. Logo ao entrarem, encontraram outro companheiro, que cumprimentou Jorge carinhosamente:

— Como vai, querido companheiro? Que a paz de Jesus o abençoe. Soubemos que está vivendo um momento delicado, e estamos todos vibrando muito por você!

Jorge não sabia quem era aquele homem. Seu rosto não lhe era estranho, mas não sabia quem era. Com certeza, porém, eles se conheciam, pois cumprimentou-o com muito carinho como se fossem velhos conhecidos.

— E nos conhecemos mesmo – disse Teobaldo. Somos muito amigos. Mas você não se lembra agora. Não se preocupe com isso, Jorge. Fique tranqüilo. Tudo tem seu momento certo em nossa vida. Tudo acontece na hora certa e da maneira que melhor nos conduza aos aprendizados de que necessitamos. Fique tranqüilo, meu amigo.

Teobaldo despediu-se dos companheiros e continuou seus afazeres. João Lucas e Tiago, que com eles vinham desde a Terra, despediram-se também:

— Jorge, estarei trabalhando em algumas responsabilidades agora, mas virei em seguida para participar da reunião – despediu-se Tiago tocando suavemente o ombro de Jorge.

— Que reunião? Do que está falando?

João Lucas abraçou-o e procurou tranquilizá-lo:

— Calma, você logo entenderá.

Assim que os amigos se afastaram um pouco, Jorge disse à companheira:

— Dulce, tenho tantas perguntas a fazer! Tenho tantas dúvidas em minha mente! Não entendo nada do que está acontecendo, e no entanto uma força maior me faz calar...

— Não se preocupe, sei de tudo que se passa em sua mente. Sei de suas dúvidas, sua perplexidade, seus temores todos, sua incredulidade ao ver coisas que lhe parecem impossíveis. Sei que em alguns momentos você até se imagina sonhando ou delirando. Sei também que sente um peso inexplicável, incompatível com este lugar tão suave e leve. Mas não tenha ansiedades, Jorge, pois foi permitido trazer você até aqui para ajudá-lo, para acalmar seu espírito, que sofria muito e estava a ponto de desistir de tudo e não prosseguir com suas responsabilidades e compromissos. Os sofrimentos e as dificuldades foram pesados e você vem suportando tudo, conforme dispôs-se. Mas a dor e os pesares têm tido muita força. Aqui você irá passar por um tratamento que tem como objetivo lhe conferir forças, revigorar seu espírito e ajudá-lo na continuação de sua missão na terra, para que você possa sair dela com sucesso, como se propôs.

Jorge ficou ainda mais confuso. Percebeu que Dulce sabia tudo que ele pensava e sentia. Percebeu que Teobaldo também lera seus pensamentos. Minutos atrás havia ficado em dúvida e achou que talvez com Teobaldo tivesse pensado alto, tivesse falado. Mas agora, com Dulce tinha certeza de que não falara sequer uma palavra e ainda assim, ela tudo sabia, inclusive seus sentimentos, seus receios, dos quais nem ele se dava conta. Na verdade nem ele próprio tinha percebido tão bem seus sentimentos. Pensava tantas coisas ao mesmo tempo que não tinha notado todas as emoções que o envolviam naquelas últimas horas. Mas aquele peso de que Dulce falara, ele realmente sentia. Era um peso estranho, como se estivesse carregando algum fardo nas costas, nas mãos, em todo o corpo. Tinha até de fazer certo esforço para caminhar e ao mesmo tempo percebia a leveza de tudo o que estava à sua volta. Era como se todos não andassem, flutuassem.

— Esse peso que sente, Jorge, é devido a estar ligado ao seu corpo físico, que está na terra, nesse momento, no hospital. Na verdade você está recebendo alguns tratamentos e remédios para o coração, e para tentar reanimá-lo. Não são medicamentos prejudiciais, mas eles também contribuem para que você se sinta mais pesado, mais denso. Na verdade seu corpo está bem, você apenas dorme. Contudo os médicos não entendem as razões que o estão deixando desacordado, e o medicam, na tentativa de trazê-lo de volta. Esse peso que você sente é a ligação com seu corpo. Logo mais irá se acostumar com a atmosfera daqui, e se sentirá melhor e mais leve.

Jorge e Dulce chegaram a uma sala diferente. Tinha forma cônica e meio arredondada.

— Vamos aguardar aqui. Você pode descansar um pouco, Jorge, pois precisa relaxar, acalmar suas emoções, seus pensamentos, serenar seu espírito. Assim toda a ajuda lhe será muito mais útil.

Jorge deitou-se num enorme sofá, semelhante aos divãs usados por psicanalistas, porém com dimensões bem maiores. Deitou-se e procurou descansar. Estava mesmo muito cansado. Sentiu-se confortavelmente acolhido naquele sofá e passados alguns momentos estava dormindo.

Dulce permaneceu ao seu lado, não se afastou em momento algum. Jorge era muito querido para ela que vinha há muito tempo cuidando dele com dedicação e carinho. Sabia que ele precisaria de muita força e apoio para seguir em frente e ela tudo faria para auxiliá-lo na caminhada.

E assim, envoltos por aquele ambiente de serenidade, amor e paz que vai muito além de qualquer experiência vivida na Terra, ficaram ambos durante longas horas. As vibrações de amor e carinho que emanavam de Dulce envolviam Jorge, renovando suas energias, revigorando seu espírito cansado. Luzes suaves enlaçavam seu corpo espiritual: luzes rosadas, brancas, novamente as rosadas, em tons mais fortes; depois luzes verdes, com todas as nuanças de verde. Jorge dormia cada vez mais serena e profundamente. Dulce percebia que seu sono tornava-se mais e mais suave. Ao sentir o companheiro em renovação, uma grande alegria ia enchendo seu coração. Jorge sentia essa alegria, que lhe proporcionava mais leveza e tranqüilidade. Ficaram nessa harmoniosa troca de fluidos, vindos tanto de Dulce como de outras partes da colônia. Algumas emanações vinham da própria natureza que enchia o lugar com harmonia e equilíbrio.

Após longo período, Jorge despertou de seu sono. Viu Dulce sentada ali perto, sorrindo para ele.

— Como se sente, Jorge?

— Sinto-me muito bem. Pensei que tudo tinha sido um sonho. Pensei que havia sonhado com você, com este lugar maravilhoso, com a viagem tão estranha que fizemos, mas vejo que não é um sonho. Compreendo que tudo é real, está mesmo acontecendo. Mas estou me sentindo mais tranqüilo. Embora tudo me pareça diferente, já não me sinto confuso. Parece que compreendo tudo, embora sem saber de tudo. Você entende o que quero dizer?

— Entendo perfeitamente os seus sentimentos. Você passou por um longo período de tratamento. Recebeu muita energia que revitalizou seus centros nervosos e suas emoções foram tratadas. Você consegue agora, com seus sentimentos mais equilibrados, compreender melhor. Algumas lembranças também vêm de sua memória. Uma vez serenada sua mente, acalmadas suas emoções, seu inconsciente pode trazer à tona informações que estavam muito longe, quase apagadas, e agora ficaram mais claras para você.

— Não estou cansado, nem preocupado. Lembro-me de tudo o que aconteceu antes de você chegar em nossa casa, quando tudo se queimou, porém a angústia e a aflição desapareceram.

Dulce sorriu e, exultante prosseguiu:

— Foi para esse tratamento que trouxemos você até aqui. Primeiro fizemos o trabalho de limpeza e revigoramos suas energias vitais. O próximo passo será fortalecê-lo como um todo e reforçar a necessidade de que você siga em frente em suas tarefas na terra.

— Mas que tarefas são essas, Dulce? Disso, não consigo me recordar. Não sei de nada grande ou importante que eu tenha de fazer...

— E você acha pouco superar inimizades, reparar destruições de outros tempos, reconstruir uma família e aceitar os desafios que a vida nos apresenta? Você realmente não acha que isso tudo é uma grande tarefa a ser realizada?

— Não tinha pensado dessa forma. Sempre sinto que a minha vida é muito simples e pacata, até meio sem importância diante de tantas outras vidas que caminham sobre a Terra.

— Você já conquistou grandes batalhas, Jorge. Já teve missões grandiosas e fracassou em muitas delas. Agora vive o momento de reconstruir suas bases, de trabalhar os princípios fundamentais para pautar sua existência sobre os valores de Jesus e de Deus, nosso Pai.

Pouco a pouco, enquanto Dulce ia falando, algumas imagens muito distantes surgiam na mente de Jorge. Via-se com diferentes roupas, de outras épocas. Via-se em diferentes lugares: no meio de uma batalha, depois num grande campo aberto; e assim, sucessivamente, uma imagem após a outra iam aparecendo confusas em sua mente, muito distantes, como se fossem lembranças ou fragmentos de sonhos. Essas lembranças lhe traziam à mente também angústia e tristeza, algumas até desespero. As imagens cresciam, aceleravam-se. Uma após outra, mais outra, mais uma nova imagem se formava. Jorge via pessoas e lugares, mas tudo ainda era confuso e nebuloso. Percebia que as emoções se alteravam a cada nova imagem.

Até que, de repente, sua mente parou em uma cena que tornou-se clara e nítida, como se fosse um filme projetado dentro de sua cabeça. Uma pequena casa ardia em chamas diante de seus olhos. Ele via as labaredas queimando tudo. Ouvia os gritos de pavor e desespero saírem de dentro da casa. Via a si próprio do lado de fora olhando tudo, assistindo àquele espetáculo terrível! Os sentimentos se misturavam dentro dele. Sentia desespero pelas chamas que estava vendo, como se tudo estivesse acontecendo ali, diante dele, no momento presente. Sentia o desejo de ajudar, de tirar as pessoas que estavam dentro da casa. Ao mesmo tempo, percebia dentro dele um outro sentimento, de prazer e de vingança. De onde viriam aquelas emoções? Os sentimentos de passado e presente misturavam-se na consciência de Jorge, que assistia a cenas de seu passado mais próximo.

Dulce acompanhava as lembranças do companheiro, seu marido na Terra, que ela tanto amava. Sabia que ele precisava passar por aquele momento doloroso. Ele precisava dessa ajuda para seguir em frente e realizar sua tarefa.

Capítulo 6

Os campos estavam verdes naquela manhã ensolarada. O vento soprando suavemente, trazia para o ar do alvorecer uma suavidade aconchegante e leve. Um cavaleiro surgia ao longe cavalgando apressado, cortando a vegetação como um raio.

Julia caminhava por entre flores e plantações. Saíra bem cedo para buscar água no rio que ficava distante de sua casa e ainda estava escuro quando partiu. Sentia grande felicidade naquela manhã, uma alegria especial, como que pressentindo algo muito importante.

Aos poucos o amanhecer ia trazendo consigo energias sutis. Uma vibração intensa enchia a terra. Julia sentia tudo, e mesmo sem conseguir explicar, acompanhava o amanhecer sentindo bater-lhe mais forte o coração, como que inundada por um contentamento suave e profundo. Aproximou-se do rio, margeado por plantações e árvores muito altas, ela tinha de embrenhar-se para chegar até seu leito majestoso. Julia sentou-se numa pedra grande, junto às margens, assim que chegou até uma parte rasa, perto do leito do rio. Ajeitou ao seu lado cuidadosamente o jarro que trazia, quase maior do que ela, e estirou-se sobre a pedra. Olhou o céu azul de uma profundeza que fazia tremer seu coração. O conjunto harmonioso e singular do azul do céu com o verde da copa das árvores, o cantar suave das aves, a conversa alegre dos animais do campo, que ela podia escutar, deixavam-na extasiada. Julia vibrava com a natureza, sentia seus encantos e absorvia sua energia, como que a se alimentar dela.

Adorava quando a mãe pedia para ir buscar água. Mesmo quando não tivesse de fazê-lo, costumava ir até o rio, para receber a luz especial que havia naquele lugar abençoado. Mas quando não ia buscar água não podia sair tão cedo, e Julia gostava de acompanhar o amanhecer, sentindo a vida acordando com a claridade do sol. Embora não soubesse explicar, sentia imensa satisfação ao romper do dia.

Totalmente inebriada pela natureza, longe dali em pensamento, subitamente foi despertada pela voz de um estranho, próxima a ela:

— Que fazes tão cedo por estas regiões ermas, donzela?

Julia levantou-se num pulo só. Assustada e confusa – como não escutara esse estranho se aproximar? – tentou recompor-se e ajeitar as roupas e o cabelo, loiros cachos com toques dourados...

— Não é preciso te assustares. Venho muito a este estreito do rio para dar água a meu cavalo. Sempre que estou por estes arredores, busco a tranqüilidade e a calma deste recanto para saciar minha sede e a de meus animais. Aprecio por demais a beleza deste lugar. E, pelo que pude notar, aprecias não menos do que eu estas doces aragens do rio Tejo.

— Se vens sempre aqui, como nunca te vi?

— É que normalmente chego a este ponto do caminho ao entardecer. Desviei-me um pouco de meus companheiros na caçada de hoje e julguei seria apropriado retornar. Senti um desejo incontrolável de vir até aqui, para meditar e descansar um pouco. Acho que me enfastiei das caçadas, no entanto, querendo sempre atender aos pedidos de meu pai, julguei melhor acompanhá-lo.

Julia havia corado diante daquele jovem tão belo, e aparentemente tão sincero...

Sentiu uma estranha simpatia, que rapidamente crescia em seu coração. Continuou calada olhando o estranho.

— Não dizes nada? Não tenhas medo. Vejo que também gostas muito deste local. Vi-te envolvida por sua beleza durante alguns momentos.

— Quanto tempo ficaste aí a me observar?

— Apenas alguns minutos. Qual é o teu nome, jovem?

— Julia – respondeu ela. E parou por alguns instantes. Queria muito saber também o nome daquele que pela primeira vez despertava aqueles arroubos em seu peito jovem, mas tinha receio de perguntar e afastá-lo. Era tão belo e com certeza rico, pensava ela, vendo as roupas que usava e o animal que cavalgava.

— O meu é Pedro. Encantado em conhecer-te – estendeu a mão, tomou a pequena e delicada mão de Julia e levou até os lábios, beijando-a suavemente.

Julia puxou a mão, assustada com tamanha delicadeza do rapaz, pois imaginou que poderia ocultar uma intenção não muito honesta.

— Perdoa-me se te ofendi. Não queria que vos sentisses assustada ou preocupada com minha presença. Vejo que gostas muito destes ares. Compartilha apenas comigo estes momentos, que são curtos, acredita-me.

O jovem recém-chegado sentou-se ao lado de Julia na pedra grande próxima ao rio. Iniciaram agradável conversação, apesar de Julia, inicialmente desconfiada e reservada, mais observar as atitudes e palavras de Pedro do que falar. Aos poucos ele foi vencendo sua resistência e conversaram sobre diferentes assuntos, desde a alegria das manhãs, até família e Deus.

As horas corriam sem que Julia se desse conta. Só ao perceber o calor do sol em seu rosto, compreendeu que se passara muito tempo. Ela precisava voltar pois sua mãe a esperava. Levantou-se de um sobressalto.

— Preciso ir, Pedro. Minha mãe espera-me. Meu Deus, como pude me distrair tanto?

Pedro segurou suas mãos e, olhando profundamente em seus olhos azuis, disse:

— Julia, desejo encontrar-te novamente, por favor.

— Não posso, Pedro. Como haveria de ser? Minha mãe é muito severa!

— Aqui, Julia, nos encontraremos aqui amanhã.

Embora seu coração vibrasse de alegria e quisesse muito vê-lo novamente, recusou veemente:

— Não. Amanhã não. Tenho muitas coisas a fazer e minha mãe irá notar.

— Então na sexta. É final da semana e terás tempo para preparar-te. Bem cedo, logo ao amanhecer, assim então teremos mais tempo.

— Está bem. Na sexta ao amanhecer. Até mais, Pedro.

Diante dos profundos olhos castanhos de Pedro, que a observavam, Julia encheu seu jarro de água e caminhou leito do rio acima, cruzando os campos, atravessando o monte logo à frente. Pedro acompanhou-a e viu-a sumir no meio dos campos e das verdes plantações próximas.

— Sexta-feira! Vais demorar demais a chegar!!

Capítulo 7

Naquela noite, olhando a imensidão das estrelas distantes, debruçada na pequena janela do quarto, Julia não conseguia conter os pensamentos. Por mais que tentasse controlá-los, eles divagavam e sempre retornavam àquele jovem intrigante que ela conhecera de manhã. Formoso, de olhar penetrante e palavras que lhe pareciam sinceras. Julia sorria ao pensar no acaso que os colocara juntos. Ele nunca ia ao rio naquela hora do dia. Devia ser muito sensível, pensava ela, uma vez que também apreciava as delícias da natureza, tão intensas naquele lugar sublime. Mas quem seria ele? A que família pertenceria?

Julia sentia as emoções em conflito. Ao mesmo tempo em que era extremamente atraída por ele, havia medo, um receio que a fazia considerar a possibilidade de não mais tornar a vê-lo. Porém à simples idéia de nunca mais o ver, um calafrio percorria todo o seu corpo, como a segredar que não poderia afastar-se dele, que ele entrara definitivamente em sua vida.

Sem conseguir dormir, Julia passou toda a noite pensando e repensando. Reviu inúmeras vezes detalhe por detalhe daquele encontro que o destino permitira. Via o rosto de Pedro, seus olhos amorosos não lhe saíam da mente. Recordava cada uma de suas palavras. E assim a noite passou, vagarosamente, suavemente.

Nas vastas propriedades dos Lins e Albuquerque, Pedro também não conseguia conciliar o sono. Pensava detidamente em Julia; em seu olhar meigo e seus gestos delicados. Sorria ao lembrar-se do susto que ela levara ao vê-lo ali a observá-la, mas o que mais o surpreendia era o sentimento que o prendera a ela no instante em que a viu, absorta em seus pensamentos.

Foi como se a estivesse reencontrando, de algum lugar de seus sonhos. Era linda – pensava ele – meiga e desejável em todos os sentidos. E Pedro, sem perceber, a amou desde o primeiro momento em que a viu. Lembrou-se de como ele ficou parado a observá-la na beira do rio... Quando seu olhar insistente a despertou de seus devaneios e seus olhos se encontraram, foi maior ainda a força que o ligou a ela.

Pedro pensava em Julia e seu coração se enchia de luz e alegria. Queria vê-la de novo muitas vezes. Desejava conhecê-la, saber do seu modo de pensar, estar com ela, conversar, sentar naquela pedra próxima ao rio, e sonhar junto com ela. Viajar com ela pela natureza magnífica que os envolvera naquela manhã ensolarada. E sua mente vagou durante toda a noite.

No infinito, seus pensamentos se encontraram e se entrelaçaram. Pedro e Julia, pelo sentimento, uniram suas almas à partir daquele dia.

Pedro esquecera por completo o motivo que o levara a fugir da caçada com seu pai e os demais. Não contara à Julia toda a verdade. Sentia-se sufocado, oprimido pelo desejo do pai que se casasse em futuro próximo com uma jovem escolhida por interesses econômicos e sociais. Dias antes ele havia anunciado que Pedro deveria desposar Clara, filha de um compadre abastado e com interesses políticos muito semelhantes aos seus. Pedro resistira deveras. Não admitia a idéia de casar-se com alguém que não amava. "Foram-se os dias de opressão e autoritarismo, já estamos numa nova era" – pensava. "Não estamos mais na idade média". Ele não mais deveria unir-se a alguém sob os impositivos paternos... Mas seu pai, Afanásio Lins e Albuquerque, era homem de gênio. Severo e até mesmo agressivo, conseguia tudo aquilo que desejava. Nunca desistia de uma idéia, muito menos de uma decisão tomada.

Diante do conflito que se instalava, a mãe tentou contemporizar, porém ambos tiveram uma discussão arrebatada. Pedro sumiu no dia em que o pai lhe anunciou a decisão de casá-lo e Afanásio alimentou o furor de ser desacatado em seus desejos. Pedro voltou à noite um pouco mais calmo, e prometeu ao pai que iria refletir. Afinal, argumentou ele, não se concebia que aceitasse sem pensar, um ato tão sério. Afanásio acalmou-se mas não perdeu mais tempo e planejou uma caçada com o pai e os irmãos de Clara, a noiva escolhida, para que Pedro pudesse conhecer melhor os futuros parentes. Seria no domingo próximo. Comunicou a todos e por último, avisou Pedro:

— Pedro, quero que te prepares, pois domingo iremos caçar com comendador Alceu, Manoel e Hilário José, teus futuros cunhados, tu e teus irmãos. É meu desejo unir cada vez mais as duas famílias. Tenho grandes planos para teu futuro. Já te disse isso vezes incontáveis, és meu filho mais velho, meu primogênito. Serás, pois, o responsável pela família no futuro. Tens de estar muitíssimo preparado, Pedro. Quero-te feliz, por certo, contudo a mocidade faz-nos armadilhas que não podemos deixar nos tirem o futuro e a tranqüilidade.

— Mas, pai... Disse-te que iria pensar, e já estás a preparar essa caçada! Desse modo fica-me impossível...

— Disseste que queres pensar. Só quero dar-te maiores elementos para que reflitas. Conhecer melhor os familiares de tua futura esposa ajudará a decidires com acerto.

Diante da resposta perspicaz do pai, Pedro não teve alternativa senão submeter-se ao seu desejo e sair em caçada como planejado.

Saíram muito cedo, antes do amanhecer e logo iniciaram os galopes e a caçada por aquelas imensas planícies. Mas Pedro, embora tivesse simpatia e apreço por aqueles que poderiam vir a ser sua família, sentia-se oprimido, sufocado. Não conseguia concentrar-se e desejou fugir, desaparecer de tudo e de todos. Em determinado momento, não mais resistindo a opressão que sentia, foi exatamente o que fez. Aproveitando-se de uma dispersão geral em busca da caça, fugiu para aquele recanto secreto que muitas vezes visitava ao entardecer, quando retornava da cidade após cumprir alguma responsabilidade junto ao pai, à família ou à comunidade.

Procurou aquele abrigo onde pudesse assentar seus pensamentos e planejar o que fazer de seu futuro: aceitaria o casamento com Clara, resolvendo toda a questão com o pai e com a família, ou tomaria um caminho mais duro, de confronto com o pai?

Em seu refúgio secreto encontrou mais alguém, que como ele apreciava o lugar. Sentada na mesma pedra em que ele costumava sentar-se, encontrou aquela jovem, que fez suas preocupações desaparecem por completo. Ela era como um sol iluminando seus pensamentos e seu coração.

Durante toda a noite, Pedro não pensou na situação que precisava resolver com o pai. Lembrou-se dela apenas ligeiramente quando, retornando à casa, precisou justificar-se diante do pai dizendo ter-se perdido dos companheiros. Encontrara um lugar tranqüilo e ali se deixara ficar, principalmente para pensar, refletir em seu futuro.

Depois da rápida, tensa e desagradável conversa que teve com o pai assim que chegou, não mais pensou na situação que se delineava ainda pior diante dele. Queria pensar apenas em Julia e desejava que sexta-feira chegasse logo. Desejava ardentemente vê-la outra vez.

Aos primeiros raios do amanhecer, Pedro estava de pé. A despeito da noite em claro, estava cheio de alegria e entusiasmo, como se tivesse ganhado nova vida. Sua mãe, sensível e delicada, logo percebeu no filho a mudança de humor e comportamento. Porém Dora sentia medo e não alívio, pois pressentia que as mudanças não eram resultado da aceitação dos desejos do pai quanto ao casamento, e sim de alguma idéia, alguma solução nova que aparecia na mente do filho. Ela conhecia muito bem o espírito livre e cheio de vida de Pedro e temia que não acatasse uma imposição tão facilmente.

— E Pedro, ainda dorme? – interrogou Afanásio, assim que se levantou.

— Não. Já está a cuidar dos animais.

— Assim tão cedo? Me causa estranheza...

— E olha que acordou entusiasmado.

— Espero que tenha refletido bastante. Aproxima-se muito rapidamente o momento em que iremos oficializar este compromisso. O desaparecimento de Pedro ontem, durante a caçada, muito me desagradou, tu sabes. Fiquei profundamente desapontado com nosso filho, Dora. Conheces bem o desejo que tenho de vê-lo a liderar a família no futuro. Creio que Pedro é capaz de prosseguir cuidando dos nossos negócios, e cuidar de ti e dos outros em caso de minha ausência ou debilidade física. Assim sendo, conto muitíssimo com o bom senso de Pedro em respeitar-me a decisão.

O comendador Alceu aguarda uma resposta minha para comunicar Clara e toda a família. Já temos tudo planejado. Será um grande acontecimento este casamento!

— Tens tudo preparado, como sempre Afanásio. Tudo me parece muito bom. Deves, todavia, pensar em teu filho. Não podes apenas decidir por ele, sem levar em conta os seus sentimentos. Lembra-te de que Pedro é de gênio, como tu. Tens nele, na verdade, o espelho de tua mocidade. Lembra-te que és impetuoso e decidido, forte de opiniões e desejos. Lembra-te, também, de que Pedro é jovem e cheio de desejos como foste tu nos dias de juventude.

— Concordo contigo em certos aspectos. Porém, lembro-me igualmente de que sempre respeitei meu pai, fosse por bem ou por mal. Filhos não tem escolha, pois, ainda sem experiência da vida, cometem erros sucessivos se não respeitarem e obedecerem aos pais.

Com Pedro será conforme desejo, tenhas certeza disso. Ele há de me respeitar e obedecer e certamente há de ser feliz com o futuro que quero para ele.

— Peço-te somente que tenhas paciência com ele, Afanásio. Lembra-te de que é jovem e necessita da tua compreensão além de tua autoridade.

— Paciência já tenho tido, e muita. Chega a hora em que Pedro há de me obedecer de um modo ou de outro. Tenho cá para mim isso como certo.

E levantando-se energicamente da mesa onde tomavam o café da manhã, Afanásio afirmou, quase ordenando, levantando ligeiramente a voz:

— E chega desta conversa por hoje. Diz a Pedro, quando o vires que pense logo. Quero uma resposta dele para tudo organizar com o comendador.

Mãe não se engana. Ela sabia que o coração de Pedro ainda não se decidira; e se forçado fosse, pior seria.

Os dias se passaram com a tensão aumentando demasiadamente entre Pedro e o pai. Este o pressionava mais e mais por uma decisão, deixando sempre claro que esperava uma resposta positiva. Já Pedro, cujo coração encontrara um novo horizonte, desejava ter certeza de que havia encontrado a mulher com quem tanto sonhara. Não queria, de forma alguma, ceder aos desejos do pai. Durante toda a semana evitou encontrá-lo, sempre alegava que estava pensando, que precisava de tempo, que queria decidir e não ser pressionado, que os tempos eram outros e que necessitava estar seguro do que decidisse.

Conseguiu, mesmo sob forte tensão, o mal estar e a pressão do pai, ir ganhando algum tempo, até chegar aquele dia tão esperado, o dia em que se encontraria outra vez com Julia.

Na noite que antecedeu o encontro, nenhum dos dois conseguia dormir. Finalmente a sexta-feira chegou e Pedro, que a cada dia se levantava mais cedo no decorrer daquela semana, evitando encontrar-se com o pai, quase não dormiu e madrugou ainda mais. Receava que alguma coisa pudesse atrapalhar aquele encontro tão sonhado, tão ardentemente esperado. E foi muito antes que o sol apontasse no horizonte, ao local marcado. Ao paraíso de belezas que ele tanto apreciava, agora mais lindo do que nunca, com a presença de Julia, que enchia aquele lugar de luz...

Capítulo 8

Pedro chegou de mansinho à beira do rio. Sentou-se na pedra grande, onde a vira pela primeira vez, sentada em seu lugar preferido, e ficou a imaginar mais uma vez como seria Julia. Se ele estava apenas fantasiando ou se ela era mesmo tudo aquilo que ele imaginava. Ficou ali, a observar o amanhecer, absorto em seus pensamentos. O dia amanheceu radiante, com o céu azul, sem nuvens, e os pássaros cantavam enchendo de alegria aquele lugar. O amanhecer era mesmo uma intensa festa de vida. Ele nunca estivera antes ali naquele horário, pois costumava passar por aquele ponto ao entardecer. Pedro deixou-se envolver pela vibração do amanhecer lindo e cheio de energia.

— Não é mesmo de admirar a beleza deste lugar ao amanhecer, Pedro?

Era a voz de Julia. Doce e suave Julia. Pedro levantou-se surpreso. Não percebera a chegada dela, tão distraído estava apreciando a natureza.

— É encantador. Nunca havia estado antes aqui ao amanhecer. Sei que é teu momento favorito, por isso cheguei hoje bem cedo, para sentir a beleza do lugar, como me disseste quando conversamos.

— Tive dúvidas de que viesses.

— Mas...Por quê? Acaso deixei transparecer alguma dúvida ou dei-te a entender que minhas intenções não eram claras?

— Não sei te dizer. Apenas tive dúvidas e acho que medo também...

— Medo? Não deves temer-me, Julia. Tenho por ti, desde já, o mais profundo respeito.

— Não nos conhecemos, não é? Encontros assim, sem a presença de mais ninguém, súbitos e misteriosos me parecem mágicos e assustadores.

— Não te digo que não tenha meus receios, porém, medo não sinto. O que tenho em meu peito é uma nova alegria. Encontrei em ti, Julia, o calor de uma amizade, por certo. E quem sabe que outras surpresas o futuro nos reserva...

Julia e Pedro deixaram-se envolver pelo mais doce dos sentimentos: a paixão que antecedia o amor já nascente no coração de ambos. Longa conversa entreteve o casal por mais de três horas. Perceberam que havia muito em comum em seus sonhos e desejos de vida. Eram porém muito diferentes em sua situação social. Pedro pertencia a uma das famílias mais ricas e influentes da região. Seus avós já dominavam aquelas paragens do Tejo muitas décadas atrás. Seu pai era conhecido pela austeridade com que cuidava de tudo que herdara do avô. Homem sisudo e fechado, porém dado à família e aos negócios, era muito respeitado e temido. Já a família de Julia era de extrema simplicidade. Seus pais trabalhavam no campo, possuíam uma propriedade pequena e simples. Julia tinha três irmãos e todos trabalhavam com o pai produzindo o que conseguiam para sobreviver. Apesar de toda a simplicidade em que viviam, Julia era muito feliz com eles. Amava seus pais. Foi ao pai e não à mãe que Julia confidenciara o encontro secreto à beira do rio.

O pai simples, mas atencioso em todos os fatos da vida, sugeriu a ela cautela e cuidado até que soubesse mais sobre o rapaz, sua família e suas intenções. Julia respeitava por demais o pai, porém não contou que iria encontrá-lo de novo. Teve medo de que não a deixasse ir.

Embora as diferenças sociais fossem evidentemente incômodas, o sentimento de proximidade e aconchego entre os dois aumentava. Pedro falou-lhe sobre os estudos que fizera em Paris; sobre todo o tempo que estivera ausente de casa, estudando e se preparando para assumir os negócios da família e ajudar o pai.

Teve ímpeto de abrir o coração e falar-lhe também do momento difícil pelo qual estava passando, dado o desejo do pai de casá-lo com alguém que ele não amava. No entanto, teve medo de que esse fato pudesse de alguma forma afastá-los. Julia parecia cada vez mais uma moça séria e correta. Talvez não quisesse voltar a vê-lo se soubesse que estava prestes a assumir um compromisso com outra pessoa. Temeu secretamente pelo futuro que poderia ser interrompido ali mesmo, se dissesse tudo a ela. Preferiu o silêncio e omitiu aquele que seria talvez o mais importante fato a uni-los no futuro.

Mais uma vez, após horas doces e suaves que passaram rapidamente, despediram-se. Julia, novamente assustada com o avançado da hora; Pedro, triste por ter de separar-se assim tão rápido daquela jovem encantadora, suave, inteligente e sensível, que parecia conhecer de há muito. Seu coração impulsivo queria mais. Desejava ficar mais tempo junto dela. Definiram encontrar-se novamente na próxima semana. Pedro queria que se encontrassem o mais breve possível, pois sabia que o tempo era precioso. Marcaram de encontrar-se na quarta-feira seguinte. Despediramse e Julia partiu apressadamente entre os campos.

Julia indicara a Pedro a localização da pequena propriedade da família. Pedro sentiu um desejo quase incontrolável de segui-la, mas preferiu aguardar o momento adequado e conteve-se. Enquanto se dirigia para casa naquele dia, pensando em Julia e naquele novo encontro, que somente viera confirmar suas primeiras impressões sobre a jovem, sentia que já estava apaixonado por ela. Medo e pesar envolveram de súbito seu coração. Pela primeira vez Pedro temia pelo seu futuro. Pela primeira vez ponderava seriamente esse romance que nascia e imaginava: como floresceria, sendo o desejo irrevogável do pai o casamento dele com Clara?

— O que fazer? – pensava ele –, como resolver essa confusão? Meu pai espera que me case com Clara. E agora, eu não apenas não quero me casar com ela, como começo a apaixonar-me por uma moça simples e sem posses. A situação piora.

Enquanto retornava à imensa propriedade de sua família, no galope rápido do cavalo, ele pensava e repensava a situação. Queria conhecer Julia um pouco mais e ter certeza de que o que sentiam era verdadeiro. Quase não tinha dúvidas, mas era tão séria a questão que se apresentava diante dele que necessitava estar absolutamente certo. Pensava insistentemente em algo que o pudesse auxiliar, sem sucesso.

Pouco antes de chegar em casa, uma idéia lhe veio a mente:

— Talvez eu consiga ganhar mais tempo. Aliviar a pressão de meu pai, deixando-o um pouco menos ansioso. Assim poderei conhecer Julia melhor e certificar-me de nossos sentimentos; conhecer também sua família, saber um pouco mais sobre eles. Quem sabe então, com maior certeza de tudo, não poderei ir até meu pai e, mostrando-lhe meu amor, convencê-lo de que tenho a pessoa que quero para compartilhar meu futuro?

A idéia parecia-lhe uma saída e Pedro decidiu colocá-la em prática imediatamente. Assim que chegou em casa, foi abordado pelo pai, que pediu para vê-lo à sós.

— Pedro, sais de casa cada vez mais cedo. Estás a pensar por muito tempo. Tens uma resposta? Quero, por respeito, ouvir-te uma vez mais antes de oficializar minha decisão junto ao comendador.

— Meu pai, tenho por ti grande respeito. Também desejo, de todo o meu coração ser feliz nesta vida. Como desejo agradar-te na mesma intensidade, sinto-me dividido. Ainda não consegui chegar a um bom termo em minhas reflexões e sei de tua ansiedade, portanto, deixa-me conhecer melhor a jovem Clara, antes de dares tua palavra final ao comendador. Sabes que a conheço muito pouco. Encontramo-nos algumas vezes quando éramos muito jovens, ainda crianças. Depois que ela seguiu a Londres para os estudos nos vimos apenas uma vez em festa religiosa. Deixa-me visitá-la agora algumas vezes, conversar com ela, conhecer-lhe os desejos e sentimentos. Deixa-me fazer-lhe a côrte, assim poderei ter mais certeza e confiança ao tomar minha decisão.

Afanásio pensou por alguns instantes. Não esperava exatamente essa resposta. Queria oficializar o noivado e já anunciar o casamento, mas considerou que, se o filho tinha boa vontade em obedecê-lo, talvez não houvesse mal algum em dar-lhe um pouco mais de tempo para conhecer a futura esposa. Enquanto isso, por certo, Clara iria envolver Pedro por completo com seus encantos juvenis. Era um passo à frente em seus planos. Depois de ponderar alguns minutos, concordou solenemente:

— Tens dois meses para visitá-la e conhecê-la melhor. Após esse período que te dou para te sentires seguro, anuncio teu noivado e casamento à sociedade. Vais casar-te com ela de qualquer modo. Tens dois meses, Pedro; usai-o com inteligência. Farei saber ao comendador que passarás a visitar Clara e fazer-lhe a côrte.

Dois meses. Pedro sentiu-se aliviado e angustiado ao mesmo tempo. Tinha algumas semanas para conhecer Julia melhor e descobrir como iria conduzir a situação. Ao menos conseguira algum tempo. Sentiu-se ansioso e desanimado. Foi ao seu quarto e ali pôs-se a pensar. Por quê as coisas tinham de acontecer daquela forma? Por quê tinha de ser tudo tão difícil? Sempre sonhara estar apaixonado. Embora os amigos com quem estudara pouco ou nenhum valor parecessem dar ao amor, à mulher e à paixão, tão práticos e realistas sempre tinham sido, Pedro, ao contrário, alimentava o sonho do amor, da família, da felicidade.

Nenhuma dificuldade poderia separá-lo de seus mais profundos desejos. Encontrara em Julia tudo aquilo que sonhara. Junto dela, podia imaginar-se construindo sua família, seus filhos, seu futuro.

Ao acordar na manhã seguinte, seguiu resoluto para seus afazeres nas terras do pai. Enquanto trabalhava, procurava construir diferentes soluções para sua difícil situação. Trabalhava concentrado e dedicado, uma vez que seus pensamentos e sentimentos estavam longe daquelas terras, perto da mulher que amava.

Julia, na sinceridade de moça simples, em seus dezoito anos incompletos, sentia-se também ligada a Pedro. Sabia que ele era o homem com quem ela desejava passar o resto da vida. Sonhava acordada, esperando ansiosa pelos momentos mágicos que iria novamente passar ao lado dele.

Capítulo 9

Os dias seguiam aparentemente tranqüilos. Pedro e Julia aguardavam ansiosos o momento de se reencontrarem. Novamente, sob a suavidade das árvores frondosas, o céu azul, ouvindo o canto alegre dos pássaros e o sussurro melodioso das águas do rio Tejo, encontravam-se ao nascer do sol. Desfrutavam momentos de profunda alegria e contentamento. Já não parecia tudo um sonho: uma possível realidade de amor enchia de esperança os corações do casal. Eles começavam a acreditar naquele sentimento que, surgido tão inesperadamente, tomava contornos sérios e profundos. Deixavam-se assim, após cada novo encontro, envolver pela certeza de que estavam apaixonados. Julia não mais duvidava das intenções de Pedro. Sentia-se protegida e confortada em sua companhia. Ele tinha palavras bonitas, mas que também refletiam a dignidade e a verdade que lhe envolviam o caráter. E Pedro sentia nela não somente uma jovem sonhadora e imatura, mas uma mulher séria e verdadeira, capaz de acompanhá-lo em seus planos, coroando de alegria e vivacidade seu futuro lar, sua futura família.

O coração de Pedro, embora cheio de esperanças, escondia o medo secreto de que aquele amor tão verdadeiro pudesse fazê-los sofrer. Pedro estava assustado com o que sentia por Julia, e ao mesmo tempo encantado com a força daquele sentimento que brotava de seu coração. Apesar da beleza que envolvia seus encontros, sentia-se desconfortável, pois não contara nada a Julia sobre seus problemas com o pai. Pedro queria resolver tudo, antes que tivesse de contar qualquer coisa a ela. Continuava muito concentrado em seu trabalho e perdido em seus pensamentos, quando, passadas algumas semanas de sua última conversa com o pai, sua mãe alertou-o:

— Pedro, sinto-te distante e solitário... Não te esqueças, meu filho, do compromisso que assumistes com teu pai. Vai, visita tua futura noiva. Ela te espera. Teu pai já informou a todos de tua decisão. Vai visitá-la, Pedro, pois teu pai aguarda em silêncio o cumprimento de tuas promessas.

Pedro estremeceu. Não queria visitar ninguém, contudo sabia que a mãe estava certa. Embora ele evitasse pensar no que teria de enfrentar mais cedo ou mais tarde, não podia fugir de fazer a côrte a Clara e cumprir o compromisso assumido com o pai. A mãe estava certa, era inútil retardar mais aquele encontro.

— Tens razão, minha mãe. Tenho em débito minha palavra empenhada e também a de meu pai. Vou hoje mesmo visitá-la.

Abraçou a mãe, com olhar entristecido, mas submisso. A mãe percebia os sentimentos de Pedro. Via em seus olhos uma estranha luz de alegria, que não conseguia decifrar; via também a tristeza e o tormento, de ser forçado àquele relacionamento. Abraçou-o sem palavras. Era mãe amorosa e sensível, e buscava transmitir a Pedro com seu abraço conforto, força, serenidade, confiança e generosidade. Ele sentiu-se mais leve e encontrou forças, naquele gesto sem palavras, para erguer-se decidido a atender as expectativas que se colocavam sobre ele. Mandou avisar Clara que naquela noite iria visitá-la.

Pedro saiu ao entardecer para a visita necessária. Encontrou Clara, que o aguardava ansiosa, pois desejava muito aquele casamento. Pedro era um homem bonito e viril e de uma família tradicional, cujas posses eram conhecidas em toda a região. Era, sem dúvida, o pretendente ideal. Clara completara vinte anos e precisava casar-se e ter sua família. Queria casar-se com Pedro, não importando muito se o amasse ou não. "Afinal – pensava ela – o que é o amor para uma mulher? Ama-se com o tempo ou a necessidade". Ela acreditava que o conforto de um bom casamento poderia suprir a falta de um sentimento verdadeiro. Clara esperava, assim, ansiosamente a vinda de Pedro e havia cobrado o pai diversas vezes, impaciente pela demora. Estava aguardando sua visita havia semanas.

Foi com grande entusiasmo que recebeu Pedro naquela noite. Conversaram longamente sobre os mais diversos temas. Clara, que havia recebido cuidadosa educação, tocava piano e lia poemas com expressão e vivacidade. Falaram muito das viagens de Pedro, de seus estudos. Discorreram sobre as últimas descobertas da ciência, a modernização pela qual passava a Europa, naqueles dias. As dificuldades políticas de Portugal, as mais novas obras literárias... Mas os pensamentos de Pedro pareciam estar em outro lugar, fazendo-o permanecer calado e distante por extensos períodos durante aquele encontro. Clara tinha de repetir com freqüência o que estava dizendo. Seu desejo o afastava daquele lugar e o levava para bem longe dali.

O encontro foi estranho e ao despedir-se, Clara disse a Pedro:

— Volta outra vez, Pedro, o mais rápido que puderes. Temos muito o que conversar e decidir. Quando voltares, porém, trazei-te inteiro, pois hoje deixaste parte de ti em algum lugarejo pelo caminho. Tens algum problema em casa? Algo em que eu possa ajudar-te?

— Não te preocupes, Clara. Em nosso próximo encontro, buscarei estar menos cansado dos ardores do trabalho e, dar-te maior atenção.

— Pois que assim seja, meu noivo. Tens em mim uma amiga, se quiseres. É bom que saibas disso pois desejo servir-te como deve ser o compromisso de uma boa esposa.

Mais uma vez, Pedro estremeceu ao ouvir as palavras noiva e esposa. Ele tinha de enfrentar o fato de que definitivamente tinha um compromisso. Não poderia mais fugir da realidade, tudo tornara-se sério demais. Despediu-se e retornou vagarosamente para casa naquela noite sem luar em que as estrelas forravam o céu de luz.

Pedro refletia em tudo o que acontecera naquela noite. Desde o olhar reprovador do comendador quando chegara. Teve a impressão de que todos naquela casa o cobravam, o pressionavam. Que faria ele? Como iria conseguir resolver aquela situação? Antes de adentrar os portões de sua casa, sentou-se no caminho e chorou. Chorou de angústia e tristeza por não saber o que fazer. Sentiu-se sozinho e atormentado, não encontrando saída para aquela situação nem forças para lutar contra o pai.

Aquele encontro porém, lhe trouxera a certeza de que não sentia nada por Clara, além do incômodo de seu olhar penetrante e autoritário a cobrar-lhe mais atenção. Definitivamente ela não era a mulher que desejava para esposa. Nem por um segundo chegou a perceber qualquer sinal de um sentimento mais forte, de uma maior simpatia que fosse, que pudesse uni-lo a ela. Ele não pertencia a Clara. Ele pertencia a Julia.

Capítulo 10

Entrou entristecido em casa e mal fechou a porta, encontrou o pai na sala.

— Visitaste Clara hoje?

— Sim, meu pai, conforme teu desejo.

— Conforme o melhor para ti, Pedro. Já disse isso muitas vezes.

— Como podes saber o que é melhor para mim, meu pai? Estás por acaso em meu corpo, sentindo meu coração e minha alma? Como podes saber o que é melhor para mim?

— Simplesmente porque sou pai, mais velho e experiente do que tu. Ainda não sabes nada da vida e é meu dever conduzir-te para que encontres o teu futuro de forma sólida e jamais comprometas com loucuras da juventude tudo o que, por tradição, será teu direito de família.

— Não posso compreender tamanha preocupação, meu pai. Sempre fui um homem conforme teus desejos. Sempre atendi tuas expectativas. Sempre procurei honrar-te com meus atos. Não compreendo como podes tratar-me como um jovem inconseqüente!

Pedro erguia a voz sem perceber, envolvido pelo calor dos sentimentos contrariados.

— Não te trato como inconseqüente. Trato-te como meu filho mais velho, e com as mesmas responsabilidades que recebi quando tinha a tua idade. Estais a desrespeitar-me! Baixa tua voz, Pedro.

— Não podes obrigar meus sentimentos. Não amo Clara e nunca hei de amá-la! Ela será para mim sofrimento e dor, meu coração me anuncia. Não hei de querê-la nunca, meu pai. Não lhe apreciei os modos, não lhe apreciei nada! Como amiga, vá lá, mas como esposa e mãe de meus filhos não. Não posso submeter-me a isso!

— Pedro, não me desafies. Nunca sentiste o peso da desobediência. Não o faças agora. Respeita-me, te digo uma vez mais e baixa tua voz. Vais casar-te com Clara e unir nossa família à do comendador. Este assunto não se discute mais. Esse é o correto a ser feito e vais fazê-lo. Já estou comprometido com a família dela.

— Não me podes obrigar! Não me podes fazer sofrer pelo resto de minha vida!

— Não sabes o que dizes, Pedro. És um sonhador e isso é o que mais me preocupa em ti. Não saberás escolher o que é melhor pois és um sonhador cabeça de vento. Vais escolher errado, vais escolher com o coração e é isso que tento evitar. Conheço histórias Pedro e sei-lhes o final. Não permitirei que escolhas mal e manches nossa família, nossa tradição e nossa fortuna. Não permitirei!

— Agora disseste tudo. É somente com a tua fortuna que estás preocupado, não é mesmo, meu pai? Não há nada que desejes tanto como ver crescer mais e mais a fortuna da família. A tua fortuna, em suma.

— Cala-te! Vais ficar em teu quarto a próxima semana inteira. Realmente tens muito no que pensar, Pedro. Não te quero trabalhando, não sairás de teu quarto por uma semana inteira. Reflete em todas as palavras que disseste...

— Não podes prender-me em meu quarto como criança. Sou homem feito!

— Então age como tal, Pedro. Assume teu papel na família. Homens honram a palavra que dão! Age com razão e inteligência, pensa com cuidado no que quero para ti e verás que em nada te afronto! Se queres prazeres mil, poderás, fora do teu casamento, encontrar as delícias do prazer. Não estarás preso, Pedro. Mas consolidarás, por certo, a força dos Lins e Albuquerque! Agora não quero ouvir-te nem mais uma palavra. Vai para teu quarto e reflete no que te digo.

O pai retirou-se da sala abruptamente. Era a última palavra. Pedro, angustiado e amargurado, sentia a força intransponível do desejo de seu pai como fel descendo pela garganta. A mãe escutou toda a discussão. A casa inteira acordou com Pedro e o pai aos gritos.

Pedro não dormiu durante toda a noite. Seus pensamentos eram confusos e conflitantes. Amava os pais e queria vê-los felizes, mas não poderia abrir mão de sua felicidade. E como o pai o chamara? Sonhador! Então era isso, o pai não confiava nele e em suas escolhas... Pedro estava amargurado. O que faria?

Distante dali, em sua casa simples e acolhedora, Julia dormia e sonhava. Um monstro enorme a perseguia. Ela acordou assustada com o pesadelo. Logo pensou em Pedro. Onde estaria? Como estaria? Sentia saudades e preocupava-se com ele. Dormiu e outra vez sonhou, desta vez com ele. Indefinidos eram seus sonhos, porém Pedro estava neles e sofria. Foi com esse sentimento que ela despertou pela manhã. Pedro estava com algum problema, ela tinha certeza. Mas... O que estaria acontecendo?

Pesada energia instalou-se em todos os corações a partir daquela noite. Sentimentos de revolta e ódio lentamente foram germinando no coração de Pedro e no de seu pai, afastando-os mais e mais. As horas arrastavam-se lentas e tristes. Pedro não podia sair de seu quarto e lá permaneceu, com o coração amargurado e pensamentos tristes a perturbar-lhe ainda mais a mente cansada com idéias de fuga, de luta, de amor, de medo a misturarem-se e a instigar-lhe ainda mais pensamentos e sentimentos pesados e negativos.

Naquela semana, sob a vigilância constante do pai, tornar-se-ia impossível ver Julia. Pedro pensava nela, na beira do rio ao nascer do sol, esperando por ele. Certamente acharia que tudo não passava de uma brincadeira, duvidaria de seus sentimentos, de seu amor. Pedro resolveu pedir ajuda à mãe: que se fizesse intermediária, para que Julia não sofresse. Apesar de todo o receio que sentia, confiava na mãe e sabia que seus corações se pareciam; suas almas eram unidas e se compreendiam profundamente. Resoluto, chamou-a para uma conversa, depois de permanecer dois dias preso em seu quarto.

— Pedro, meu filho. Como estás hoje, meu querido?

— Com o coração em fogo e prantos, minha mãe. Ardendo de paixão e inundado de tristezas...

— Paixão, meu filho? Que escondes de tua mãe?

— Acalma-te. Por isso mesmo é que peço hoje que me escutes. Tenho algo a confessar-te.

A mãe sentou-se calmamente ao seu lado, solícita e carinhosa. Embora seu coração a intuísse de que o filho trazia problemas dentro de si, sabia que finalmente os revelaria a ela, para que pudesse auxiliar.

— Sabes que me opus sempre à idéia de meu pai de um casamento por interesse, onde não houvesse amor. Antes essa idéia me exasperava pela crença que sempre alimentei de que a família e o relacionamento são importantes demais para serem mercantilizados. Movido por essa resistência, fugi no dia da caçada. Fingi-me perdido e escondi-me em lugar agradável, para onde costumo fugir nos momentos de dificuldade e pressão. Busquei a tranqüilidade à beira do rio para meditar e tentar encontrar um modo de agir que não ofendesse meu pai, mas que repeitasse meu coração. Naquele esconderijo secreto, quis o destino que eu descobrisse, ao contrário, maiores motivos para não obedecer ao meu pai. Encontrei ali, por acaso, a mulher que sempre esteve em meus sonhos, em meus pensamentos, em meu futuro. Julia é o seu nome. Doce como a luz do luar, linda e viva como o amanhecer e alegre como as águas do rio Tejo, que cortam as matas com energia e entusiasmo.

Dora observava e ouvia atentamente o filho, que continuou sem sequer tomar fôlego:

— É, minha mãe... O destino pregou-me a maior das peças! Encontrei, em meio a essas difíceis circunstâncias, a mulher que sempre desejei. Não passo agora um só minuto em que não pense nela, em que não deseje estar com ela. Julia está em minha mente em todas as situações. Desejo vê-la ao meu lado quando acordo, pela manhã, quando ando pela casa, quando temos agradáveis conversas em família. Quando chove ou quando faz sol. Quando estou triste quero estar com ela, seus pensamentos de alegria me animam. Quando estou feliz, quero tê-la por perto para dividir com ela a alegria e ver seus olhos brilharem ainda mais, por ver-me assim. Desejo tê-la sempre comigo. Encontramo-nos bem poucas vezes, mas sinto como se sempre a tivesse tido comigo. No entanto, minha mãe, Julia é filha de simples camponeses. Humilde, porém cheia de dignidade. Sua casa simples, pelo pouco que sei, constitui-se no mais aconchegante dos lares onde amor e respeito estão sempre presentes.

Enxugando as lágrimas que lhe desciam pela face, Pedro olhou firmemente a mãe e perguntou, quase em súplica:

— Como posso agora, minha mãe, viver sem ela? Mas como poderei, meu Deus, viver com ela?

Pedro chorava dilacerado pela angústia. Sua mãe abraçou-o ternamente, e deixou que colocasse para fora todas as suas mágoas e ansiedades. Nada disse por longo tempo. Vendo-o acalmar-se olhou-o firme e profundamente nos olhos e lhe disse:

— Vejo em teus olhos, Pedro, que amas essa moça que nem sequer conhecemos. Terás de enfrentar os dilemas e desafios que esse amor lhe trará. Digo-te, entretanto, que o amor é o mais profundo dos sentimentos; o mais nobre e o que nos exige mais coragem. Digo-te porque amo e sei que não é somente paixão o que sentes agora por Julia. O amor de que te falo, e que vejo em teus olhos, é muito mais do que isso. É perene; corajosamente perigoso e jamais desiste. Portanto, terás de ponderar e trabalhar com calma e serenidade. Lembra-te, porém, de que é igualmente amor aquele que une nossa família, que nos liga uns aos outros, inclusive tu ao teu pai, que neste momento estás quase a odiar, por opor-se aos teus desejos. Lembra-te de que ele também ama, a seu modo. Quer o melhor para todos, embora às vezes, nos faça sofrer. Pondera, meu filho, que não podes amar em uma única direção. Tens diante de ti um grande desafio, terás de usar toda a tua capacidade, todos os teus conhecimentos e todo o teu bom senso. Pede a Deus que guie o teu caminhar. Ele há de te iluminar os passos.

— Mãe, alegro-me profundamente por me compreenderes os sentimentos. Acho que os compreendes melhor do que eu mesmo. Mas tenho um pedido a fazer-te. Precisaria encontrar-me com Julia, como faço todas as quartas-feiras, à beira do rio, cedinho pela manhã. Sei que meu pai me vigia pois tenho visto um de seus homens de confiança sob minha janela, dia e noite. Ele quer manter-me preso de qualquer forma a seus desejos. Se eu não for e não puder comunicar-me com ela, por certo pensará que estou a farrear com seus sentimentos. Assim, peço que lá estejas em meu lugar. Como Julia nada sabe sobre as minhas dificuldades, quero apenas que lhe digas que tive viagem inesperada e então, pedi que lhe desses o recado, para não deixá-la sem notícias.

Movida de profundo carinho pelo filho e pela jovem que ainda não conhecia, Dora concordou. Decidiu ir ao encontro daquela que fora eleita pelo coração do filho que ela tanto amava.

— Conta-me como ela é. Fala-me um pouco mais sobre a jovem. Afinal, preciso preparar-me para encontrá-la.

Ficaram por muitas horas a conversar. Pedro contou-lhe tudo o que sabia sobre Julia e sua família. A mãe ficou surpresa ao ver quanto estava informado sobre ela, com tantos detalhes, apesar de terem se encontrado tão poucas vezes. Surpresa e feliz, via nos olhos do filho o mais nobre dos sentimentos, que une as pessoas e as faz construir suas vidas. Não havia dúvidas: ele amava Julia. E ela já nutria sentimentos de simpatia por aquela jovem ainda desconhecida.

Capítulo 11

Na manhã seguinte Dora levantou-se muito cedo, como era seu costume. Antes de recolher-se, na noite anterior, avisou ao marido que teria coisas importantes a fazer no hospital que auxiliava semanalmente, e que ficaria lá por todo o dia naquela quarta-feira. Ele de nada suspeitou. Antes mesmo de o sol nascer, ela já estava a caminho. Pedro, da janela de seu quarto a observou distanciar-se. Seus olhos se cruzaram e ele agradeceu a Deus a mãe amorosa e dedicada que tinha. Emocionou-se com sua ternura. Rapidamente, ela sumiu entre as árvores.

Julia aguardava ansiosa a chegada de Pedro. Seu coração estava muito pesado. Estava preocupada. Nas noites anteriores sonhara com ele, sonhos muito estranhos. Via-se afastada dele. Foi assim, perdida em lembranças e receios, que não viu chegar a mãe de Pedro. Dora aproximou-se suavemente.

Porém o cuidado de Dora foi inútil. Quando Julia a viu, assustou-se. Aquela mulher tão ricamente vestida, bonita e delicada, o que estaria fazendo ali? Imediatamente pensou que algo tivesse acontecido a Pedro.

— Não te assustes. Sou Dora, mãe de Pedro. Vou explicar-te tudo. Não te assustes, eu peço.

— Perdoa-me pelo susto, mas estava aguardando Pedro, e ver-te me fez pensar que algo de errado pudesse ter acontecido a ele.

— Pedro está bem. Teve de viajar inesperadamente. Tivemos problemas em uma de nossas fazendas, ao sul, e ele se dirigiu para lá no início da semana. Não teve tempo de avisar-te, então pediu que eu viesse. Ele estava muito preocupado contigo.

Estabeleceu-se naquele momento, imediatamente, a mais doce amizade. O encontro de almas tão próximas em sentimentos, valores e crenças uniu as duas mulheres. Dora entendeu por quem Pedro se apaixonara. Entendeu que seu coração jovem tivesse encontrado no coração de Julia o sonho de um futuro de amor, amizade e carinho. Ficaram ali longas horas. Julia sentiu-se muito confortável ao lado daquela mulher tão diferente dela, rica, com tantas experiências. Mas tinham também tanto em comum... Tiveram muito a conversar. Dora era uma mulher diferente de outras que Julia conhecera. Tinha no trabalho e na ajuda aos necessitados uma dedicação que ela admirou de imediato. Difícil era ver uma mulher de tantas posses preocupar-se assim com aqueles que nada possuem. O tempo passou rapidamente. As duas tinham compromissos.

— Julia, foi agradável conhecer-te. Compreendo que Pedro te queira tão bem. Não fiques preocupada com ele. Na próxima semana, acredito que já estará de volta. De toda forma, dizei-me como posso encontrar-te, ir até tua casa, caso seja necessário. E assim, se ele não voltar, eu farei chegar ao teu conhecimento, para que não venhas até aqui e fiques a esperar em vão.

Envolvidas pela amizade que nascia, as duas despediram-se. Julia tinha o coração mais leve. Nunca mais duvidaria de que Pedro a amava de verdade.

E Dora... Tinha o coração ainda mais cheio de preocupações. Se antes sabia que Pedro não queria o casamento, agora o problema era muito maior. Ele teria de convencer o pai a desistir da idéia de casá-lo com Clara, o que já seria difícil; depois, convencê-lo a aceitar sua união com Julia, uma jovem de família humilde, sem recursos, que nada teria a oferecer, aos seus olhos: nem poder, nem riquezas, nem força política, nada disso. Sabia que seria muito difícil para Pedro conseguir mudar a situação. Ela precisava pensar em como ajudar o filho, sem, contudo, opor-se ao marido. Se este fosse contrariado, enfrentado, desrespeitado, tudo seria mais difícil.

Apesar de todo o esforço, de todas as tentativas de encontrar uma saída para a situação, nada se apresentava como alternativa razoável.

Vários dias se passaram. Pedro e a mãe trabalhavam em conjunto buscando uma solução possível. Ensaiavam alternativas. Sempre esbarravam na rigidez, na inflexibilidade do pai. Este, cada vez mais impaciente, cobrava de Pedro uma posição definitiva.

Pedro, por seu lado, continuava visitando Clara, ganhando tempo. Não se aprofundava em suas emoções. Buscava apenas conhecê-la melhor, e quem sabe até encontrar nela uma aliada na solução de seus problemas. Quem sabe ela também estivesse resistente à idéia do casamento e eles pudessem ser cúmplices na solução. Mas Pedro jamais tocava no assunto de maneira aberta e objetiva. Tinha receios também em relação a ela. Não a conhecia. Não sentia por ela a afinidade e a facilidade no relacionamento, como ocorria com Julia. A cada visita, ficava mais e mais desanimado. Percebia, desapontado, que ao invés de ajudá-lo em qualquer intento para a não-realização daquela união, Clara queria muito o casamento. Tanto queria que estava até pressionando, cobrando cada vez mais intensamente, mais abertamente, uma posição efetiva quanto à data do casamento e aos preparativos.

— Mas Clara, tens realmente certeza de teus sentimentos?

— Querido Pedro, não tenho muito a dizer-te sobre isso. Apenas posso afirmar-te que obedecerei aos desejos de meu pai. Sei que ele quer muito nosso casamento. Será importante para nossas famílias. Não serei eu, absolutamente, a criar qualquer empecilho. Não te preocupes com isso. Se estás postergando a definição das datas de noivado e casamento, fica tranqüilo. Agora entendo melhor tua resistência. Estás preocupado comigo. Não é necessário, pois quero obedecer a meu pai. Além do mais, parece-me excelente ser esposa de um homem como tu. Não te preocupes comigo. Segue nos planos traçados pelos nossos pais e concretiza a aspiração deles, porque de minha parte não há resistência alguma, só o desejo de servir-te como esposa.

Pedro sentiu nessas palavras o forte empenho de Clara na realização daquela união. Ela queria o casamento e não iria ser a pessoa a ajudá-lo ou a conspirar com ele para a solução.

— Não tenhas pressa, Clara. O casamento é para a vida toda. Somos jovens. Devemos nos conhecer um pouco melhor, para que sejamos não apenas obedientes, como também felizes.

— Serei feliz sendo submissa aos desígnios e desejos de meu pai e a ti também.

— Na próxima semana nos veremos.

— Mas... Já tens de ir? Chegaste mais tarde hoje. Esperava-te com ansiedade.

— Infelizmente preciso ir logo. São tantos os negócios que me demandam atenção e meu pai espera-me.

— Aguardo então o teu breve retorno. Meu pai quer falar-te, Pedro. Se puderes chegar na hora de sempre ele estará à espera.

Pedro, que via suas energias enfraquecerem a cada dia, sentiu fraquejarem também as esperanças. Clara estava mesmo pressionando-o para agir, totalmente ansiosa pelo compromisso já assumido entre as famílias. Uma espécie de depressão apossou-se dele. Quando sentia isso, só conseguia reanimar suas esperanças e energias indo encontrar-se com Julia.

Eles se viam há poucos meses, mas Pedro fora apresentado a toda a família de Julia. Visitava-a com freqüência em sua casa.

Algumas vezes preferiam encontrar-se no rio, seu lugar favorito. Embora Pedro fosse muito bem recebido por toda a família de Júlia, sua mãe sentia receio. Procurava alertar a filha para os problemas que poderia ter, sendo Pedro de família tão abastada. Experiente e realista, sabia que os pais poderiam opor-se ao relacionamento e provavelmente o fariam.

— Tens razão em tuas preocupações, minha mãe. Eu também as tenho. Tinha-as muito mais fortes. Conforme já te contei, conheci a mãe de Pedro. Ela é muito bondosa, mãe. Tivemos algumas conversas, já sabes disso. Sempre que nos encontramos, crescem meu apreço e meu respeito por ela.

— Disseste-me já que tens na mãe de Pedro uma amiga. Porém as forças sociais são poderosas, Julia. Deves ter em mente que uma mulher, por mais forte e decidida que seja, tem muitos outros interesses a pesarem sobre ela. Não que ela não te queira bem, querida. És um doce. Mas fica atenta. Pensa. Observa. E não te furtes a enxergar a realidade, apenas porque ela não é como querias que fosse. Olhe-a frente a frente. Sempre será melhor para ti.

Após essa conversa com a mãe, Julia manteve-se pensativa por dias. Sabia que ela estava certa, tinha de estar atenta à realidade. Ela se encontrara algumas vezes com Dora. Sempre que Pedro tinha de viajar, e não conseguia avisá-la, elas se encontravam. E chegaram mesmo a se ver ainda quando Pedro estava na fazenda. Muitas vezes Dora vinha vê-la de passagem para a cidade, quando das visitas semanais ao hospital. E muitas dessas conversas enchiam sua alma, da mesma forma que os encontros com Pedro lhe eram gratificantes.

Dora era uma mulher generosa e cheia de luz. Julia sentia muita alegria e satisfação em sua companhia. Contudo, os conselhos da mãe eram sábios. Ela sempre os considerava.

A sua família era simples, mas todos se queriam muito bem. Ajudavam-se mutuamente, trabalhando com ardor naquelas pequenas terras que possuíam. Julia levantava-se muito cedo, antes mesmo do nascer do sol para buscar água, alimentar os animais, ajudar no trabalho da casa; em época de colheita, ia junto com o pai, a mãe e os irmãos para o roçado, colher uvas. Trabalhava durante todo o dia, até o sol se pôr. Era uma vida de muito esforço, da qual ela não reclamava. Sua mãe era mulher austera, severa, porém amorosa. Mais realista e firme que o pai, homem sonhador e muito carinhoso, que desejava o progresso dos filhos e acreditava que um dia sairiam daquele lugar, para conhecer novos mundos; quem sabe ele conseguiria que fossem estudar... Julia amava demais sua família e sofria muitas vezes por não poder ajudá-la mais. No entanto, seu amor e sua dedicação também somavam-se aos motivos de alegria da família, contribuindo para a harmonia daquele lar.

Capítulo 12

Pedro estava sisudo, retornando de mais uma visita que acabara de fazer a Clara. Naqueles dias, evitava encontrar o pai o quanto podia.

Durante o jantar o silêncio de Pedro pesava sobre a casa. Dora tentava alegrar um pouco o ambiente falando do trabalho no hospital, de como estavam o acompanhamento e a melhora de algumas crianças. Pedro e o pai, que não se falavam direito já havia algum tempo, permaneciam calados. Os dois irmãos mais novos de Pedro, não obstante a pequena diferença de idade, não compreendiam bem a enorme resistência que ele tinha ao casamento. Achavam Clara um pouco desinteressante, é verdade; mas não a ponto de impedir a união, que seria muito boa para as famílias. Não compreendiam por que era tão difícil para ele tomar a decisão. Já estava até cortejando a moça, só faltava agora oficializar. Não podia ser tão ruim assim... Todavia o silêncio era constrangedor...

— Visitaste Clara hoje? – perguntou o pai rudemente.

— Sim, como de costume.

— Já estás a visitá-la há mais de dois meses, Pedro. Tens de marcar a data do casamento.

— Pai, já disse que necessito de um pouco mais de tempo. Quero obedecer-te, mas quero ser feliz ao mesmo tempo.

— Já te disse que tens tudo nas mãos. Um casamento como este irá proporcionar-te, e à nossa família, toda a segurança e toda a força necessárias para o seu presente e também para as nossas futuras gerações. Esta é a felicidade de que precisas. O restante, podes ter à hora em que quiseres.

Pedro explodiu colérico:

— Como podes dizer-me isso? Como poderei ter a felicidade no momento em que desejar, se construir uma família sobre um sentimento que não seja amor?

— Já te disse mais de mil vezes que com a posição que terás serás poderoso, Pedro. Terás tudo o que quiseres. Poderás escolher outros caminhos para satisfazer todos os teus desejos...

— Não podes incentivar Pedro a uma união, já incitando-o a buscar fora dela o prazer e a alegria – interferiu Dora, tentando mostrar ao marido que não concordava com aquela visão.

— Cala-te, Dora. Não coloques mais fogo onde arde uma chama imensa!

Dora, tentando restituir ao ambiente um pouco de serenidade, ao pressentir que a conversa não iria evoluir de forma positiva, pediu:

— Vamos nos acalmar, por favor. Temos de resolver com calma todo este impasse.

— Nada há a ser resolvido. Dei-te um prazo para decidir, Pedro. Esse prazo acabou e vens prorrogando tua ação. Não consigo entender onde queres chegar, uma vez que a decisão já está tomada. Tens uma ordem a cumprir. Vamos marcar agora a data do casamento. Não tens mais nada a fazer. Dei-te o tempo necessário para visitar a moça, para conhecê-la. Conheceste melhor teu sogro e tua sogra. A família toda gosta de ti. Já chega dessa história. Estou cansado de dar desculpas e justificar-me ao comendador. Quero a data agora.

— Não estou pronto ainda. Precisas dar-me mais tempo.

— Teu tempo está esgotado. Acabou. Tens de decidir-te. E será esta noite. Nem um dia, nem uma hora a mais.

— Será que não percebes meu pai, que a minha decisão já está tomada? Não quero, não aceito esse casamento. Estou a procurar como dizer-te isso. Já disse, mas desconsideraste meu desejo. Não me respeitas.

— Cala-te. Não és ninguém para falar de respeito. Respeito me deves tu e não me tens dado pela posição de pai que ocupo. Tenho responsabilidades contigo, e não as estás respeitando.

— Respeito-te como pai. Mas não podes obrigar-me a ser infeliz.

— E como sabes tu que não poderás um dia amar Clara? Como sabes que a dedicação e o amor que ela por certo te dispensará, quando a desposares, não moverão teu coração e não terás um dia por ela amor, assim como todos os demais benefícios que já te expliquei por diversas vezes?

— Impossível, impossível – falava Pedro, quase em desespero.

— Impossível? Impossível é continuares me enfrentando e diante de seus irmãos mais novos, para quem deves ser exemplo de conduta. Estás me envergonhando, Pedro. Dei-te sempre o melhor, e agora me retribuis dessa forma.

— Desejo ser feliz, apenas isso. E não posso ser feliz sem amar a mulher com quem hei de me casar. Não posso. Não vou casar-me com Clara.

— Não podes contrariar-me dessa forma! Estou te dizendo que irás casar-te. Vou então eu mesmo definir a data e iniciar os preparativos. Vais obedecer-me por bem ou por mal.

— Não podes amarrar-me, pai. Serei eu, e não tu, que estará no altar, diante de todos. Não podes obrigar-me a dizer o sim e a viver com alguém que não amo.

— Já te disse que és um sonhador. Quando tudo em tua vida estiver tranqüilo e sob o teu controle, terás uma mulher dedicada a servir-te. Poderás então amá-la, um dia.

— Nunca amarei Clara. Jamais poderei amá-la, pois meu coração pertence a outra, em quem encontrei o amor e o futuro de minha família.

— De quem estás falando? Quem é essa? Não admitirei jamais que me enfrentes e desobedeças. Já dei minha palavra ao comendador. Além do mais, nunca permitirei que com tua vida desonres o nome de nossa família, unindo-te a uma mulher menos digna de levar nosso sobrenome.

— Menos digna? Como podes dizer isso de alguém que não conheces? E se deste tua palavra, meu pai, antes mesmo de saber meus desejos, nada posso fazer quanto a isso.

— Não me chames de pai, Pedro. Se decidiste desonrar nossa família e minha palavra, então não ouses chamar-me de pai. Vai para teu quarto agora e pensa em tua vida. Tens mais esta noite para achares o juízo que perdeste. Amanhã pela manhã terás tua sentença, pela tua própria decisão.

Pedro levantou-se entre agressivo e desesperado. Não desejava opor-se ao pai, mas já não conseguia esconder-lhe os sentimentos. Dirigiu-se a seu quarto, enquanto todos ficaram parados, mudos, na mesa. Finalmente Afanásio rompeu o silêncio:

— Não quero uma palavra desta discussão saindo dessa sala. Até amanhã, veremos o que o jovem sonhador irá decidir. Veremos então o que fazer.

A noite arrastou-se longa sem que conseguissem dormir. Dora ainda tentou conversar com o marido, quando a sós em seu quarto. Ele permanecia irremovível de sua decisão: queria casar o filho. Já as razões estavam até se perdendo, porém o fato de Pedro não submeter-se a uma decisão tão pensada, tão ponderada, irritava-o profundamente.

Afinal, pensava Afanásio, ele desejava o melhor para toda a família. Pedro não sabia de nada sobre a vida. Não tinha experiência e era uma sonhador. Ele se preocupava muito com isso, pois conhecia muitas histórias de jovens sonhadores, que saíam pela vida cometendo absurdos, desperdiçando os bens da família e casando-se com jovens que em nada contribuíam para a consolidação da posição social. Ele, Afanásio Lins e

Albuquerque, jamais admitiria que um filho seu fizesse isso. Não! Era sua obrigação como pai orientar a família. E ele faria tudo para que Pedro cumprisse suas determinações. Era uma questão de honra. Seu nome estava em jogo. Pedro não entendia agora, mas quando fosse mais velho, mais experiente sem dúvida perceberia melhor suas razões. Ele mesmo já havia passado por situações parecidas quando jovem. Não compreendia o pai em algumas ações e mais tarde, quando teve sua própria família, suas responsabilidades, passou a ver com maior clareza os motivos que haviam levado seu pai a agir da forma como agia. Assim também seria com Pedro. Afanásio estava certo disso.

Pedro também não podia dormir. Queria acabar com essa história toda. Seu pai não iria obrigá-lo. O que poderia fazer? Iria embora de casa. Abriria mão de tudo que lhe pertencia por direito em troca de sua liberdade. Casar-se-ia com Julia e trabalharia com os pais dela. Iria ajudá-los no sítio. Não importava, faria qualquer coisa. Iria para a cidade com Julia, futuramente. Sabia que quando lhe contasse toda a verdade, ela entenderia. Ela o aceitaria, e começariam uma vida nova. Deixariam tudo para trás. Iria viver com ela e construir a felicidade que tanto desejava. Afinal, não precisava fazer o que o pai impunha. Se o pai não o entendesse, que poderia ele fazer? Abrir mão de ser feliz? Nunca. Isso ele não faria jamais.

As idéias tomavam corpo na mente de Pedro, aquelas idéias que sempre haviam estado lá, mas que ele procurava evitar, tentando achar uma alternativa menos drástica. Sabia que sua mãe sofreria e ele queria poupá-la de maiores dores. Contudo, nada mais havia a ser feito. Estava acuado e sem alternativas. O pai não lhe deixava escolha. Decidiu-se e, no romper da madrugada, dormiu profundamente sabendo o que faria de seu futuro.

O sofrimento traça em nosso caminho duas linhas muitos distintas. Quando ele se instala em nossas vidas, podemos reagir de duas formas: ou transformamos a dolorosa experiência em luz a brilhar sobre o nosso caminho futuro, trazendo renovação, ou fechamos nosso coração, negando-nos a aprender com a experiência, alimentando pensamentos e sentimentos de revolta e rebeldia, raiva, vingança e medo; sentimentos que conduzem nossas almas à mais profunda escuridão.

Em nosso caminho, sempre acharemos o momento da bifurcação, presente em nossas experiências mais cotidianas. A escolha é nossa. Podemos acender a luz, ou apagá-la, trazendo anos e quem sabe séculos de sofrimentos para nossas almas.

Pedro e Dora viviam um instante de grande dor. Afanásio, homem sisudo, sério, excessivamente exigente e rigoroso, não podia aceitar ser contrariado. E todos sofriam. Um momento de extremo significado se apresentava em suas vidas. Era o momento do sofrimento, da dor; e também de cada um decidir como iria agir, diante daquele impasse. Era um momento de decisão.

Dora deitou-se naquela noite com o coração dolorido e cheio de angústia. Queria conversar com o marido sobre o que estava acontecendo. Abrir seu coração, contar-lhe sobre Julia, a doce Julia. Sabia que ela poderia fazer seu filho muito feliz. Era meiga e adorável. Humilde, sem dúvida, o que não impediu Dora de se afeiçoar muito a toda a família da moça. Seu pai, embora simples, mostrara-se homem trabalhador e dedicado. Mas ela não teve coragem de contar a Afanásio sobre seu contato com Julia. Sentiu a noite inteira o marido a remexer-se na cama de um lado para outro, sem conseguir dormir. Ela também não dormia. Seus pensamentos perdiam-se no infinito, buscando: o que fazer?

Capítulo 13

Dora viu quando Afanásio levantou-se, muito antes do horário habitual. Teve vontade de fazer o mesmo para poderem conversar, mas sentia-se sem forças. Estava cansada. Tentou dormir um pouco enquanto amanhecia, desejando muito, de todo o coração, que o dia pudesse trazer com ele alguma luz nova sobre aquela situação.

Pela manhã, acordou com o marido surgindo quarto adentro, abrindo janelas e berrando. Ela assustou-se e de um pulo sentou-se na cama, atordoada. Não entendia o que estava acontecendo. Não compreendia o que ele estava tentando falar. Afanásio gritava e Dora não conseguia entender:

— Calma, pelo amor de Deus, o que está acontecendo? Fala mais devagar que vais ter um ataque!

— Ele me paga. Não podia ter feito isso! Ele me paga. Não pode me desafiar. Não pode me fazer faltar assim com minha palavra! Ele verá. Não conhece de forma alguma do que eu sou capaz!

— Calma, Afanásio. Do que estás falando?

— Do que mais poderia ser? Do teu filho. Teu filho, pois Pedro já não é mais meu filho.

— O que aconteceu? O que ele fez? O que poderia ter feito no espaço de uma noite?

— Ele se foi. Foi embora. Pegou tudo que lhe pertencia e foi-se.

— Como assim?

— Foi-se. Partiu. Levou tudo; tudo que era meu. Afinal de contas, eu dei tudo a ele! Enfrenta-me o moleque sem atino! Não me respeitou nem teve coragem de olhar-me nos olhos. Foi covarde. Fugiu!

Dora levantou-se, correu até o quarto do filho: estava vazio; guarda-roupas vazios. Correu pela casa afora. Chamou por ele. Os baús de viagem haviam sumido também. Ele levara seus principais pertences, seus livros mais importantes, as coisas que ela sabia que tinham maior valor para ele. E fora.

— Não adianta procurar por ele, Dora. Estou dizendo que se foi. Desistiu de ser meu filho. Nunca mais porá os pés nesta casa! Deixou-te esta carta. Toma, lê.

Dora sentou-se no sofá da sala. Estava totalmente transtornada. Sentia-se desmontar por dentro. Seu filho Pedro, tão querido, tão amado, o mais velho dos três, tinha partido daquela forma.

Pegou lentamente a carta das mãos do marido, e começou a lê-la.

"Mãe,

Escrevo-te por querer-te tão bem. A dor que sinto no peito por ter de fazer o que faço agora não poderás compreender nunca, minha querida. Estou no limite de tudo o que posso suportar. Não serei capaz de desistir dos meus sonhos. Não sou capaz. Sinto muito. Não posso viver com alguém que não amo, deixando para sempre, para trás, a mulher que amo e com quem sei que poderei ser muito feliz. Deixar-te também me dói. Me és tão querida, mãe, sou-te tão grato pelo carinho e amor! Mas tenho de seguir meu caminho. Tenho de tentar ser feliz. Vou ao encontro da minha felicidade. Vou procurar por aquela que amo, contar-lhe toda a verdade, e quem sabe, se ela me aceitar, buscar uma nova vida junto dela e dos seus. Espero que me compreendas, e me perdoes. Quanto ao meu pai, não posso dirigir-me a ele nesse momento. Não o quero mal. Mas tenho por ele muita mágoa por fazer-me sofrer tanto e obrigar-me a tomar esta decisão, que de modo algum gostaria de ter tomado. Que Deus ajude a todos nós.

Teu filho, que muito te ama,

Pedro."

Dora olhava a carta e o teto, alternadamente. Lágrimas corriam pelo seu rosto. A tristeza doía forte em seu coração. Ficou ali, imóvel por alguns minutos. O marido continuava gritando incessantemente, andando pela casa de um lado para o outro. De vez em quando parava junto da mulher e praguejava. Levantava a voz mais e mais, fazia ameaças que ela não entendia. Estava completamente descontrolado. Ela não sabia o que fazer. Sentia que as forças lhe fugiam.

De repente tudo foi sumindo dos seus olhos. Tudo ficou escuro. Ela perdeu a consciência e desmaiou.

Diante da reação silenciosa da esposa, Afanásio calou-se assustado. Correu a ajudá-la; chamou por ela, sem resposta. Tomando-a nos braços, caminhou até o quarto e colocou-a na cama. Buscou ajuda, chamando por Josefa, a governanta da casa. Ela procurou por éter, na sala de banhos do casal, e esfregando os pulsos e a testa de Dora tentou fazê-la despertar. Porém ela não reagia.

— Vou buscar o médico. Ela precisa de ajuda.

— Sim, senhor. Fico aqui com ela, tentando reanimá-la. Pode ir, senhor. Aguardo o médico e não saio daqui enquanto não chegarem.

Cláudio, o filho mais novo do casal, chegou da cidade, de algumas tarefas que fora realizar a pedido do pai, e assustou-se com toda a movimentação. Entrou pelo quarto da mãe, esbaforido.

— Como está ela, Josefa? Encontrei meu pai à porta e disse-me que ia à cidade para trazer o médico. Disse que minha mãe não passa bem e que Pedro deixou a casa. Sabes o que está a acontecer?

— Não sei o que aconteceu com seu irmão, senhor, mas creio ser algo muito sério. Seu pai estava a gritar pela casa, logo pela manhã: esbravejava, falava muito e gritava. Muitas coisas não conseguimos compreender. Depois ele ficou um pouco calado. Vieram ambos para a sala. Podíamos ouvi-lo gritando daqui. De repente, tudo ficou quieto. Ele veio até a cozinha pedir-me ajuda. Dona Dora já estava desacordada. É tudo que sei, senhor.

Cláudio sentou-se ao lado da mãe. Acariciou-lhe a fronte.

— Teu irmão... Ele foi embora... Meu Deus!

— Calma, mãe. Não fales nada. Fica calma. O pai foi buscar o médico. Precisas ficar apenas quieta.

— Teu irmão, Cláudio. Ele se foi. Teu pai...

As lágrimas corriam pela sua face novamente...

— Precisas acalmar-te, mãe. Não sabemos o que tens. E se for sério?

— Tristeza não mata, meu filho. Tenho apenas a alma cansada de todo esse problema que teu pai criou e que agora termina com a partida de Pedro. Sei que teu pai também sofre. Está desesperado não somente porque Pedro...

A voz sumia-lhe antes mesmo de as palavras lhe saírem pela boca. Estava cansada de uma noite inteira em claro. Sem saber o que fazer, tinha passado a noite a meditar. Pela manhã viera a surpresa desagradável. Tinha de ser forte, e a energia faltava-lhe quando mais precisava dela...

— Vês o que te falo? Tens de ficar calada. Espera pelo médico; ele nos dirá exatamente o que deves fazer para melhorar. Aí então, medicada devidamente, me contarás tudo. Fica calma, minha mãe. Vamos encontrar uma saída, verás.

— Que Deus te ouça e diga amém, meu filho. Que assim seja.

Cláudio foi até a cozinha buscar um pouco de água fresca, que imaginou seria bom para a mãe tomar. Ao passar pela sala, viu a carta de Pedro caída no chão. Sentou-se e leu-a.

— Ele foi embora mesmo! E de vez! Pobre Pedro. Por que não tentou outro caminho? Mas também... Qual seria o melhor caminho nesta história toda? Se ele ama a moça de verdade... Só não posso compreender como não conseguiu controlar suas emoções, conversar um pouco mais...

Os pensamentos passavam confusos pela mente de Cláudio. Ele não tivera muito envolvimento com toda a história do irmão, exceto pela discussão da noite anterior, quando tomara contato, em detalhes, com o que estava acontecendo... "Pobre Pedro... Pobre pai... Que situação..." continuava ainda meditando.

Estava perdido em seus pensamentos quando o pai entrou na sala com o Dr. Jesuah, médico e amigo da família.

— Como estás, Cláudio?

— Bom dia, Dr. Jesuah. A mãe está no quarto. Ela acordou.

— Como ela está?

— Não muito bem, pai. Está por demais fatigada. Mal tem forças para falar.

— É... Essa história é triste e não há de acabar bem! Que pena teu irmão querer fazer-nos sofrer a todos.

— Ele também sofre. Li sua carta. Ele também sofre, pai.

— Nem de longe o que desejo que sofra! Não vou perdoá-lo nunca! Isso não se faz a um pai. Eu jamais faria isso ao meu! De minha parte ele não tem mais nada, nem mesmo a lembrança! Ele não existe mais para mim!

— Calma, Afanásio. Acalma-te. Estão todos muito nervosos. Precisam acalmar-se. Onde está Josefa? Vou pedir-lhe que prepare um chá de ervas que trouxe para que todos tomem. É para acalmar os ânimos.

— Ela está no quarto com minha mãe.

Encontraram Dora sentada diante do espelho do quarto, já de roupa trocada. Estava terminando de arrumar-se.

— O que estás fazendo, Dora? Ainda há pouco estavas desacordada e agora encontro-te aí, preparada para não sei o quê!

— Estou melhor. Foi o choque. Não esperava e fiquei um pouco assustada. Já me sinto bem melhor, Dr. Jesuah. Como está?

— Josefa, trouxe aqui um chá novo que pesquiso. Ele acalma e relaxa os nervos. Prepara-o normalmente e serve uma xícara para cada um. Uma para mim também, por obséquio.

— Pois não, doutor. Vou já prepará-lo. Com licença.

— Tens certeza de que estás bem, mãe? Ainda há pouco deixei-te quase sem poder falar...

— Estou bem, quero ficar bem. Não vou entregar-me diante desta situação; preciso fazer algo. Vou falar com Pedro. Ele há de ouvir-me. Saberei fazê-lo pensar sobre tudo. Tenho de tentar. Vou procurá-lo... Trazê-lo de volta...

— Nunca, jamais, Dora! Que pensas que vais fazer? Nunca mais iremos mencionar o nome dele em nossa casa. Não vais sair atrás de alguém que pouco ou nenhum respeito teve por nossos sentimentos.

— Ele tenta ser feliz, Afanásio. Somente isso.

— Pois que agora tente ser feliz longe daqui. Não se pode ser feliz pelo caminho que ele escolheu! Ele não é mais meu filho!

— Não vou desistir dele. Quero vê-lo, falar com ele. É preciso. Tenho de tentar!

— Nunca. Não sais desta casa. Não quero ninguém em contato com ele. Pedro escolheu seu caminho, que o trilhe. Não terá nada de nenhum de nós. Não vês, Dora? Ele renunciou à família, abriu mão de tudo por causa de uma camponesinha qualquer... De mais a mais, como poderias encontrá-lo? Como saberias onde ele está? Vais sair por aí perguntando por ele em todas as vilas e sítios que encontrares?

— O pai tem razão, mãe. Como irás encontrá-lo? Não sabemos onde Pedro está!

— Eu sei onde ele está. Sei onde mora Julia, já conheço a moça.

— Como? Traíste-me também, Dora? Sabias de tudo e não me contaste? Como pudeste fazer isso comigo? E ainda queres continuar a trair-me? Nem pensar! Não pões teus pés fora deste quarto. Ficas aqui para que penses em tudo calmamente.

E olhando a esposa com desdém e irritação, Afanásio gritou:

— Ora esta, era só o que me faltava agora; tu apoiando teu filho. Vai ver é por isso que ele teve forças para ir em frente. És cúmplice dele. Ora esta, era só o que me faltava: ser traído bem debaixo do meu próprio teto! É bom mesmo que ele desapareça de nossa vida. Estava a fazer-nos mal a todos...

Já totalmente alterado, saiu gritando e foi buscar um serviçal, homem do campo, a quem ordenou que ficasse na porta do quarto da esposa. Ela estava proibida de sair.

No quarto, todos permaneciam calados. Josefa entrou com o chá. Dora sentou-se na cama. A pouca energia que tinha reservado esvaiu-se com a resistência intransponível do marido. Bebeu o chá e deitou-se.

— É melhor descansar um pouco. Sinto-me fraca, a mente não me responde mais. Tenho de raciocinar...

— Mãe, tenta descansar e não pensar pelo menos por um pouco... Que podes fazer agora? O pai está muito nervoso, está alterado, não está em seu juízo normal. Sabes que ele é duro, porém ama-te muito. Ama ao Pedro também, nós sabemos. É muito orgulhoso e sofre com isso. Tens de dar um tempo a ele. Tens de dar um tempo a ti também. Todos precisamos de um tempo para nos acalmar e refletir sobre os fatos; para procurar uma alternativa possível, viável. Não podes, entretanto, esquecer que foi escolha de Pedro. Ele segue o caminho que escolheu. As opções eram poucas, vá lá, entendo. Mas a decisão foi dele e na verdade pouco podemos fazer quanto a isso. Por ora o que resta é nos acalmarmos e refletirmos sobre a melhor forma de ajudar.

— A meu ver, Dora, Cláudio tem toda a razão. Nada há a ser feito no choque da surpresa. Devemos deixar os fatos se alojarem em nós, conviver com eles por algum tempo, para então permitir que eles nos mostrem o melhor caminho a seguir.

— Acho que tens razão, Cláudio. O doutor também está certo. Nada há que possamos fazer agora. Quanto mais tento reagir, mais difícil se torna a situação. Vou deixar-me conduzir por esses conselhos amorosos, mais a mais – Dora sorriu – vejo que nada posso fazer...

Olhou para a porta entreaberta, onde podia ver o empregado ali colocado pelo marido...

Capítulo 14

A dor e a tristeza envolviam os pensamentos e os sentimentos de todos na casa. Um silêncio profundo se fez presente durante todo o dia. Poucas conversas, poucos olhares. Algumas preces de quando em quando se faziam ouvir, cochichadas ao pé do oratório na entrada da casa, ora por uma empregada, ora por Dora, e até por Cláudio.

Afanásio passou o dia andando pela propriedade. Entregou-se o mais que pôde aos trabalhos que necessitavam ser acompanhados, buscando desviar os pensamentos e aliviar a alma que lhe pesava profundamente. Era insuportável a dor do orgulho ferido, ao ter o filho enfrentando-o daquela forma. Perder o controle da situação era algo que ele não conseguia suportar. E também não compreendia como seu filho, seu filho mais velho, podia virar-lhe as costas. Sentia-se traído. E depois, a esposa a apoiar a atitude do filho! Ele desejara sempre o melhor para a família, sempre se dedicara a ela, preocupado com suas necessidades e com o futuro de todos. Sempre fora tolerante com os desejos de Pedro. Quis estudar em Paris, e ele apoiou completamente. Sentia-se muito satisfeito com as conquistas do filho. E agora essa traição, essa rebeldia, esse desacato era algo que não aceitava. Procurava desviar os pensamentos e eles retornavam incessantemente. Tentava controlar a mágoa, mas ela persistia. Sentia-se humilhado em seu papel de pai.

Teria de justificar ao comendador a desistência do filho; assumir publicamente a desobediência e o desacato, o sofrimento da família, sua falha como pai... E não poderia cumprir sua palavra. Não poderia honrar o acordo estabelecido com o comendador e sua família. Era a primeira vez que isso acontecia em toda a sua vida. A primeira vez que ele, Afanásio Lins e Albuquerque, teria de voltar atrás e desculpar-se...

Sob a influência desses pensamentos, Afanásio sentia subirem-lhe ondas de raiva, de revolta, que deixou instalarem-se em seu coração.

Começou então, em seu íntimo, a pensar que talvez Pedro não fosse o maior culpado por tudo aquilo. Talvez essa moça... Sim, era isso... Essa moça era a real culpada por tudo! Seu filho fora vítima de uma armadilha, é claro! Como ele não havia enxergado isso antes? Ela tinha envolvido seu filho, seduzira-o, sabendo-o tão rico e tão poderoso, ela o tinha cativado para beneficiar-se, mudar de posição social, enriquecer. Ele conhecia dezenas, centenas de histórias assim. Ela devia ser ardilosa e ambiciosa. Devia ter planejado tudo, imaginado passo a passo como atrair seu filho. Tudo havia sido de caso pensado. E Pedro, que sempre fora muito sonhador, se deixara envolver.

Afanásio conhecia como agiam as mulheres mais astutas. Em toda a sua experiência e maturidade, havia cruzado com várias mulheres como essa tal Julia. Mas ele sempre fora muito seguro de si, e realista também. Nunca se deixara enganar. Sempre tivera as rédeas da situação em suas mãos, e isso valera-lhe muito. É certo que algumas vezes tivera de utilizar a força física e retomar o controle à força. Não obstante, mantivera o rumo de sua vida inalterado, conforme ele queria. Resolvera com habilidade toda situação assim que lhe ocorrera. Pedro era diferente, tinha puxado a mãe. Dora...

Os pensamentos de Afanásio voltaram-se para a esposa. Ele a amava profundamente. Muitas vezes tinha dificuldades em aceitar esse sentimento. Ele se casara com ela sob a orientação do pai, da mesma forma como agora procedia com seu filho. Nunca havia se apaixonado. Sempre olhava para as mulheres como se fossem inferiores e buscava nelas o benefício, nunca a troca. Era um homem duro, severo, dado somente a assuntos sérios e à política da época. Sempre fora assim, desde muito novo.

Casou-se com Dora sob a decisão do pai, que a escolhera como nora, considerando sua família e situação social que desfrutava. Fez bem. Ela era muito especial. Com a convivência, descobriu dia a dia, ano a ano que era uma mulher extraordinária, apesar de jamais ter admitido a si próprio que a amava. Cumpria fielmente todas as suas obrigações para com ela e com toda a família. Porém, com o passar do tempo, foi deixando aos poucos alguma ternura transparecer em seu olhar.

Mas agora a situação se fazia por demais difícil. Os pensamentos somavam-se um após o outro em sua mente confusa e cansada. E uma idéia retornava a toda hora, martelando em sua mente: essa tal Julia tinha sido a culpada por tudo. Desejos de vingança começaram a aflorar em todo o seu ser.

Afanásio deixava-se tomar completamente por aqueles desejos, sem refletir com clareza. Ela não perderia por esperar. Ela veria só. Não escaparia assim daquela situação. Ele faria algo. Seu filho iria retornar para casa, por vontade própria. Teria de enxergar que ela o estava enfeitiçando; somente essa poderia ser a explicação para tanto desatino. Envolvido, assim, por uma nuvem de pensamentos e agasalhando no coração sentimentos de ódio e vingança, Afanásio trazia para perto de si escuras figuras que atraíra com suas emoções e seus desejos em desequilíbrio.

Das criaturas espirituais que o circundavam e se aproximavam mais e mais, algumas rondavam habitualmente sua vida; outras, que perambulavam pela propriedade, foram atraídas pelas emanações perversas que enchiam o coração de Afanásio. Ele não percebia, mas começava a acreditar totalmente nos pensamentos que lhe chegavam à mente, sobre Julia, suas intenções e atitudes.

Aqueles pensamentos, dúbios e fracos no início, foram tomando forma e força à medida que ele se detinha neles. E quando as criaturas espirituais, atraídas pelos sentimentos de Afanásio, se aproximavam dele, estimulavam mais ainda seu ódio, sua raiva. Faziam-no crer que tudo o que pensava era verdadeiro. E aqueles pensamentos aos poucos tornavam-se fatos absolutos na mente de Afanásio. O ódio crescia, e fortalecia aquelas idéias.

Ao final do dia ele já estava completamente convencido de que a camponesa era culpada por todo o mal que sua família sofria, e decidido a vingar-se dela. Pedro voltaria para casa. E livre daquela mulher, com certeza iria obedecê-lo e então se casaria com Clara. Sim, e nem precisaria conversar com o comendador. Iria resolver tudo antes de precisar voltar atrás em sua palavra.

A esse pensamento, Afanásio exultou. Ele encontraria uma forma de destruir Julia. Seu filho retornaria, e ele teria, afinal, tudo que havia planejado. Casaria Pedro com a filha do comendador, aumentando a fortuna da família e seu poder político na região. Tudo estaria bem. Ele voltaria a ter o controle da situação.

As criaturas que o acompanhavam também exultavam. Que vingança sem limites iriam preparar! Afanásio estava fácil de ser controlado. Ele, a princípio, transbordava raiva. Agora, essa raiva já se transformara em ódio. E com esse sentimento tão incontrolável eles poderiam levá-lo a fazer o que quisessem. Poderiam manipulá-lo e ele nunca iria perceber! Que divertido seria para eles... Alguns há muito esperavam por essa oportunidade. Já haviam interferido bastante na vida de Afanásio, que agora estava aberto à maior das vinganças. Que grande oportunidade tinham de fazê-lo escravo!

Ao retornar à noite para casa, ele aparentava estar mais calmo. Seu olhar, no entanto, havia mudado. Um estranho controle se instalara em sua personalidade. Ele normalmente expressava totalmente seus sentimentos, gritava, esbravejava... Chegou em casa tarde, já próximo da hora do jantar, quieto e contido. A casa estava silenciosa. Ele estava na sala de jantar quando Dora chegou lenta e calmamente, como costumava fazer. Olhou-o bem dentro dos olhos e disse:

— É bom ver-te de volta. Vamos jantar. Cláudio e José estão aguardando. É bom que estejamos todos juntos. Momentos difíceis pedem maior união.

— Não te preocupes, Dora. Estou mais calmo. Iremos resolver essa situação de uma maneira mais racional. Não te preocupes. Pedro irá retornar.

— Alegro-me em ver-te mais refeito.

— Também alegro-me por estares melhor. Acho que todos exageramos esta manhã. Vamos jantar. Chame todos.

Dora afastou-se em direção ao quarto dos filhos. Mas estranho pressentimento apossou-se dela. Era uma sensação anormal, misteriosa. Não sabia exatamente o que lhe causava aquela impressão. Chamou os filhos e retornaram juntos à sala de jantar. O pai já estava sentado à cabeceira da mesa, como de costume. Sentaram-se todos.

O jantar transcorreu silencioso, com poucas palavras. Todos buscavam falar sobre assuntos leves, suaves, que começavam e não conseguiam continuar. Pouco a pouco foram sentindo-se indispostos. O jantar terminou em silêncio, como começara.

Afanásio sentou-se, então, na biblioteca a remexer alguns papéis. Dora acomodou-se ao seu lado e iniciou uma leitura qualquer. Seus pensamentos estavam longe; pensava no filho. Porém alguma coisa sempre trazia sua atenção de volta ao marido. Ele estava agindo estranhamente: calado, contido, como se escondesse alguma coisa. Ela estava intrigada. O que passaria pela sua mente? Estaria ele aceitando a situação? Não seria possível. Teria ele conversado com alguém, recebido algum conselho que o fizera acalmar-se? Improvável. Afanásio não era homem de pedir nem seguir conselhos. Quem sabe uma conversa o tocara, alguma palavra amiga...

De qualquer modo, ele estava agindo de maneira estranha. Dora, embora com o livro entre as mãos, os olhos voltados para a leitura, acompanhava todos os movimentos do marido. Ele não conseguia concentrar-se em nada. Olhava vários papéis ao mesmo tempo, abria gavetas. Fazia anotações. De quando em quando deixava-se ficar quieto, parado, olhos perdidos e o pensamento vagando. Parecia que de repente despertava de um devaneio e com movimentos bruscos voltava a remexer papéis e gavetas. Estava mesmo muito estranho. O que se passava com seu marido? Dora estava agora mais preocupada com ele do que com o filho.

O susto inicial havia passado. Ela tivera tempo para refletir e entendeu que Pedro não tivera mesmo alternativa. Temia e se preocupava por seu futuro. Sabia que ele não teria nenhuma ajuda da família. Perderia, por certo, todos os recursos materiais. Teria de encontrar uma forma de sustentar-se e à nova família que iria nascer. Sabia que Julia o apoiaria. Ela o amava, era compreensiva e amável. Seria uma força constante para o filho. Por outro lado, Dora sabia que não seria tão simples para Pedro abrir mão de tudo que havia possuído. Era muito unido, ligado a ela e aos irmãos. Sem dúvida, fora muito difícil para ele tomar aquela decisão.

Novamente sua atenção se dirigia ao marido. No momento, sua maior preocupação era Afanásio. Não conseguia decifrar-lhe os pensamentos e sentimentos e isso a assustava. Sentia-se desconfortável ao seu lado. Alguma coisa a incomodava muito. Ela passou longo tempo ali, a observá-lo.

Recolheram-se afinal. E a noite de Dora foi povoada com muitos sonhos inquietantes. Ela acordou muitas vezes, despertada por pensamentos assustadores. Voltava a dormir e sonhava com estranhas figuras destruidoras a rondar-lhe a casa, a família. Observava sempre o marido, ao despertar durante a noite. Parecia dormir despreocupado.

O amanhecer trouxe o sol, enfim, e Dora sentiu-se um pouco mais confortada com o novo dia. Novas energias pareciam restaurar-lhe as forças.

Capítulo 15

Ao acordar sentiu-se um pouco mais alegre e procurou dissipar seus temores, suas aflições da noite anterior. Afinal, pensou ela, a vida se renova a cada manhã, trazendo novas oportunidades de reflexão e de reconstrução. Nada se perpetua no mal, a não ser que pela nossa vontade, ainda que sem percebermos, mantenhamos o mal à nossa volta. Nós construímos a estrada que trilhamos a cada dia. O novo dia trazia para Afanásio a oportunidade de repensar suas decisões, suas convicções.

Durante o café da manhã, Afanásio de súbito sentiu-se mal. Começou a tossir muito, como se tivesse engasgado com algum alimento. À mesa todos ficaram assustados e correram em seu socorro. Depois de muita tosse, pequenos tapas nas costas, e muita água, ele finalmente conseguiu respirar melhor.

— Engasgaste com pão? Perguntou Dora solícita, logo depois de ver o marido mais controlado.

— Não! Senti-me sufocando, como se alguma coisa estivesse a apertar-me o pescoço. Senti que me faltava o ar de repente e pus-me então a tossir. Não sei o que aconteceu...

— Sufocado? E como estás a sentir-te agora?

— Melhor. A respiração voltou ao normal.

— Afanásio, não tive uma boa noite. Tive muitos sonhos e pesadelos. Acordei durante a noite toda e sempre me vinha um impulso de olhar-te, de ver se precisavas de algo. Sentia como se não estivesses bem, meu marido. Agora tens essa crise de tosse, por uma falta de ar que não sabes explicar. Sinto que algo não vai bem. Vamos unir-nos em preces, hoje. Temos passado, todos nós, por momentos tão difíceis... Precisamos tanto da ajuda de nosso Deus... Vamos buscar juntos as soluções que podem trazer de volta a paz a nossa família.

— Não tenho tempo hoje, Dora. Tenho muitas responsabilidades aguardando-me. Urge tomar algumas providências, se queremos Pedro de volta à nossa casa.

— Que providências são essas que desejas tomar? O que pretendes fazer? Não deves precipitar-te em tomar decisões sem pensares bem antes. Podemos conversar a respeito, quem sabe encontramos outras possibilidades?

— Já sei exatamente o que me compete fazer nesta situação. Estive todo o dia de ontem a pensar e tudo se fez mais claro em minha mente. O caminho está definido. Ninguém – ouviste bem? – ninguém há de se colocar em nosso caminho e interferir nos planos para nosso futuro, nossa família...

Os olhos de Afanásio estavam vidrados, como que fitando à distância, sem nada enxergar. Um brilho estranho emanava daquele olhar distante, que Dora desconhecia. Ele falava sem pensar, as palavras simplesmente saíam de sua boca, como se nem fossem suas.

Dora assustou-se com a expressão, o semblante do marido. Sentia algo estranho a envolvê-lo. Essa calma que aparentava... Ele nunca controlava suas emoções. Era um homem de falar tudo o que pensava, exprimia-se rudemente quando contrariado. E agora aquele olhar, aquele controle estranho.... Dora insistiu novamente:

— Mas o que pretendes fazer, homem de Deus? Pedro é também meu filho, tens de me contar tudo. Preciso saber o que queres fazer. Talvez possa ajudar.

— Não preciso de tua ajuda, Dora. Ou melhor, se ficas em casa tranqüila, se calas as perguntas e não mais insistes em saber o que se passa, estarás a ajudar-me muito, acredita.

— Quero ajudar-te, e igualmente a Pedro. Preciso saber o que pretendes, Afanásio; o que planejas, como pretendes agir.

Tenho o direito de saber. Sou tua esposa e sou também mãe. Preocupo-me com nosso filho. Temo que maiores agressões afastem ainda mais nosso filho de nós...

Dora chorava agora, tomada de incontrolável angústia. Seu corpo tremia, num temor indescritível e impreciso. Ela estava descontrolada e chorava muito. Pedia a Afanásio que lhe contasse o que planejava... Ele tentou acalmá-la. Quando a viu chorando tão intensamente, teve como que um choque que o tirava de um pensamento fixo. Parecia que, ao ver Dora chorando, ele retornava à realidade. Trouxe água, e ela bebeu. Pediu que se acalmasse e garantiu que nada de ruim aconteceria.

— Chega de sofrimento e lágrimas nesta casa. Acalma-te, Dora, vamos. Acalma-te, é o que peço. Não tens nada a temer. Só quero trazer nosso filho de volta e o mais rápido possível, pois assim daremos continuidade aos nossos planos de casamento dele com Clara. Não quero que ninguém nesta casa conte ao comendador o que houve. Quero sigilo. Vou informar a todos que não quero de modo algum que os últimos fatos se espalhem. Sei que em breve Pedro estará de volta e todos juntos, unidos como sempre fomos, daremos prosseguimento aos nossos planos.

Dora ouviu incrédula as palavras do esposo, e teve certeza de que ele não estava bem. Como podia pensar em seguir com seus planos, esses planos que estavam trazendo sofrimento e dor a todos? Como ele podia acreditar, depois de Pedro dar demonstrações tão claras de seu amor por Julia, de sua decisão firme de deixar tudo por causa daquele amor, como Afanásio podia acreditar ainda que poderia fazer Pedro retornar, aceitar casar-se com Clara e admitir que o pai interferisse dessa forma em sua vida?

Era como se ele não percebesse mais o que se passava à sua volta. Como se tivesse perdido o contato com o mundo real e estivesse vivendo no mundo criado pelos seus desejos autoritários e orgulhosos, tornados ainda mais intensos pela negativa do filho em aceitá-los.

Definitivamente, pensou Dora, ele não está bem. Conhecia o marido. Quando contrariado, ele ardia em raiva, esbravejava, gritava mesmo. Todos na casa sabiam quando estava irritado ou contrariado. Por isso, poucos ousavam contrariar-lhe os desejos. Dora, com muito cuidado e muita delicadeza, buscava contornar as difíceis questões que envolviam a família e muitas vezes até os negócios. Mas estava agora diante de um homem desconhecido. Não compreendia o que se passava com ele. Dora sentia angústia e temor.

Após vê-la mais calma e controlada, o marido saiu a pretexto de providências que lhe competia tomar naquele dia, para trazer Pedro de volta ao lar.

Assim que ele se retirou, Dora fechou-se em seu quarto, procurando o silêncio e o recolhimento para a oração. E ali buscava na prece, nas orações, o bálsamo que lhe acalmasse o sofrimento e a ajuda de Deus para o momento que atravessavam.

Já passava do meio-dia quando Afanásio entrou apressado, agitado, não falando coisa com coisa.

— Tudo pronto. Vamos ver se agora aprende. Ela vai aprender a não se colocar no meu caminho...

E vendo a esposa, que o aguardava para o almoço mais serena, olhando-o profundamente nos olhos, como que a vasculhar sua mente, seus sentimentos, sentou-se no sofá exaurido.

Dora não desviava dele o olhar nem por um só momento, como a pedir-lhe silenciosamente que desistisse do que estava planejando, fosse o que fosse, mesmo que para isso tivesse de nunca mais ver o filho e deixá-lo seguir seu caminho. Ele ficou inerte no sofá, sentindo o olhar da esposa e seu pedido silencioso.

"É como se ela soubesse" – pensava Afanásio. Ele sentia como se Dora tivesse descoberto seus planos, já em pleno andamento. Porém, num rompante de insanidade, levantou-se e gritou com ela:

— Pára de me olhar como se me condenasse! Nada devo para ser condenado. Sabes que nada farei para o mal. Tudo o que quero é reunir novamente nossa família e seguir nossa vida como sempre fizemos!

— A vida tem seus mistérios, Afanásio. Nem sempre podemos ter tudo o que queremos, da forma como imaginamos. Como num rio, temos de aprender a acompanhar o fluxo, seguindo a margem, os contornos, os desvios que a vida coloca diante de nós. Desviar suavemente das pedras, criando novos caminhos, descobrindo novos vales... Nem sempre voltar atrás é ruim. Às vezes é preciso desistir para conquistar...

— Andas lendo poesia demasiado. Tens de ser mais realista, Dora. Somente os fracos desistem de seus planos; somente os fracos não vão até o final. E não somos fracos. Não te preocupes com nada, meu plano é muito simples. Terei uma conversa com nosso filho. Calmamente, sem desatinos. E com os argumentos que tenho estou certo de que ele se convencerá. Ele retornará. Não tens, portanto, com que te preocupares. Busco solução, não problemas.

O olhar doce e meigo de Dora continuava sobre ele. Sem mais perguntas, ela levantou-se da cadeira onde estava e sentou-se para o almoço. Não emitiu nenhuma palavra; apenas curvou a fronte e fez uma prece pedindo auxílio para todos.

Na mente doente de Afanásio, porém, o turbilhão de pensamentos se acentuava. A idéia fixa da vingança tinha criado forma e ele já tomara as primeiras providências para concretizar o seu ato.

Ainda havia, contudo, algumas dificuldades a serem superadas. Precisava descobrir onde morava a tal família. Queria perguntar a Dora, mas temia que ela confirmasse, assim, suspeitas que porventura já viesse alimentando. Preferiu calar-se. Imaginava vários meios de descobrir o que precisava e de concretizar, habilmente, seu intento.

De quando em quando olhava para a esposa, almoçando. Ela nada disse. Permaneceu calada após a prece. Dora parecia ainda mais linda quando em prece. A despeito do olhar cansado, da feição tensa e preocupada, ele a achava sempre linda e iluminada, a mulher que conquistara seu coração. Mas algo afastava imediatamente os pensamentos suaves de sua mente. E novamente lhe vinham a raiva e a excitação pela idéia da vingança, os planos de trazer o filho de volta, de livrá-lo daquela mulher que apenas queria usá-lo, segundo pensava ele.

Afanásio não imaginava quão espessas e pesadas eram as energias que o envolviam. Se pudesse observar a si mesmo e ao que se passava à sua volta, espiritualmente, talvez visse a sombra escura que se aglutinava mais e mais. Sua mente tinha como que pesadas e negras nuvens a envolvê-la. Pequenos raios negros penetravam-na, de quando em quando. A luz não conseguia passar por aquelas densas energias que os sentimentos de ódio e vingança alimentavam, tornando-as cada vez mais espessas e escuras; elas dominavam completamente o corpo físico de Afanásio, concentrando-se especialmente em sua cabeça e em seu coração e impediam desse modo que qualquer pensamento bom e suave o atingisse e que qualquer sentimento mais nobre saísse de dentro dele. Pressionavam seu peito e faziam com que ele, sentindo-se mal e oprimido pela situação, mais ainda odiasse aquela a quem atribuía a real responsabilidade por todas as tristezas que sentia e mais desejasse vingança.

Dora pedia mentalmente ajuda para sua família. Pedia a Deus e a Jesus luz e proteção sobre o seu lar. Desde que saíra do quarto, após longo período de orações, sentia o coração mais confortado. Pedia o auxílio para que soubesse o que fazer, como agir. Desciam sobre ela pequenos raios de luz a aclarar-lhe e acalmar-lhe a mente. A luz que a envolvia fazia com que se sentisse protegida e amparada, ainda que por algo que ela não entendia, proporcionando-lhe maior serenidade.

Cláudio e José chegaram para o almoço quando os pais já haviam terminado. Percebendo o silêncio, nada ousaram perguntar. Cláudio estava preocupado com os pais, desde a partida de Pedro. Mesmo assim, mantinha-se distante, sem saber como ajudar.

Capítulo 16

Ao terminarem o almoço, juntaram-se todos na grande sala de estar.

Inesperadamente, Afanásio pediu aos dois filhos que fossem até a cidade, após o jantar, buscar uma encomenda importante que chegara. Eram peças para consertar equipamentos utilizados na fazenda. Estranharam um pouco a urgência, mas sabiam que as peças estavam realmente fazendo falta.

E para maior surpresa, Afanásio informou a todos que iria viajar naquela noite. Tinha assuntos importantes e urgentes a serem resolvidos em Lisboa. Teria de viajar naquela noite mesmo. Recebera notícias que poderiam alterar a situação de seus investimentos. Teria de tomar decisões imediatas. Iria sozinho, pois sabia que Dora, diante de toda aquela situação, precisava da presença e da ajuda dos filhos, não poderiam deixá-la sozinha. Ele retornaria brevemente, em dois ou três dias. Levaria um de seus empregados, o de sua maior confiança que, além de fazer-lhe companhia, poderia ajudá-lo em muitas questões que necessitava decidir.

— Partirei logo após o jantar. Gostaria, inclusive, que o servisses mais cedo hoje, Dora, para que a minha viagem se faça o mais breve possível.

— Tens certeza de que não queres que te acompanhe, Afanásio? Gostaria de ir contigo.

— Estás louca, Dora? Depois de todo o esforço despendido nos últimos dias, de tua fraqueza, teu desmaio, queres empreender uma viagem longa como essa, e para nada? Que tens a fazer com negócios e investimentos? Se fosse uma viagem com fins de distração, não teria dúvida em levar-te. Mas vou e volto em três dias; é longa e cansativa a empreitada. Depois, devo retornar o mais depressa possível, pois tenho muitas providências a tomar quanto ao regresso de nosso filho ao lar. Como tenho dito, sei exatamente o que fazer para trazê-lo de volta. E já me pus a adotar as devidas providências. Assim, essa viagem vem retardar meus planos, mas infelizmente importantes decisões estão envolvidas e terei de aguardar, embora não por mais do que três dias...

Frente à situação, não havia outra coisa a ser feita. Todos já estavam habituados a essas viagens inesperadas, que aconteciam duas ou três vezes ao ano, quando Afanásio tinha de ir a Lisboa para conduzir a compra de propriedades ou decidir-se por novas produções agrícolas, ou até por investimentos em terras estrangeiras. Afanásio preparou-se, durante a tarde, para a viagem que seria empreendida logo no início da noite.

Assim que anoiteceu, pôs-se a caminho. Antes, porém, enviou os dois filhos à cidade para que cuidassem de buscar a encomenda urgente. Incumbiu-os de mais duas ou três responsabilidades: deveriam fazer pequenas visitas e dar alguns recados, além de obter algumas informações que lhes seriam úteis no trato com a terra, nos próximos meses. Pediu que fossem até o Dr. Jesuah e informassem que Dora estava melhor.

Ao despedir-se de Dora, não conseguia olhá-la dentro dos olhos.

— Que Deus te acompanhe e proteja, Afanásio – disse ela fitando-o profundamente – desejo que reflitas muito, durante a oportunidade dessa viagem, Afanásio; que penses muito para poderes clarear tua mente e teu coração. Pensa que a vida sempre nos traz novas oportunidades de mudança. Tens nas mãos agora, com a viagem, uma grande oportunidade, pois estarás a sós por longas horas de jornada. Usai-a com sabedoria.

— Dora, doce Dora. O que tem de ser feito tem de ser feito. Não se pode mudar aquilo que está definido. E tudo já está traçado...

Dora observava atentamente o esposo, em cada palavra. Ele não conseguia olhar em seus olhos, enquanto falava com ela. E Dora, ao ouvir as últimas palavras do marido, sentiu um calafrio percorrer-lhe todo o corpo. Ele saiu vagarosamente e ela permaneceu ali parada, vendo-o afastar-se e sentindo no coração o temor crescer e crescer, incessantemente. Não conseguia decifrar ao certo o que temia. Pressentiu que algo muito ruim, muito triste estava por acontecer. E soube que teria de fazer alguma coisa.

Quando o marido sumiu na estrada da fazenda que dava para a estrada principal, Dora ajudou os filhos a prepararem-se para a jornada que empreenderiam até a cidade. Permaneceu calada, não articulou palavra. Os dois estranharam muito o silêncio da mãe, que sempre atenta fazia muitas recomendações; naquela noite ela se manteve quieta. Dora os acompanhou até o mesmo ponto onde se despedira de Afanásio e pediu-lhes:

— Voltai logo. Não vos demoreis mais do que o absolutamente necessário. Talvez a noite nos reserve mais trabalho do que imaginamos...

— Do que estás a falar, mãe? A que trabalho te referes?

— Não sei. Alguma coisa está estranha. Algo está por acontecer... Não me pergunteis mais nada, não vos saberia responder. É só esse estranho sentimento em meu peito. O olhar estranho de vosso pai...

— Crês que algo pode suceder ao pai nessa viagem?

— Não sei, meus filhos. Não sei dizer. Sinto somente algo a aproximar-se de nós... Não saberia explicar... Ide, e voltai o mais rápido que puderdes.

Dora ficou ali também observando os dois filhos a desaparecerem estrada afora. Lentamente dirigiu-se até a casa e ajoelhou-se diante do pequeno oratório que ficava logo na entrada.

Pediu a Deus proteção e ajuda para sua família. Levantou-se e foi até seu quarto. Ali, em recolhimento, sentou-se por alguns minutos. Sozinha, deixou que a mente vagasse envolvida por aquele sentimento de temor que a estava rondando.

Meditando em tudo que acontecia e em tudo que sentia naquela noite, pensou que talvez devesse procurar Pedro. Era o momento propício: o esposo viajando, os filhos na cidade, a casa tranqüila. Nada a impediria. E aquele sentimento de receio por todos os seus... Decidiu que seria realmente o momento de visitar seu filho, conversar com ele e pedir que tivesse muito cuidado, muita cautela.

Desejava falar-lhe que estava preocupada pelo bem de todos... Sim. Dora levantou-se, vestiu-se para sair. Chamou pela governanta e deu-lhe algumas orientações simples. Disse que iria até o hospital da cidade, que recebera notícias de que um dos pacientes que ajudava não passava bem e teria de ir até lá para prestar auxílio, ver como poderia cooperar. Não deveria demorar-se, voltaria em breve.

Capítulo 17

Dora pediu a charrete, despediu-se e partiu sozinha. Não seguiu pela estrada principal, que saía da fazenda, e sim por uma outra menor, que levava mais diretamente ao lugarejo onde residia Julia com sua família. Ia com pressa, com ansiedade. A cada passo dado, mais desejava ver o filho. Saber como se encontrava, se estava bem. Desejava estar com ele. Sentia muito sua falta, especialmente naquelas circunstâncias...

Dora seguiu pela estrada sob o céu de muitas estrelas, levando o coração opresso e ansioso. Conhecia bem os caminhos. Sabia que àquela hora da noite não era seguro andar pelas estradas escuras e poeirentas. Mas estava determinada a encontrar e alertar o filho para que tivesse muita cautela. Tão absorta ia em seus pensamentos que não se apercebeu de pequeno movimento que a acompanhava ao longe. Vultos de homens a cavalo, silenciosamente, mantinham-se a uma distância suficiente para ocultá-los nas sombras das árvores.

Em pouco mais de uma hora, Dora acercava-se da vila onde vivia Julia. Deixou a charrete logo na entrada do lugarejo e dirigiu-se, rapidamente à pequena casa onde já havia visitado Julia algumas vezes.

Sentia uma alegria suave ao ver a casa simples. A tênue chama de velas mantinha seu interior iluminado, permitindo ver que havia movimento lá dentro. Chegou devagar, procurou não assustar. Bateu e chamou por Pedro e Julia. A mãe da moça abriu a porta. Ocultos nas sombras das pequenas casas, a uma distância não muito grande, dois vultos de homens espreitavam silenciosos.

— Dona Dora, o que faz aqui a esta hora? Entre.

— Não desejo atrapalhar-vos. Apenas necessito falar um pouco com Pedro. Não quero incomodar.

— Não tem nada a temer, dona Dora. Vamos entrar...

Pedro assustou-se ao ver a mãe entrar pela pequena casa:

— Mãe! Que fazes aqui a esta hora da noite? Aconteceu alguma coisa? Precisas de ajuda?

— Não te assustes, meu filho. Como estás, Pedro?

Abraçando-o fortemente, Dora não conseguiu conter as lágrimas. Sentia tanta saudade do filho e estava muito feliz em vê-lo!

Pedro também chorava, ainda sob forte emoção. Sentia muita falta da mãe e da família. Apesar de habituado a estar longe deles, naquelas circunstâncias, sem saber quando os poderia ver de novo, sentia-lhes profundamente a falta.

As emoções que a todos envolviam eram de pesar e dor. Ninguém se sentia confortável com tudo que acontecera. Pedro sabia que sua família sofria. Ele tomara a decisão por não saber mais o que fazer. A família de Julia, embora não concordasse com sua posição, decidiu apoiá-lo. E Júlia, que o amava profundamente, compreendeu-lhe as razões e as atitudes, porém temia que o afastamento dos seus o fizesse sofrer. Todos estavam desejando que alguma coisa pudesse acontecer e mudar aquela situação. Após alguns momentos de forte emoção, Júlia pediu a Dora que se sentasse à mesa e descansasse um pouco. Mais refeita, Dora sentiu-se aconchegada e feliz.

— É bom ver-te bem, meu filho. Vejo que estás abatido, mas compreendo que o momento é delicado...

A mãe de Julia considerou:

— Pedro não tem se alimentado direito, dona Dora. Nós o recebemos aqui com todo o carinho. Ainda que não concordemos com a atitude que ele tomou, respeitaremos e apoiaremos o que decidir. Eu já havia avisado minha filha de que teria muitos problemas a enfrentar por envolver-se com um rapaz que está em outro patamar social. Conheço esses problemas, dona Dora. Sei que nossa sociedade é muito rude com aqueles que não respeitam suas regras...

Dora olhou para Julia, que se mantinha em silêncio. Sentia que ela e sua família compreendiam a gravidade da situação. Pedro tinha os olhos cansados. Abatido, deixava perceber que seus últimos dias tinham sido muito difíceis. Julia permanecia serena; tinha o rosto cansado, mas tranqüilo.

Dora estava séria e preocupada ao dizer:

— Gostaria muito que a nossa realidade fosse diferente. Espero que algum dia as pessoas possam fazer todas as suas escolhas com liberdade e consultando seus corações. Creio que um dia isso acontecerá. Porém não posso esconder que a situação é difícil e tomou rumos ainda mais complexos.

— Mãe, o que aconteceu? Meu pai já me deserdou? É disso que estás falando? Se é, não me assusta. Sabia que faria isso. Estou preparado para abrir mão de tudo que possuo para ir ao encontro da minha felicidade – Pedro segurou suavemente a mão de Julia, enquanto falava.

— Teu pai ainda não te deserdou. Na verdade falou sobre isso logo nos primeiros momentos após saber de tua decisão. O que mais me preocupa, contudo, é que foi gradativamente mudando sua forma de agir. No início, teve a reação costumeira: esbravejou, gritou, como é seu hábito fazer sempre que se vê contrariado. E ameaçou que nunca mais queria ver-te, que não terias nenhum direito a nada e que não eras mais seu filho. Aos poucos ele foi mudando. Ficou mais calado, contido, como se escondesse algo. E não mais gritou e ameaçou. Só disse que sabia o que fazer...

Dora parou de repente. Olhou para as pessoas à sua volta, toda a família ali sentada a observá-la. Temeu por todos eles.

— Meu filho, quero mais que tudo ver-te feliz, sabes disso. Nada tenho contra tua decisão. Sei que Julia pode ser a mulher que sonhaste para tua companheira – e carinhosamente olhou Julia, que permanecia calada na ponta da pequena mesa. O pai nada havia falado até aquele momento. Apenas observava silenciosamente.

Dora não pôde conter as emoções. As lágrimas rolavam pela sua face. Ela não conseguia falar, queria contar tudo, mas não conseguia falar. Julia levantou-se de onde estava, sentou-se ao lado de Dora e abraçou-a fortemente.

— Ah, Dora... Imagino teu coração de mãe como sofre. Sensível como tu és, imagino como é difícil para ti estar entre o esposo e o filho. E contigo mesma, sofrendo a tua própria dor. Chora, Dora. Chora que as lágrimas irão lavar tua alma de toda essa dor que carregas.

Ficou ali abraçada a Dora, consolando-a. Pedro levantou-se e abraçado a mãe também chorava. Foi Julia que finalmente quebrou o silêncio:

— Quando Pedro aqui chegou contando o que havia acontecido, pedi-lhe que voltasse. Sofria muito, pois entendi finalmente tudo para que meus pais tentaram me alertar. Acontece que o coração não conhece os limites da sociedade, do tempo, de nada... E como uma ave que ganha o céu meu coração voou para perto do coração de Pedro, como se lá, junto dele, fosse meu verdadeiro ninho. Ainda assim, pedi que voltasse para sua casa, para sua família. Como eu jamais poderia viver longe dos meus, imaginei quanto seria duro para ele, estar distante – e quem sabe para sempre – daqueles que muito ama. Nada do que eu disse, porém, pôde fazer Pedro mudar de idéia. Ele sofreu calado e insistiu em ficar. Pediu proteção em nossa casa. Contou tudo quanto ocorrera, e minha família o aceitou para que viesse fazer parte dela. Não consegui que mudasse de idéia, mas consegui que concordasse em procurar-te tão logo a situação se acalmasse.

A emoção tomava conta da pequena sala. Nenhuma palavra poderia traduzir a severidade daquele momento. Embora simples, muito simples, os familiares de Júlia compreendiam plenamente a dor daquela mãe, a dor daquela família. Sabiam que o amor sempre estava acima de todos os sentimentos e que viver pelo amor e para o amor era o maior bem que se podia alcançar na terra. Amavam-se uns aos outros. Tinham a maior riqueza que se podia conquistar. Podiam sentir a dor de Dora e de Pedro, separados pela incompreensão e por valores sociais tão fortes, mas tão efêmeros; tão fortes, mas ao mesmo tempo tão superficiais. Silêncio profundo envolveu a todos.

Dora não era capaz de pronunciar mais nenhuma palavra. Pedro apenas abraçava-a com ternura, procurando sustentar a si e à mãe nesse ato de amor e de carinho que os unia agora e os havia unido por toda a vida.

As horas iam avançando. Dora precisava conversar com o filho sobre os problemas que tanto a preocupavam. O pai estava diferente. Ela temia por Pedro e por toda a família de Julia. Sentia a presença de um perigo iminente que não podia explicar. Queria muito conversar a sós com o filho, para poder dividir seus receios, ainda que infundados... No entanto, não sabia como ausentar-se assim, de uma família que a acolhia com tal carinho. Sem encontrar como expressar seu desejo, sua necessidade de estar a sós com o filho, deixou-se ficar ali, recebendo o carinho e a compreensão daquela família amorosa, que sentia quase como se fosse sua própria família. Horas mais tarde, já quase de madrugada, Dora levantou-se pronta a retirar-se.

— Agradeço-vos o carinho e a compreensão. Tenho certeza de que meu filho está amparado e acolhido por uma verdadeira família. Quanto a isso não tenho preocupação alguma. Peço-vos somente que tenham muita paciência com ele e com toda a situação. Sei que compreendem sua gravidade. Mas ela requer mais do que compreensão. Requer mesmo muita tolerância, muita paciência, pois lhe desconhecemos os desdobramentos...

Dora interrompeu-se, pensando que seus temores poderiam ser infundados e assustar a todos.

— Mãe... Fica conosco esta noite. Não tens por que ir agora... Já é tão tarde...

— Não posso, meu filho. Tenho de retornar. Já arrisquei muito vindo até aqui. Se teu pai, de algum modo, descobre que aqui estive, dificulto a vida para todos nós.

— Dora... Já que estás aqui fica conosco. Não podes viajar a esta hora. Sabes dos perigos de viajar à noite por esta região. Temos acomodações muito simples, mas ficarás confortável. Ao menos dorme um pouco e vai logo que amanhecer...

— Está muito tarde. Em breve será dia. Tenho de ir. Não quero ausentar-me de casa por mais tempo.

E olhando Julia com ternura lhe disse:

— Tens meu carinho profundo, Julia. És uma mulher muito especial. Fico feliz em ter-te como nora, embora numa situação tão grave. És mesmo como uma filha...

— Se não podes ou não queres ficar, então irei contigo! Não vou deixar-te viajar à noite. Eu te acompanho, mãe. Assim teremos a certeza de que chegarás segura até a fazenda. Não poderei sentir-me tranqüilo aqui sabendo-te viajando só. Se soubesse que virias, teria ido buscar-te. Agora então, tarde que está, quero acompanhar-te, por certo.

Dora sentiu-se contrariada por tirar Pedro àquela hora do abrigo em que estava; porém, sentindo que seria um bom momento para conversarem a sós, consentiu na oferta do filho e retiraram-se sem maiores delongas. Partiram imediatamente.

Capítulo 18

Julia e seus familiares, enternecidos e envolvidos naquele momento de emoção, custaram um pouco a acalmar e desligar-se daquela situação. Demoraram-se ainda um pouco na sala onde haviam permanecido longo tempo junto a Dora e Pedro, naquela noite.

Menos de uma hora após a partida dos dois, todos na pequena casa preparavam-se para deitar-se quando alguém bateu fortemente à porta. Entreolharam-se assustados. Quem poderia ser? Será que Dora e Pedro voltavam? Será que algo acontecera a eles?

Sem esperar que batessem novamente, Julia abriu a porta. Duas figuras estranhas e assustadoras avançaram sala adentro, sem serem convidadas. Eram dois homens que a família desconhecia. Entraram e um deles fechou a porta abruptamente. Julia ficou parada ao lado da porta, olhando assustada para os estranhos.

— Pedro se encontra nesta casa?

— Pedro saiu em companhia da mãe.

— Excelente! Conforme planejado! Quem é Julia? – perguntou o homem mais alto.

— Sou eu. Que desejais aqui?

— Não quero conversas, quero apenas falar com Julia. Que se retirem todos da sala.

— Quem sois e o que desejais? Como entrais aqui e dais ordem em minha casa? – perguntou o pai de Julia.

— Não te estou dirigindo a palavra. Não estamos aqui para conversas. Cala-te e retira-te. Vim aqui conversar com Julia, somente uma conversa breve e direta.

— Não iremos deixar Julia aqui sozinha com alguém que desconhecemos...

— Pois bem, se quereis participar das sujeiras que vossa filha vem praticando...

Entreolharam-se muito assustados. Perguntas assomavam à mente de todos. Quem seriam aqueles homens? O que quereriam ali àquela hora? Do que estariam falando? Julia aproximou-se do homem mais alto e fitando-o mais diretamente, reconheceu nele algo de familiar.

— Podes falar o que quiseres, pois nada devo a ninguém...

— Não deves? Como ousas dirigir-me a palavra nesse tom? Deves-me muito. Tiraste-me a tranqüilidade da família. Interferistes em todos os meus planos. Humilhaste-me perante os meus, como um homem fraco e sem palavra. Queres destruir-me todos os planos futuros e isso jamais permitirei! Sei que desejas dinheiro e poder. Queres fazer parte da sociedade. És ambiciosa, menina, mas entraste onde não foste chamada. Interferes onde não conheces e não sabes o perigo que corres. Recua imediatamente de teus planos. Quem sabe se sofreres muito por tudo o que me causaste poderei fazer cessar meu ódio contra ti...

Julia não compreendia e não acreditava no que estava ouvindo. Quem era aquele homem enfurecido que adentrava sua casa e lhe dirigia aquelas acusações absurdas? Olhou firmemente para ele e buscou o tom de voz mais suave que podia encontrar, porquanto sentia temor por aquele homem descontrolado.

— Senhor, não sei do que estás falando. Perdoa-me se desconheço o que dizes, e peço-te que nos expliques do que se trata.

— És mesmo cínica, exatamente como havia imaginado. És muito cínica, menina. Como podes fazer-te assim de boazinha enquanto destruis a minha família? Não vou permitir, entendes? Não vou permitir que destruas tudo que tenho construído. Sou um homem respeitado e de palavra. Ninguém, entendes, ninguém me desafia ou desacata sem conseqüências. Se te metes comigo, terás a recompensa...

— Pareces familiar, senhor. Teu semblante me lembra alguém conhecido, que não consigo identificar... Espera... Sim... Lembras-me Pedro! És seu pai!

— Finalmente algum bom senso se apresenta. E quem mais achas que poderia ser? O que achas que um homem de posição, estirpe, tradição poderia vir fazer num casebre como este? Finalmente deixas um pouco do cinismo de lado. Isto é bom...

— Desculpa-me, senhor, não estou sendo cínica. Não poderia adivinhar que receberíamos hoje tua visita.

— Sim, isso eu sei. O elemento surpresa é sempre eficaz. Mas deixemos de conversas perdidas e vamos direto ao ponto que aqui me obriga a entrar. Quero-te longe de meu filho. Quero todos vós longe daqui. Desapareçam. Sumam. Nunca mais quero ver-vos. Não irás desposá-lo jamais; nunca terás o que pretendes. Mesmo que o ingênuo e bobo de meu filho te despose, jamais terás nossa fortuna. Jamais entrarás em nossa família. Nunca serás recebida pela sociedade, a qual não pertences.

— Senhor, perdoa-me, porém não entendo! Amo teu filho, é verdade, mas não sei do que estás falando...

— Não sejas cínica outra vez. Não tenho tempo para conversas. Sei que desejas dinheiro, poder, riquezas; queres envolver meu pobre filho em tuas teias. Conheço muitas mulheres como tu. E não tenho tempo para conversas que não levam a lugar algum. Assim, embora devesse destruir-te completamente pelo mal que já me causastes e pelo que ainda desejais causar, dar-te-ei uma chance. Aproveitai-a rapidamente. Aproveitai mesmo, pois minha paciência e minha tolerância já se esgotaram há muito tempo... Dar-te-ei dinheiro... Dinheiro suficiente para sumirdes deste lugar para sempre.

Afanásio levantou duas sacolas de couro, onde trouxera moedas, notas, e peças de ouro.

— Agora, imediatamente. E nunca mais retorneis. Meu fiel servidor aqui, Manoel, vos acompanhará para bem longe, tão longe que jamais podereis voltar. Há aqui dinheiro suficiente para irdes imediatamente e vos estabelecerdes em outras paragens. Não me interessa onde, desde que seja muito longe. Manoel se encarregará de me trazer a certeza de que o lugar é longe o suficiente. Ele vos acompanhará a Lisboa e de lá até o porto. Partireis para o novo continente, as Américas, de navio, e nunca mais ireis retornar.

— É um absurdo, o que escuto aqui! – exclamou indignado o pai de Julia.

— Calma, pai. É sério tudo isso. Acalma-te.

— Não! O que é isso? Entras em minha casa a esta hora da madrugada, ofendes e insultas minha filha, e ainda ordenas que abandonemos nossa casa e nossa vida, fugindo como ladrões? Não, não pode ser assim.

— Bem, vejo que tua filha tem a quem puxar. Cala-te! Estou aqui tentando ser complacente. Não vou admitir maiores interferências em meus planos. Recolhei vossos parcos pertences. Dou-vos curto tempo. Aguardo lá fora. Tendes alguns minutos e nada mais. Não vou esperar. Tenho providências a tomar...

— Meu senhor, não vamos a lugar algum. Tu és que não compreendes o que está acontecendo. Convido-te a sentares, acalmares teu ânimo e então iremos conversar. Vamos explicar-te o que realmente se passa. Estás equivocado. Sabemos que és pai e que teus sentimentos foram magoados. Porém tens de entender o que se passa.

Afanásio estava a ponto de descontrolar-se. Investiu contra o pai de Julia, agarrando-o pelas vestes. Levantou-o contra a parede. Julia tentou socorrer o pai, mas o empregado, Manoel, impediu-a.

— Minha paciência esgotou-se. Não tereis mais nenhuma

palavra minha. Nem mais meu tempo. Não vos darei mais atenção do que já dei. Fui benevolente. Dei-vos a oportunidade de desistir de vossos planos e partir. Esta é vossa última chance. Se tendes amor a família, já que não a tendes por mais ninguém, pegai tudo quanto possuís e desaparecei daqui, imediatamente. Ou então sofrereis as conseqüências... E não responderei mais pelos meus atos. Estou avisando-vos...

— Solta meu pai! – pedia Julia com angústia e medo na voz.

— Cala-te. Não tens aqui nenhum direito. Teus planos não deram certo. Aceita e recua ante o teu fracasso.

Meio cambaleante, após ser solto por Afanásio, o pai de Julia procurou recompor-se e tentou mais uma vez entender e fazer entender o que se passava. Antes que proferisse qualquer palavra, Afanásio berrou;

— Chega! Nada mais de tempo e chance. O tempo se esgotou. Eu avisei. Fiz meu dever e tentei ajudar. Se continuais teimando em enfrentar-me, nada posso fazer! Vamos, Manoel!

Virou-se para Julia e disse:

— Nunca mais verás meu filho. Nunca mais irás perturbar ninguém!

Saiu juntamente com Manoel, batendo a porta atrás de si.

Capítulo 19

Tentando se refazer do susto, a família de Julia, reunida na sala, apenas entreolhava-se muda. Ninguém compreendia bem a que aquele homem se referia. Ele estava tão profundamente perturbado, irado...

De repente um forte barulho interrompeu o silêncio da madrugada. Pancadas secas vinham da porta de entrada, por onde Afanásio e Manoel acabavam de passar. Pareciam abafadas. Julia correu até a porta para verificar o que estava acontecendo do lado de fora. Porém não conseguiu abri-la; estava trancada. Forçou, sem sucesso. O pai e o irmão correram em seu auxílio, e também não conseguiram abrir a porta; ela estava trancada pelo lado de fora. Julia dirigiu-se imediatamente ao primeiro quarto da casa, tentando abrir a janela. Assim que lá chegou, ouviu o mesmo barulho surdo de antes. A janela estava igualmente trancada. Correram para todas as janelas da casa, e todas já estavam trancadas.

Pelo lado de fora, duas figuras esgueiravam-se silenciosamente. Envolto num lençol dobrado, um martelo era usado para lacrar as portas e janelas da casa com tábuas. Manoel e Afanásio moviam-se rápida e silenciosamente ao redor da casa, fechando a porta e as janelas, que logo estavam todas lacradas por fora. Firmemente fechadas. Tudo fora detalhadamente pensado e planejado.

Assim que fecharam as janelas, atearam fogo em duas tochas muito grandes, previamente preparadas e já encharcadas com líquido altamente inflamável, que também foi espalhado em torno da casa. Era uma casa pequena, com telhado de madeira. As bases eram de pedra, mas sobre elas erguiam-se paredes de madeira. Tendo as tochas alcançado o madeiramento do telhado, não demorou muito para que o fogo se espalhasse.

Julia voltou para a sala ofegante:

— Não...podemos...sair... O que pretendem? Estamos presos aqui. O que... vão fazer?....

— Ouviste o barulho no telhado? Jogaram alguma coisa lá em cima...

— Estou sentindo um cheiro estranho... Parece...

Não demorou muito para verem o fogo no telhado. Rapidamente alastrou-se por toda a cobertura da casa. As paredes também estavam se incendiando. Foi tudo muito rápido, e quase em segundos a pequena casa estava em chamas. Correram todos para a porta. Gritavam por socorro, pediam ajuda, enquanto o fogo progredia assustadoramente e depressa devorava a casa.

Assim que Afanásio e Manoel atearam o fogo, para certificar-se de que seus planos não seriam frustrados pela ajuda dos vizinhos próximos, que em breve estariam acudindo a família, colocaram-se a uma distância segura, entre as árvores. Não poderiam ser vistos onde estavam. Afanásio ficou ali parado, observando o sucesso de seu intento, a casa de Julia ardendo em chamas. Ouvia os gritos, os pedidos de ajuda. Quase podia vê-los ali em meio às chamas e à fumaça, batendo na porta, tentando sair... Inútil esforço, pensava ele. O "trabalho" havia sido muito bem feito.

Afanásio sorria, como que tomado por uma força que ia muito além dele. No fundo havia um sentimento de remorso tentando escapar-lhe do peito. Mas forças maiores o faziam abafar todo e qualquer sentimento que o enfraquecesse naquele momento: "Faço o que tem de ser feito e pronto. Não quiseram ouvir-me, eu tentei avisar. Tentei, fui bom. A despeito de tudo que me fizeram e à minha família, tentei avisar.

Dei a chance que pude. Mas não quiseram, são impertinentes. Agora não incomodarão ninguém mais"... Afanásio falava consigo mesmo. Abafava uma tênue consciência que tentava emergir de seu coração, tomado pelas sombras do ódio, da vingança e do orgulho.

Ficaram ali ouvindo os gritos de socorro que ecoavam pela pequena vila. Vizinhos começaram a chegar de todos os lados. Procuravam alcançar a casa, mas as labaredas eram muito fortes, muito intensas, e eles não conseguiram se aproximar.

Tentaram organizar-se para trazer água, porém todo esforço empreendido foi inútil. A casa queimava rapidamente. Afanásio e Manoel tinham colocado, em torno dela muita madeira seca e também material líquido de alta combustão. A casa estava envolta em madeira encharcada. Por isso o fogo era intensificado e ardia mesmo do lado de fora, dificultando a passagem de pessoas.

Em meio ao tumulto e ao desespero geral, Pedro surgiu, retornando da pequena viagem que empreendera ao acompanhar a mãe de volta para casa. Desesperado, correu para próximo da casa no intuito de entrar. Conseguiu ouvir a voz de Julia pedindo socorro. Era fraca e quase desfalecida, e perdia-se diante das vozes das pessoas do lado de fora da casa. Ainda assim ele reconhecera a voz de Julia.

— Meu Deus, o que está acontecendo? O que houve aqui? Temos de tirar as pessoas lá de dentro. Estão todos lá?

— Não sabemos. Ouvimos os gritos e corremos, mas o fogo já estava intenso. Não pudemos nos aproximar da casa.

— Mas estão lá dentro? Como? Por que não saíram quando viram o fogo?

— Não sabemos, senhor.

— Temos de entrar. Meu Deus! Eles estão lá dentro. Posso ouvir a voz de Julia. Por que não saem?

Pedro aproximou-se o máximo que pôde da casa e gritou para que saíssem. Gritou e gritou desesperadamente. Nenhum sinal deles.

— Vou entrar. Tenho de entrar. Alguém precisa tirá-los de lá. Eu vou.

Encharcou a própria roupa com água e numa atitude desesperada correu no meio do fogo até a porta de entrada, que ardia em labaredas enormes. Arriscou a própria vida naquela hora, sem pensar em mais nada, apenas em Julia e em seus familiares, que já amava... Porém ao aproximar-se da porta, bem de perto, percebeu que ela estava lacrada pelo lado de fora, com madeiras imensas a impedir a abertura. Viu também que havia madeiras em redor da casa, intensificando o fogo. Ouviu vozes muito fracas vindas do interior da casa. Ele gritava por Julia, que já não respondia.

Pedro lutou para abrir a porta. Tentou forçá-la, mas já estava tomada pelo fogo e ele não conseguia... Insistiu até perder as forças e então caiu desfalecido; perdeu a consciência ali em meio ao fogo. Alguns homens puxaram-no pelas pernas, e conseguiram tirá-lo do meio das chamas. A casa estava sendo devorada pelas labaredas.

Afanásio tudo observava. Enlouquecido como estava por uma satisfação mórbida, não reconheceu Pedro. Ele vinha sendo estimulado em seus desejos de vingança por entidades espirituais que queriam destruí-lo e que sentiam satisfação ao ver o sofrimento em outras vidas. Sentiam especial prazer em prejudicar a vida de Afanásio. Sabiam que no momento em que ele compreendesse o que acabara de fazer, nunca mais teria paz. Contudo, eles iriam ficar com ele por mais um tempo, até terem certeza de que estaria irremediavelmente perdido e com a vida destruída.

Toda a sua existência estava agora comprometida. Nada poderia minimizar a culpa, o débito, a dívida por ele contraída mediante o que acabava de praticar. Ele nunca mais teria paz, ao menos no que dependesse deles. E as criaturas espirituais, velhos conhecidos de Afanásio, permaneciam ao redor dele, vibrando de satisfação pelo ato tenebroso e criminoso que acabara de praticar... Manoel interrompeu-o, preocupado. O patrão estava muito estranho.

— Vamos, patrão. Temos de ir embora. Se nos descobrem aqui vai ser o fim!

— Calma, Manoel. Como podem descobrir-nos aqui? Estamos bem escondidos. Acalma-te. Não tens nada a temer. Tudo foi muito planejado e de onde estamos não nos vêem. Quero ver tudo. Tudo não, quero ter certeza de que não escapa ninguém. Só isso.

— Pode ser perigoso, senhor. Podem vir até aqui por uma razão ou outra. Podem nos ver, não sei. O que fizemos é muito sério, senhor. Temos de ir embora.

— Manoel, já te disse que te acalmes, homem. Estás com medo? Pensamos em tudo. Não te preocupes, não irão nos ver. Quero ficar um pouco mais.

Manoel emudeceu, assustado. O tom de voz de Afanásio tinha mudado, e estava começando a gritar. Se falasse alto, poderia ser que alguém os visse, os reconhecesse. Com medo, calou-se.

Em meio ao tumulto das pessoas, vinha Pedro carregado por dois homens. Recobrava devagar a consciência. Havia queimado seriamente todo o corpo. Ficara muito mais tempo do que deveria, tentando abrir a porta. Não percebera o perigo pelo qual passava. Só conseguiu salvar-se porque os dois homens arriscaram-se também a removê-lo de lá, e haviam se queimado bastante, em grau mais leve. Porém, antes de perder a consciência novamente, Pedro gritava que sabia quem tinha feito aquilo.

— Meu Deus, eu vi! Eu sei quem foi... Eu vi o lençol... Eu vi o lençol...

— Deves ficar calado. Espera o médico chegar e fica calmo. Não estás bem, rapaz. Acalma-te.

Pedro falava coisas que soavam sem sentido para todos que o ouviam. Falava de um lençol, de palavras escritas... Pobre rapaz, estava completamente fora do seu juízo, pensavam todos. E Pedro perdeu a consciência outra vez. Colocaram-no em lugar arejado para que pudesse respirar melhor. Aguardavam o médico que deveria vir da cidade; ali na vila não tinham médicos. Trouxeram cobertas leves e colocaram sobre ele, que agora tremia muito. Pedro só conseguia pensar em Julia e no pai. Ele sabia que fora o pai que fizera aquilo...

Afanásio e seu empregado viram de longe tudo que havia acontecido: o tumulto na porta, alguém tentando entrar e desmaiando... Não reconheceram Pedro. A distância era suficientemente segura para que não fossem vistos e ao mesmo tempo pudessem acompanhar o que ocorria. Mas no tumulto todo, não reconheceram Pedro.

A casa, por fim, estava toda destruída. Ainda havia fogo quando, horas mais tarde, Afanásio decidiu que era tempo de partirem. A missão estava cumprida, disse ele ao se retirarem. Ninguém conseguiria sair da casa, com vida àquela altura. Tinha conseguido seu intento.

Já amanhecia quando Dr. Jesuah chegou ao local. A casa inteira estava destruída. Não se podia chegar perto dela ainda, devido ao calor intenso, mas as chamas estavam diminuindo. O médico viu o rapaz deitado.

— Quem é? – perguntou ao caminhar para ele.

— Não sabemos, doutor. É um rapaz que víamos com freqüência na casa da Julia. Acho que estava a lhe fazer a côrte.

Ao aproximar-se, o médico reconheceu Pedro imediatamente.

— Eu conheço o rapaz! É Pedro, filho de Afanásio Lins e Albuquerque. É de uma família muito poderosa e tradicional. Tens certeza de que ele estava freqüentando a vila?

— Sim, doutor. Nos últimos dias estava sempre junto com Julia, ajudando. Estava hospedado na casa, eu acho.

— É possível. Ele tinha saído da casa dos pais. Não me

parece nada bem. Temos de removê-lo. Ele precisa de cuidados urgentes. Mais alguém feriu-se?

— Sim. Geraldo e Alfredo, os dois homens que o salvaram. Estão ali. Mas estão em melhores condições do que o rapaz.

Jesuah olhou então as cinzas que sobravam da casa, ainda em chamas, e perguntou:

— Havia gente lá dentro?

— Infelizmente sim, doutor. Acho que toda a família. Eram seis pessoas.

— Meu Deus! Como é que foi acontecer uma coisa dessas? Alguém tem alguma idéia? Alguém viu ou ouviu algo?

— Não. Apenas ouvimos os gritos e corremos para cá. O senhor sabe, apesar de a vila ser pequena, as casas ficam um pouco distantes umas das outras. Assim, quando chegamos, a casa já estava tomada pelo fogo. Ouvimos os gritos, mas eles foram ficando cada vez mais fracos. Não conseguíamos chegar perto da porta, e não sabemos o que aconteceu lá dentro, por que eles não saíram de lá. Acho que por alguma razão ficaram presos...

— Como? Como ficariam presos dentro da própria casa?

— Não sei. A cabeça não quer pensar, a dor é muito grande. Essa gente era muito boa. Eram pessoas muito queridas aqui na vila. Gente simples, lutadora, e muito amiga. É uma desgraça.

A atenção do médico voltou-se de súbito para Pedro, que delirava febril. Falava de um lençol. Que iria pegar o pai. Dizia coisas sem sentido.

— Precisamos levá-lo para o hospital. Tenho lá alguns medicamentos que poderão ajudá-lo. E precisamos avisar os pais.

Minutos depois de terem chegado ao hospital, Jesuah enviou um mensageiro à fazenda para chamar os pais de Pedro. Seu estado era muito grave e pedia auxílio imediato. Os pais deveriam ser avisados e vir imediatamente.

Capítulo 20

Dora quase não dormira durante a noite. Sentia forte angústia no peito. Havia conversado longamente com o filho, no trajeto de volta. Compartilhara com ele todos os seus receios. Dissera-lhe que o pai estava muito estranho havia alguns dias; que sentia medo e angústia por ele e toda a família de Julia. Pediu a Pedro que tivesse muito cuidado, que buscasse estar atento, protegendo-se e tendo cautela e alguns cuidados extras com Julia e sua família.

Pedro ouviu atentamente as orientações da mãe. Sabia que ela, muito sensível, sofria com a situação e considerou tudo quanto lhe dissera como sendo de muita importância. Ao deixá-la naquela noite, procurou tranqüilizá-la prometendo que seria cauteloso. Tentaria ausentar-se por um pouco da região, levando Julia e toda a família. Ele tinha algum dinheiro, e procuraria levá-los para um lugar onde pudesse mantê-los fora do alcance de qualquer investida do pai. Dora deu ao filho todo o dinheiro que possuía, além de jóias e alguns objetos de valor e concordou que sair por algum tempo, ir para longe, talvez fosse uma ótima alternativa, até que tudo se acalmasse e ele pudesse retornar, mais seguramente. Despediram-se com ternura.

Pedro seria sempre grato à mãe pela compreensão e o apoio incondicionais. Partiu deixando-a aparentemente mais tranqüila. Porém Dora não conseguira acalmar-se. Sabia que tinha feito o melhor. Sentia que o marido estava muito alterado e que talvez mais tarde compreendesse o que se passava. Quem sabe um dia ainda perdoasse Pedro e recebesse a ele e Julia de volta. Assim pensando, tentou conciliar o sono.

Dormia e acordava durante toda a noite. Pôs-se de pé tão logo o sol fez-se mais intenso. Estava tomando o café da manhã quando o mensageiro adentrou a sala de jantar, em companhia da governanta, Josefa, que estava pálida e muda.

Dora levantou-se assustada:

— Que houve? Que te traz aqui?

— Dona Dora, tenho uma notícia para dar-lhe.

— Fala, o que houve? É meu marido? Houve algum problema?

— Não, senhora. É Pedro.

— Pedro? Mas o que aconteceu?

— Ele está no hospital agora. Houve um incêndio na vila. Ele tentou ajudar e feriu-se um pouco. Está recebendo atendimento do Dr. Jesuah.

— Meu Deus! Vamos. Vou buscar minhas coisas e vamos imediatamente.

Virou-se para o jovem e perguntou:

— Ele está vivo? Está mesmo vivo, ou estás me preparando para o pior?

— Não, fique tranqüila. Ele está vivo. Seu estado parece sério, senhora, mas ele está vivo. Entrou falando no hospital. Delirava, mas está vivo e ficará bem, por certo.

Josefa, assustada, acompanhou Dora até o quarto ajudando-a com seus pertences.

— Queres que te acompanhe?

— Não, estarei bem. Quero que aches e avises Cláudio e José. Estão na fazenda, em algum lugar. Acha-os para mim e pede a eles que me encontrem no hospital. Faz isso por mim, o mais rápido que puderes.

— Pode deixar, dona Dora. Vou imediatamente. Que Deus abençoe nosso querido Pedro.

Josefa afastou-se enxugando as lágrimas. Cuidara de Pedro desde pequenino. Ensinara-lhe, juntamente com a mãe, os primeiros passos. Dora abraçou a governanta. Josefa estava com eles há muitos anos; era mais da família do que muitos primos que os visitavam esporadicamente. Dora passou pela sala rapidamente, ajoelhou-se no pequeno oratório e pediu por todos. Pediu também por ela, para que tivesse forças para apoiar o filho. E seguiram imediatamente para o hospital.

A estrada era a mesma que tantas vezes ela seguia, logo pela manhã ou à tarde, para suas visitas ao hospital, a tantos necessitados que procurava ajudar. Mas naquele dia a estrada estava longa demais. O caminho era estranho, Dora não reconhecia as árvores. Quanto mais pensava no filho, mais longa lhe parecia a estrada. Chegaram afinal. Dora entrou pálida pelo corredor do hospital, a procura de informações. Logo encontrou Dr. Jesuah.

— Como ele está, doutor?

— Acalma-te Dora. Vem, senta-te.

— Dr. Jesuah, não quero sentar-me, quero ver meu filho! Preciso saber como ele está!!

— Dora, procura acalmar-te. Já irás vê-lo.

— O que houve, o que aconteceu? Como ele foi envolver-se num acidente assim? Onde foi?!!

— Foi na vila, Dora. Uma das casas incendiou-se durante a madrugada. Pedro chegou e tentou salvar a família que estava lá dentro. Foi corajoso, mas arriscou-se muito. Seu estado é grave.

— Tentou salvar uma família? Que família?! Na vila?! – Dora estava atordoada.

— É. Trata-se de uma família de camponeses, não sei quem são. Alguns vizinhos estão aqui também. Sofreram queimaduras mais leves, ao salvar Pedro. Foram eles que o tiraram do meio do fogo. Ele só fala em um nome: Julia. Chama por ela todo o tempo.

— Não pode ser! Julia?! E como está a família que estava na casa? Estão bem? É a família de Julia?

— Dora, não sei se é a família de Julia a quem Pedro tanto chama. Infelizmente a família de camponeses que estava na casa não conseguiu sair. Mesmo Pedro fazendo de tudo para ajudá-los... Eles não conseguiram salvar-se.

— Quer dizer que todos... Ficaram... Estão.... Eu não posso... Preciso ver meu filho! Preciso falar com alguém, preciso saber se é a família em que estou pensando...

— Conhecias alguma família na vila?

— Sabes que Pedro estava apaixonado por Julia, uma garota simples, mas de família muito boa. Eu os conheci a todos.

Dora estremeceu. Lembrou-se dos momentos de agradável aconchego que tivera na noite anterior, do carinho que recebera ao lado de Julia, de sua mãe e de seus irmãos. Não poderiam ser eles.

— Quero que tomes este remédio, Dora. Vai ajudar a te acalmar.

— Não quero tomar nada, doutor. Quero ver meu filho! Preciso ver Pedro!

— Dora, insisto que tomes o remédio. É para teu bem.

Dora, embora indecisa, aceitou o remédio e tomou-o.

— Agora vamos!! Quero ver meu filho. Ou será que estás me enganando?

— Vamos vê-lo. Quero apenas prevenir-te de que seu estado é muito grave. Sofreu queimaduras profundas em diversas partes do corpo. Medicamos assim que chegou, e está um pouco melhor. Também foi sedado, para que sentisse menos dor. Mas ele delira, não fala coisa com coisa. Ou melhor, fala muito, palavras desconexas e sem sentido. Às vezes recobra a consciência. Deixamos que fique um pouco consciente, e procuramos conversar com ele. Quando a dor retorna, com o arrefecimento dos sedativos, temos de sedá-lo novamente.

Depois de um longa pausa, Dr. Jesuah continuou:

— Sê forte, Dora. Sei que és forte. Precisas sê-lo agora.

Respirando profundamente e após dois minutos de prece silenciosa, Dora acompanhou Dr. Jesuah por aqueles corredores que tantas vezes percorrera, tentando contribuir, ajudar. Ao chegarem diante da porta do quarto, Dr. Jesuah parou.

— É aqui. Ele está nesse quarto.

Dora concentrou-se e entrou no quarto onde estava o filho. Ao vê-lo na cama, coberto por faixas e panos, com emplastros e ungüentos, não conteve as lágrimas. Chorou silenciosamente, numa dor funda e intraduzível.

— Demos alguns preparados que diminuem a dor, Dora.

— Como foi grave, doutor! Conheço os ferimentos de queimadura, e reconheço que os dele são mesmo graves... Meu Deus... Será que meu filho irá sobreviver?

Jesuah desviou o olhar tentando evitar que Dora pudesse ver nele toda a preocupação e o medo que lhe inundavam o coração. Sua alma estava triste, profundamente triste. Também era pai, tinha quatro filhos. Sabia o que significava a vida de um filho. E ainda mais naquelas condições... Ele temia pela vida de Pedro. Embora estivesse lutando com todas as suas forças e seus conhecimentos para ajudá-lo, sabia que apenas um milagre poderia fazer com que se recuperasse. E Dora pressentia isso, ele sabia.

Dora aproximou-se lentamente da cama e começou a conversar com o filho.

— Pedro, meu filho. Estou aqui, meu querido – acariciou suavemente a testa coberta por faixas.

Pedro não registrou a presença da mãe; estava desacordado. Delirava de vez em quando. Num desses momentos de delírio, quase sentou-se na cama. Dora afastou-se assustada ao ouvir do filho frases desconexas:

— Não podias ter feito isso, pai..... Eu vi o lençol... Por quê? Julia! Ajudem! Julia... Tu fizeste isso, pai...

Os enfermeiros traziam mais um pouco dos remédios calmantes e Pedro voltava a acalmar-se; o sono tornava-se novamente profundo.

Dora permaneceu calada acompanhando toda a movimentação. Continuou ao lado do filho buscando falar com ele. Dizia o quanto o amava. Orava a Deus pedindo sua ajuda para o filho querido. Algum tempo após ter ficado ali, ao lado da cama, no quarto com Pedro, Cláudio e José chegaram. Estavam assustados, não conseguiam dizer nada. Achegaram-se à mãe e ali ficaram por longo tempo, acompanhando o irmão. Horas mais tarde, Dora procurou Dr. Jesuah para conversarem. Queria saber da opinião do médico.

— É muito cedo para dizer qualquer coisa. Tudo que podíamos fazer, estamos fazendo. Alguns remédios para ajudar na recuperação já foram dados. Dei até uma erva, receita antiga com que tomei contato em uma de minhas viagens ao oriente, para aliviar a dor, o calor e para promover a regeneração da pele. Estamos fazendo de tudo, Dora. Irá depender dele, agora; da reação de seu organismo aos medicamentos. Vamos aguardar.

— Disseste-me tudo que estás fazendo. Sei de tua competência, doutor. Peço-te que me digas qual teu parecer geral. Dizei a realidade, preciso saber.

— Dora, aguardemos a recuperação. Mais algumas horas para... – Dora colocou a mão sobre os lábios do doutor, impedindo-o de prosseguir.

— Não, doutor. Preciso que me digas diretamente, como costumas fazer com os demais pacientes que busco auxiliar sempre que aqui estou...

— Eram outras circunstâncias, Dora.

— Preciso que me digas. Por favor.

— É muito grave seu estado, Dora. Gravíssimo. De difícil recuperação.

— Quais as chances?

— Deus as tem com ele. Vamos confiar, Dora. Por ora,

basta que saibas que precisas rezar por ele. Fica ao lado de teu filho e pede por ele.

Nada mais precisava ser dito. Dora sabia que as chances do filho eram pequenas. Mínimas.

— Onde está Afanásio? Ainda não o vi.

— Ele está viajando, doutor. Enviei um mensageiro a avisá-lo em Lisboa para que retorne o mais breve possível.

— Se precisares de algo, avisa-me, Dora. Não penses duas vezes. Seja o que for, avisa-me.

O médico olhou-a com doçura e carinho. Era um médico firme e competente, não costumava envolver-se nunca com a dor de seus pacientes. No entanto, a amizade que tinha por aquela família, as condições difíceis em que tudo sucedera, e a dor que via em Dora enterneciam seu coração.

— Obrigada por tudo, doutor. Sei que fazes o melhor. Confio em tuas mãos a vida de meu filho.

Dora retornou ao quarto do filho com dor ainda mais intensa. Sabia que seria muito difícil sua recuperação. Nada disse aos outros filhos. Apenas puxou uma cadeira e sentou-se ao lado da cama.

— Vou sentar-me aqui, Cláudio. Vai até a fazenda e trazei mais roupas. Ficarei aqui por bastante tempo. Não hei de afastar-me da companhia de Pedro por um só momento que seja. Quero estar perto dele para ajudá-lo em qualquer coisa de que necessite.

Sem perguntas ou maiores explicações, Cláudio e o irmão saíram para atender ao pedido da mãe. Já era noite quando regressaram. Trouxeram notícias do pai: já estava a caminho.

Pedro teve outra de suas alucinações. Gritou, esperneou. Falava insistentemente do lençol, do pai, de Julia. Gritava por ela, pedia socorro. E falava no lençol, que dizia comprovar a culpa do pai. O pai tinha causado tudo. Imediatamente eram ministradas doses maiores dos remédios para acalmá-lo e fazê-lo dormir.

Dessa vez Dora prestou muita atenção a tudo o que ele falava. Queria saber mais sobre o ocorrido. Foi até um dos enfermeiros e pediu maiores informações. Os dois rapazes que haviam ajudado Pedro estavam em outro quarto, sendo tratados de ferimentos mais leves. Dora foi até lá e agradeceu-lhes amorosamente por salvarem seu filho. Estava consternada com o estado dos dois jovens, que, embora estivessem bem, tinham ferimentos em todo o corpo.

Confirmou chocada toda a história. Era mesmo a família de Julia que estava na casa. Os dois rapazes contaram tudo o que sabiam. Os gritos de socorro, o fogo já em toda a casa, quando se aproximaram. O esforço de todos em trazer água, na tentativa de apagar o incêndio. As chamas que se alastravam e dominavam tudo com impressionante rapidez e voracidade. A chegada de Pedro e seu desespero, pondo em risco a própria vida para tentar salvar a família.

— Mas por que não saíram? O que os prendeu lá dentro?

— Não se sabe dizer. Ouvíamos os gritos de socorro, e outras coisas eles diziam, que não conseguíamos compreender... Era como se estivessem presos lá dentro. Ninguém consegue entender...

Um calafrio tenebroso percorreu o corpo de Dora. As palavras do jovem ressoavam em sua mente... É como se estivessem presos... presos... Lembrou-se das palavras de Pedro acusando o pai e as uniu ao sentimento de temor que a levara até a casa deles naquela noite. Temia por eles e por Pedro. Parecia estar adivinhando que algo terrível iria acontecer.

Não queria pensar, porém sua mente voltava sem cessar para o marido e seu modo estranho de agir nos últimos tempos; sua aparente tranqüilidade em lidar com a questão e a afirmativa constante de que iria trazer o filho de volta, ignorando totalmente a situação que enfrentava. Seu coração doído estava agora inquieto. Buscava afastar os temores que insistiam em voltar. "Não! – pensava ela – Afanásio jamais faria algo assim. Apesar de duro, severo, enérgico, é um bom homem. Rude, é verdade, não admite ser contrariado, mas nunca faria uma coisa como essa. Não, jamais." E Dora procurava afastar aqueles pensamentos. Estava abatida demais com tudo que ocorrera. Ofereceu ajuda e o que fosse necessário aos enfermeiros para que Julia e a família tivessem os derradeiros cuidados.

Dora deixou os dois rapazes e dirigiu-se ao local onde haviam colocado a família retirada da casa. Não pôde entrar. Ficou na porta a lembrar-se da noite anterior, quando estivera com todos eles. Não podia controlar sua dor. E chorou copiosamente. Pensava em Julia, na doce Julia, em sua mãe, seu pai, seus irmãos. Estavam todos mortos. Pediu por todos eles. E ali na porta do quarto disse baixinho entre as lágrimas que brotavam continuamente de seus olhos:

— Querida Julia, sei que é muito tarde para isto... Mas deixa que te diga quanto amor e carinho tenho por ti. Desejei sinceramente que o caminho fosse outro para ti e para Pedro. És uma mulher muito especial. És minha nora. Amo-te muito, Julia. Que Deus abençoe a ti e a todos os teus. Que a luz, a paz e o amor estejam convosco onde quer que estejais. Que a luz de Deus vos acompanhe.

Capítulo 21

Cansada, exaurida pelos acontecimentos da noite e do dia, Dora retornou lentamente ao quarto e sentou-se ao lado de Pedro. Cláudio e José estavam em outro quarto, dormindo. Era bem tarde. Dora trouxe sua cadeira o mais próximo que pôde da cama do filho e ali ficou a observá-lo, a pedir a Deus por ele a noite inteira. Não podia dormir. Embora o cansaço a dominasse cada vez mais, continuava acordada olhando, velando pelo filho. Pedro passou o resto da noite mais calmo.

Os primeiros raios de sol já passavam pelas frestas finas da janela do quarto quando Afanásio entrou assustado. Estava pálido. Seu rosto branco estava transfigurado pela dor e pela angústia. Dora levantou-se ao vê-lo chegar.

— Que bom que chegastes, Afanásio. Nosso filho não está nada bem.

— O que aconteceu, Dora? Como foi que nosso filho queimou-se dessa forma?

Afanásio havia recebido a notícia em Lisboa, para onde se dirigira na mesma madrugada. Mal chegou em sua casa, recebeu a visita do mensageiro informando que seu filho estava muito mal no hospital, pois sofrera fortes queimaduras. Ele retornou imediatamente. Pelo caminho a angústia e o pavor o dominaram. Como? Será que houvera outro incêndio em outra parte? Pedro não podia estar na casa daquela família. Ele estivera lá! O filho havia acompanhado a mãe. Não conseguia entender... Como?

— Meu Deus...

Afanásio deu um passo atrás ao aproximar-se da cama. O estado do filho era horrível. Ele não podia agüentar aquilo. Afastou-se e olhava o filho de longe.

— Por Deus, Dora, o que houve?

— Um incêndio destruiu a casa de Julia e seus familiares, na vila. Pedro chegou depois que o fogo já havia se alastrado e quis ajudar. Tentou tirar a família lá de dentro. Não conseguiu. Acabou desmaiando e foi socorrido por dois jovens da vila que também estavam ajudando. Ele quase morreu lá mesmo; sofreu ferimentos muito graves. Somente um milagre pode salvá-lo, Afanásio. Somente Deus...

Afanásio sentiu como se tivesse o coração penetrado por uma espada. Teve náuseas e enjôo muito fortes. Ficou desesperado. Quase desmaiou. Dora correu para acudi-lo, quando Dr. Jesuah entrou e acudiu imediatamente Afanásio, fazendo-o sentar-se.

— Que foi, homem de Deus? Que sentes? Tens de ser forte!

Afanásio não conseguia articular palavra alguma. Lembrou-se do homem que vira à distância, tentando salvar a família de Julia. Ele presenciara tudo... Acompanhara cada movimento do jovem desesperado tentando abrir a porta, aquela porta que ele fechara tão bem... Lembrou-se do que pensou enquanto acompanhava a cena: "Não adianta, desiste enquanto podes. Ninguém poderá abrir porta alguma... Pobre coitado, se não desistes, acabas morrendo também"... Era seu filho! Aquele jovem desesperado era seu filho! Como ele não percebera? Estava escuro, é bem verdade; era difícil ver àquela distância. Mas como ele não imaginara? Como não deduzira? Podia ter tentado impedir, ter feito alguma coisa, avisado que a porta não poderia ser aberta... Era Pedro, seu filho.... Ele presenciara tudo...

Jesuah tentou fazê-lo falar. Ele não articulava nenhuma palavra. Os olhos estalados de pavor e angústia, como se estivesse vendo algo terrível, assustaram Dora e Dr. Jesuah, que não compreenderam sua reação. Que ele ficasse chocado com o estado do filho era até esperado. Todavia Afanásio era um homem firme, realista e muito forte; Dora esperava por ele para auxiliá-la naquele momento de tamanha solidão. Apenas com ele poderia compartilhar completamente tudo o que sentia... Mas sua reação foi muito inesperada. Ele estava em estado de choque, não podia falar. Arquejava e respirava com muita dificuldade. Dobrava-se com a dor no estômago. A cabeça também doía. E os olhos apavorados assustavam ainda mais...

Jesuah trouxe um calmante para Afanásio. Aos poucos seu rosto foi retornando a cor. Sua respiração tornou-se mais regular. Foi acalmando-se vagarosamente. Mas ele não conseguia falar.

Dora já não possuía mais forças para manter-se serena. O filho na cama e agora o marido sequer era capaz de estar ao seu lado naquele momento... Pediu aos enfermeiros que levassem Afanásio para outro quarto, onde pudesse descansar um pouco. Devia estar muito cansado da viagem e de toda a situação. Ele precisava de repouso.

Algumas horas mais tarde, no mesmo dia, seria o enterro da família de Julia. Dora participou de tudo. Ao entardecer dirigiu-se à pequena casa na vila. Não restara absolutamente nada, a casa havia desaparecido. Somente cinzas: era o que se via onde antes havia a pequena e simpática casinha. Dora olhava tudo desolada.

Conversou com algumas pessoas perguntando o que achavam que acontecera, e ninguém conseguia dar nenhuma explicação. Não se podia entender por que não haviam saído. O que os prendera lá dentro era algo que não tinha explicação.

Eram todos muito queridos na vila, não tinham inimigos. Ao menos não que alguém da vila soubesse.

Dora retornou ao hospital no início da noite, pensativa. Ela sabia que eles poderiam ter um inimigo. Mas afastava o pensamento sempre que este se apresentava...

Ao chegar no hospital, no quarto do filho, não conteve a alegria ao vê-lo consciente. Correu até a cabeceira, onde estavam Dr. Jesuah e a enfermeira.

— Meu filho! Pedro, querido.

— Mãe...

— Não fala, meu filho. Estás muito fraco. Acalma-te. Poupa tua energia. Vais precisar dela.

— Ele quer saber notícias de Julia, Dora – Dr. Jesuah olhou para Dora sem saber o que fazer.

— Faz tempo que ele acordou, doutor?

— Não, foi agora mesmo. Teve outra daquelas crises e antes que pudéssemos acalmá-lo despertou. Ainda continuou a delirar um pouco, mas logo em seguida perguntou por Julia, foi então que entraste no quarto.

Dora aproximou-se bastante do filho para que ele não tivesse de fazer nenhum esforço.

— Pedro, querido, não te preocupes com nada agora. Tens de ficar bom, meu filho. Só deves pensar nisso, agora: ficar bom. Fica bom, meu filho. Todos nós estamos aqui a pedir a Deus por ti. Fazei a tua parte. Esforça-te por serenar a mente e o coração, Pedro.

Pedro queria falar alguma coisa. Era difícil ouvi-lo, pois falava muito baixo. Sua voz saía com dificuldade. Dora aproximou-se ainda mais do filho, procurando entender o que dizia:

— Foi ele, mãe. Ele queimou tudo, o pai. Eu vi o lençol.

— Pedro, fica calmo. Quando ficar bom, nós conversaremos sobre tudo.

— Foi ele... Fechou a porta por fora. O lençol era teu... as iniciais da família...

Antes que Dora pudesse falar mais alguma coisa, Pedro teve outra crise mais intensa. Talvez agora sentisse dor, uma vez que não estava sedado...

Recebeu imediatamente muito mais medicamento do que vinha tomando. Foi por fim acalmado. Dora sentou-se na cadeira ao lado da cama. Estava exausta. Muito mais agora, que sabia do que o filho estava falando. Tudo fazia sentido em sua mente. Fora sem dúvida Afanásio. Somente essa explicação era aceitável. Ele fechara a porta pelo lado de fora. Por isso eles não haviam saído. E o lençol.... Pedro vira o lençol com as inicias da família, que ela havia bordado, é claro! Por isso ele falava tanto no lençol.

Pedro... Ele sabia de tudo. Todo o esforço que ela fizera, tentando avisar a família, fora em vão. Ela pressentira que algo muito ruim estava por acontecer. Mas como Afanásio pudera fazer aquilo? Como? Tentou compreender o marido, desesperadamente ela tinha de compreender o marido. Por quê?

Assim que o filho dormiu novamente, ela foi até o quarto onde estava Afanásio. Embora mais calmo, ele ainda não conseguia articular palavra alguma. Tinha os olhos parados, como se estivesse distante, muito distante. Ela tentou conversar com ele, fez perguntas. Tentou fazer com que prestasse atenção nela, olhasse para ela. Não teve sucesso: Afanásio permanecia com o olhar distante e sem dizer uma palavra.

Foram dias de muita angústia. Cada manhã trazia consigo a esperança de uma nova luz que pudesse abrandar os corações. A melhora de Pedro era mínima; seu estado geral era muito grave. Não obstante, Dora permanecia ao lado do filho, pedindo, suplicando por um milagre. Alternava sua atenção entre o filho e o marido, no quarto próximo.

Afanásio foi aos poucos se recuperando. Olhava sempre para Dora de forma estranha, como tentando esconder algo que ela já sabia. O olhar de Dora não o culpava. Ela tentava compreender por que seu marido permitira que se abatesse sobre todos eles tanta dor e tal sofrimento. Via nos olhos do esposo que a dor também lhe dominava a alma. Muitas vezes entrou no quarto e viu que falava sozinho. Estava totalmente perturbado.

Naquela manhã em particular, Dora ficou assustada. Entrou no quarto do esposo logo cedo. Ele falava compulsivamente.

— Vão embora. Já conseguiram tudo o que queriam. Vão embora e deixem meu filho em paz. Sei que querem levá-lo também.

Seguiu-se o silêncio. Afanásio permanecia atento como se ouvisse uma resposta.

— Não me interessam seus motivos. Chega, por favor, chega. Vão embora. Não quero mais vê-los. Vão!

E agitava os braços rapidamente como a querer atingir um inimigo imaginário. Em verdade Afanásio via agora as entidades que o haviam acompanhado em toda a trajetória de vingança contra Julia. Ameaçavam tirar tudo dele. Até mesmo o filho lhe seria tirado, pelas suas próprias mãos. Eles o acusavam. Dia e noite os via e eles o acusavam. Afanásio podia vê-los e ouvi-los a dizerem incessantemente aos seus ouvidos:

— Fizeste bem o trabalho. Destruíste tudo. És muito mau. Vê, não mereces nada. Somente a dor te acompanhará agora. Teu filho também te será tirado. É isso que mereces, sofrer. Para sempre...

Gargalhavam, muitas vezes, ao ver o desespero no olhar de Afanásio.

Dora não podia levar mais culpa e dor àquele homem que já delirava. Sua culpa o estava enfraquecendo. Não era mais o homem forte e decidido que sempre estivera ao seu lado. Sentou-se junto ao marido naquela manhã e, como sempre, ofereceu-lhe o silêncio e o olhar sem acusação. Isso era tudo que podia dar a ele. Gostaria de conceder-lhe um pouco mais de carinho, de amor, mas seu coração estava cansado. Ainda assim, buscava forças em sua alma para oferecer tudo o que podia ao esposo naquele estado deplorável.

Afanásio melhorava lentamente. Já conseguia comunicar-se com a esposa e com os médicos. Naquela manhã pediu para ver o filho. Dora não permitiu. Ele insistia tenazmente, queria ver o filho.

Foram finalmente ao quarto de Pedro. Ele dormia. Agitou-se quando o pai entrou no quarto; agitou-se muito. Dora correu em busca de enfermeiros, ou do Dr. Jesuah. Afanásio acercou-se da cabeceira da cama. O filho estava muito mal. Era horrível vê-lo naquele estado. Sentiu-se profundamente triste, miserável.

Ele aproximou-se vagarosamente, aos poucos, com caminhar indeciso, sem saber se ia até o fim ou se voltava atrás e corria para seu quarto. Ele causara aquilo ao próprio filho.

De repente, de um salto, Pedro sentou-se na cama. E desperto, gritava com o pai:

— Destruíste tudo que me era mais querido. Por quê ?

— Calma, meu filho.

— Não me chames de filho! Não sou teu filho, não sou nada teu. Nunca te perdoarei pelo que fizeste. Nunca, jamais!

— Mas filho, não fiz nada, estás delirando. Precisas acalmar-te.

— Não mintas para mim. Sei que trancaste a porta da casa por fora. Vi muito bem quando tentei abri-la, tão fortemente lacrada que nada pude fazer. Quem poderia? Vi também o lençol queimando ao lado da casa. Tinha as tuas iniciais e as de minha mãe. Destruíste meu futuro, tiraste minha vida. És um monstro. Nunca hei de perdoar-te.

Pedro gritava desesperadamente. O pai, assustado com a clareza dessas palavras, não tinha dúvidas de que ele sabia toda a verdade. Não sabia o que fazer. Queria acalmar o filho, mas não podia chegar perto dele. Pedro estava quase em pé na cama, gritando, quando Dora entrou com dr. Jesuah e uma enfermeira. Vinham com todos os medicamentos para mais uma vez tentar acalmar Pedro. Ao vê-los entrar deitou-se vagarosamente, tomado por um cansaço enorme.

Dora aproximou-se. Ele a olhava com carinho. Não disse mais nenhuma palavra. Suas mãos procuraram as da mãe, que as apertou fortemente. Queria que o filho soubesse o quanto ela o amava. Ele apertou mais fortemente ainda, mais forte, mais forte. Depois soltou-a de uma vez. Os olhos continuaram fixados nela, parados agora, olhando o vazio. A respiração diminuiu pouco a pouco, até cessar completamente. A vida que restava naquele corpo maltratado e sofrido estava terminada. Pedro partia. Diante do olhar da mãe, ele partiu para a grande viagem.

Afanásio, paralisado, olhos esbugalhados, não se movia. Parecia nem mesmo conseguir respirar. Assistira a tudo desesperado, apavorado.

Dora apenas chorava baixinho. Sua dor já se estendia por tantos dias... Ela apenas chorava e pedia a Deus pelo filho que tanto amava. Finalmente, Dr. Jesuah fechou os olhos de Pedro. Pediu à enfermeira que tomasse todas as providências necessárias e tirou Dora do quarto. Pediu a Afanásio que os acompanhasse, porém ele não se movia; precisou ser tirado do quarto à força. Cláudio e o irmão juntaram-se a mãe. Nada havia que pudesse ser dito naquela hora, e ele apenas balbuciou:

— Que tristeza, mãe... O que aconteceu com nossa família! Que tristeza...

E abraçados os três, recebiam dos céus uma luz que os banhava e que não podiam ver, mas registravam uma sutil leveza que lhes tocava a alma. Amigos espirituais emanavam luz, muita luz, buscando harmonizar os corações daquela família. Dora orava incessantemente por ela e pelos seus. Embora soubesse de toda a verdade, olhava para o marido com misericórdia, sem ódio ou rancor. Abria assim possibilidades espirituais que ela desconhecia. E através da fé que conservava em Deus acima de todas as coisas, o alívio podia chegar até seu coração. Ela recebia o consolo e a força inabalável das almas corajosas que enfrentam a adversidade mantendo uma serenidade que não pode ser explicada.

Ficaram ali longamente, recebendo aquele conforto que aquecia o coração e a alma. Nem puderam perceber por quanto tempo permaneceram sentados, juntos. Mais tarde, foram interrompidos pelo médico que queria ter certeza de que estavam bem. Dr. Jesuah juntou-se à família. Estava impressionado com a força daquela mulher.

Capítulo 22

Os meses se passaram. O tempo, pouco a pouco, abrandava a dor e o sofrimento. Quanto a Afanásio, apesar de restabelecido do choque inicial, nunca mais conseguiu reequilibrar-se. Não havia uma noite sequer em que não sonhasse com o filho. Certas vezes eram criaturas terríveis que povoavam seus sonhos e queriam destruí-lo. Noite após noite, ele despertava em desespero. Tentou voltar à suas atividades na fazenda, mas já não conseguia concentrar-se como antes. Nem sentia a mesma satisfação. Era torturado pelas próprias lembranças.

Dora jamais tocou no assunto, para tentar esclarecer o que acontecera. Nunca falou com o marido sobre o que sabia. Nunca o acusou. Também não foi capaz de aproximar-se dele como antes. Já não podia tratá-lo com a ternura de outrora. Mesmo assim, manteve o respeito e procurou ajudá-lo no que era possível. Tentava compreendê-lo. Passava muitas horas de seu dia procurando entender o que se passara na mente do esposo que o fizera agir de forma tão dolorosamente agressiva e descontrolada. Seria ele tão frio e mau a ponto de matar aquela gente? Entretanto, sabia que ele o fizera. Como? Agira sozinho? Por quê? Mas não tocava no assunto com o marido. Procurava entender.

Afanásio perambulava pela propriedade até tarde da noite. Tornou-se solitário e calado. Já não impunha regras ou fazia cobranças. Não tinha planos nem sonhos. Escondia-se de si mesmo, buscando apagar da mente aquilo que jamais poderia ser apagado. Noite após noite ele revivia tudo, e acordava desesperado, assustado, apavorado. A dor não diminuía. Nunca falou do assunto com ninguém. Sabia que não poderia, se alguém soubesse a verdade, ele seria preso. E mais: o que iriam pensar dele? Agora tinha a misericórdia de todos, que viam nele uma vítima da vida, sofrendo, sem jamais poder recuperar-se da morte do filho que amava. Se soubessem toda a verdade... Que ele próprio provocara toda a situação que culminou com a morte do filho, e que nada fizera para impedir... Assistindo a tudo... Seria terrível. Não, Afanásio não iria contar nada a ninguém. Decidiu isso logo que regressou à sua casa. Queria esquecer. Dedicou sua vida a tentar esquecer o mal que causara à família, ao filho, a Julia...

* * * * *

Jorge despertou como de um sono muito profundo. As lágrimas corriam pelas suas faces. Dulce permanecera a seu lado durante todo o processo, acompanhando cada uma das imagens que ele via e vivenciava. Silenciosa e em preces, ela auxiliava o companheiro na viagem pelo passado, em sua existência imediatamente anterior a essa que ele vivia como Jorge. Suas vibrações de amor, de carinho, de luz, dirigidas diretamente para o coração do companheiro, ajudavam-no a manter-se concentrado e principalmente forte diante das revelações que lhe acabavam de subir à consciência.

Assim que a última cena terminou e se desfez diante dele, Jorge lembrou-se completamente de tudo; de todo o seu passado e de todos os seus atos. Tudo veio a sua mente de forma viva e clara. Após alguns momentos do mais profundo silêncio, ele olhou para Dulce, como a buscar perdão e consolo.

— Como pude fazer tudo isso, Dulce? Agora me lembro. Tudo voltou à minha mente. Muitas vezes tive sensações estranhas que me faziam sentir ao primeiro encontro, ao primeiro contato, que já conhecia determinadas pessoas de muito tempo. Assim aconteceu quando conheci você. Tive uma sensação de conforto, de alegria. Sentia também em relação a você uma espécie de dívida. Algo me compelia a cercá-la de atenções e carinho. Mas sempre interpretava como sendo o meu amor, o meu forte sentimento de apreciação e carinho. Mesmo quando eu sabia que você estava bem e feliz, era levado a pensar que alguma coisa lhe faltava, e sempre me sentia numa situação de devedor.

Quando a nossa casa pegou fogo, fiquei ali a olhar tudo aquilo queimando... Não fiz nada, não pude mover-me. Fiquei paralisado. Vinham-me à mente labaredas, casas em chamas, tudo se misturava em minha memória, e eu não conseguia entender. Sentimentos de angústia, dor, culpa, misturavam-se à emoção que sentia ao ver tudo se queimando. Na ocasião considerei que aquela dor fosse a lembrança da sua perda. Quando você partiu, Dulce, a dor foi muito forte. Você sabe que Pedro nunca mais conversou comigo, como antes. Nunca tivemos um bom relacionamento, você bem sabe; ele sempre me tratou com muita distância e frieza. Agora compreendo... Pedro, meu filho... Agora entendo sua dor, seu sofrimento... Depois que você se foi, ele não mais conseguiu conviver comigo. Foi como se o elo que nos unia tivesse se rompido.

Ele ainda me visitou em algumas datas especiais como Natal, aniversário de um irmão ou coisa assim. Mas nunca mais pudemos conversar. Não tentei me aproximar. Ainda que ele nunca o tenha dito abertamente, sei agora que me culpa pela sua morte. Com todas as evidências em contrário, ele me culpa pela sua partida. Mesmo sem entender o que sente, ele me responsabiliza. E pudera... Tem razão... Sou de fato responsável pela sua partida...

— Não, meu querido Jorge. A minha partida, do modo como ocorreu, foi ainda uma prova importante pela qual tive de passar.

— Mas tivemos de vivê-la todos, por causa dos meus erros, das minhas falhas no passado. Nesse sentido, Pedro tem razão: a responsabilidade é toda minha. Eu falhei com todos vocês. Falhei de maneira terrível. Como pude agir de forma tão imprevidente... Dulce, já estive aqui antes, não estive? Lembro-me deste lugar também. Como num sonho distante, parece que muitas coisas aqui me são familiares...

— Sim, você esteve aqui por muito tempo. Após o desenrolar de todos os fatos, você manteve com firmeza suas fantasias. Tanto acreditou nelas e por elas foi envolvido que pouco a pouco, foi perdendo sua sanidade mental. No final de sua encarnação como Afanásio, você perdeu totalmente o contato com a realidade e enlouqueceu.

Você desencarnou completamente torturado pela culpa e pelo remorso. Eu estava lá, depois de algum tempo já refeita, em companhia de alguns amigos, tentando ajudar. Porém nosso comprometimento do passado, Jorge, tanto meu como seu, era muito grande. Você encontrou, ao desligar-se do plano físico, muitas companhias devastadoras, que queriam vingança. Outras companhias menos dignas você granjeou com os atos praticados. E você sabe que seus atos não foram unicamente contra Julia e seus parentes. Outros foram prejudicados também pelos atos de orgulho; e, a pretexto de proteger a família e seus interesses materiais, muitas atitudes impensadas acrescentaram débitos aos seus passos.

Você permaneceu por muito tempo perdido e subjugado. Vagou triste e desamparado, sem nada entender do que se passava. Sofreu muito. A tristeza e o desalento tomaram conta de sua alma desencarnada. A insanidade acentuou-se. A raiva foi substituída pela culpa e você vagou vivendo preso na própria consciência, onde o fogo ardia incessantemente. Lá, preso no momento do ato que o levou à loucura, você viveu e reviveu os crimes que cometeu. Muitos se alegravam com seu sofrimento. No entanto, alguns amigos foram juntando-se ao meu pedido incessante de ajuda e amparo a você. Acompanhei-o mesmo que a distância. Você, de fato, jamais esteve sozinho. Muitos amigos socorristas juntaram-se a mim na tentativa de resgatá-lo das zonas densas onde se encontrava. Inclusive Julia, que foi uma companheira incansável no ato de tentar resgatar você. Ela o perdoou, Jorge. Mas você não podia nos ver nem nos ouvir. Transfigurado, apenas delirava em sua culpa. Punia-se prolongadamente por seus atos.

Após décadas de luta, conseguimos enfim fazer com que você dormisse. Dormiu longamente. Nós o levamos para uma colônia socorrista, onde ficou adormecido por muito tempo. Num local com vibrações leves, iluminadas e suaves, você se acalmou lentamente. Ao acordar, estava um pouco mais equilibrado, porém quando tentei conversar com você, assustou-se, desequilibrou-se. Foi preciso que outros companheiros o ajudassem nesse longo processo.

Finalmente, pudemos conversar e começou então seu processo de recuperação. Você decidiu que realmente iria trabalhar para resgatar seu passado. Em contato com amigos, compreendeu o amor de Deus em nos colocar frente a frente conosco mesmos, dando-nos a oportunidade de saldar nossos débitos através do trabalho, das lutas, do esforço constante em nos melhorarmos, em superarmos nossas limitações.

Quando você estava mais forte e preparado, encontrou-se com Julia e com alguns de seus familiares. Foi um encontro muito intenso. Dor e alegria misturaram-se em seu coração. Mas você já estava forte o suficiente para encará-la e principalmente para compreender que, se ela o havia perdoado, você poderia perdoar-se e tentar recomeçar.

Sua permanência nesta colônia foi longa. Esteve aqui por mais de cem anos, estudando, preparando-se. E quando pronto, recebemos todos autorização para recomeçar, reparar nossos erros.

— Eu me lembro agora Dulce, me lembro de tudo... Sim, foi aqui mesmo que comprometi-me a vivenciar todas as provas que pudessem ajudar-me a reparar minhas faltas, e ajudar aqueles que prejudiquei. Sim, foi aqui que teci as mais sublimes promessas a mim mesmo e a todos os amigos que me acompanhariam. Inclusive você.

Lembro-me de que o mais difícil para mim foi aceitar como seria o seu desencarne. Recordo-me da longa conversa que tivemos, você dizendo que já estava pronta para resgatar esse débito que trazia de um passado remoto, nos primórdios do Cristianismo, quando cristãos haviam sido incendiados vivos... Dulce, Dulce... Você conseguiu! Está bem! Você conseguiu, querida Dulce.

— E você também conseguirá, Jorge. Você também pode terminar sua tarefa, conforme se comprometeu. Já passou por algumas dessas provas, em duras circunstâncias. Mas tem de retomar seus compromissos, e para isso o trouxemos aqui, neste momento.

Nas circunstâncias mais difíceis temos tido contato com você, durante o sono, para dar-lhe o alento e a força de que necessita... Mas muitas vezes o tempo é muito curto para as renovações necessárias, por isso este momento se fez muito propício.

Dormindo, assim como seu corpo físico está agora sob o cuidado dos médicos, por período de tempo mais prolongado e num momento em que terá de rever seu passado erguendo-se diante de você, precisa ter forças suficientes para passar por tudo com dignidade, coragem, humildade e amor.

Se tiver fé, Jorge, e se guardar em seu coração a confiança em Deus, nosso Pai amoroso, confiando que Ele sempre tem o melhor para nós, você encontrará forças para tudo superar. Nas leis perfeitas de Deus, está mergulhado todo o universo. Nada acontece fora das leis que Ele criou. Estamos mergulhados nesse universo criado por nosso Pai, onde todas as leis são perfeitas, justas e cheias de amor. Nós é que nos afastamos determinadamente do Criador, achando que podemos criar nossas próprias leis e que elas prevalecerão sobre as leis Divinas.

Mas em vão lutamos. Em vão nos iludimos e enganamos. As leis de Deus são eternas e mais fortes do que qualquer vontade humana. Precisamos aprender a compreender as leis do nosso Pai. Só elas podem guiar-nos pela terra, com segurança. Só elas podem nos trazer a alegria e a paz que tanto buscamos. Força, Jorge. Coragem. Perseverança. Estaremos sempre juntos, sempre.

Abraçaram-se. Jorge chorava sentidamente. Chorava pela dor das lembranças, que se misturavam à alegria da presença da companheira tão amada. Sabia que não seria fácil encarar o que o aguardava quando retornasse. Sua alma sabia que ainda tinha provas a enfrentar. Ele tinha agora plena consciência de que precisaria ter muita força para vencer tudo e manter-se firme em sua esperança. Ficaram ali abraçados por longo tempo.

Jorge foi sentindo-se reconfortado. Novas energias enchiam-lhe o coração. A alma cansada recobrava forças. Afinal, a vida continua sempre. E o que é um breve período de tempo diante de toda a eternidade? Dulce havia conseguido, e seu quinhão de dor também fora muito grande. Mas ela estava ali refeita e vitoriosa, de novo a ajudá-lo em sua vida. Dessa vez, ele queria vencer. Ele iria vencer.

Dulce sentiu que a alma de Jorge recuperava a energia e a força de que necessitava. Alegrou-se profundamente pelos momentos que haviam tido juntos. E mais energia refluía com intensidade para a alma de Jorge.

Foram interrompidos por um rosto conhecido que surgiu suavemente no recinto. Era Julia. Com um brilho intenso em torno de todo o seu corpo espiritual, entrou na sala radiante. Ao vê-la, Jorge estremeceu.

— Como vai, amigo? Que bom revê-lo! – e abraçou-o com carinho.

— Julia... Jorge não conseguia articular nenhuma palavra mais. Apenas olhou-a com ternura. Não havia nada que pudesse dizer... Palavra alguma poderia expressar os sentimentos naquele instante. A gratidão, a ternura, o amor, tudo se misturava na consciência de Jorge, fazendo-o flutuar de alegria, diante de Julia.

— Vim buscá-los para nossa reunião. O momento chegou, Dulce.

— Vamos, Jorge. Temos trabalho a fazer...

Seguiram os três para um grande salão. Eram muitos os que ali aguardavam Dulce e Jorge, reunidos em preces pelo amigo e companheiro. Haviam estado em tarefa de sustentação, junto com Dulce, para que Jorge pudesse recordar todo o seu passado, retirando da experiência a força e a energia que lhe seriam indispensáveis.

Aquele era um momento delicado e difícil. O medo, a dor, a culpa poderiam tornar-se incontroláveis e prejudicar toda a estrutura espiritual e emocional de Jorge. Muitos companheiros colaboravam, doando amor e energia para que tudo pudesse transcorrer com proveito.

Afinal, os resultados obtidos eram muito positivos. E foi com grande alegria que os três foram recebidos no salão. Não havia ali uma só alma que não compartilhasse os sentimentos profundos de alegria e respeito pelo momento que Jorge acabara de vivenciar. Ter a oportunidade de reafirmar os compromissos e as tarefas assumidas diante da vida era um verdadeiro presente que todos sabiam não ter preço. Avaliavam a importância dos momentos vividos por Jorge, da presença auxiliadora de Dulce, e principalmente, conheciam a seriedade da vida. Todos naquela sala sabiam dos comprometimentos de Jorge perante a vida na Terra. Acompanhavam, ainda que à distância seus sucessos e fracassos, suas dificuldades. Muitos já haviam colaborado com Dulce e outros orientadores, em ajuda e amparo a Jorge e sua família.

Quando Dulce, Jorge e Julia entraram no salão, a emoção dominou a congregação. Todos estavam felizes e agradecidos a Deus pela oportunidade oferecida ao irmão Jorge, e sobretudo, porque ele soubera tirar dela o proveito necessário.

Foi com respeito que Jorge foi recebido. Sentou-se ao lado de Dulce e Julia nas primeiras cadeiras do salão, próximo aos orientadores. O irmão que presidia a reunião fez uma breve oração de gratidão e reconhecimento e, na seqüência, iniciou sua palestra:

— Queridos irmãos, que a paz de nosso Mestre Jesus nos envolva a todos.

Estamos muito felizes neste nosso encontro. É com grande satisfação que constatamos os resultados positivos de nossa missão. Nosso amigo e irmão Jorge, que aqui se encontra com o objetivo de restauração de suas energias, para cumprir seus compromissos, sua missão, enfim, teve grande sucesso na revisão das responsabilidades atuais de sua encarnação.

Ficamos muito alegres de ter podido contribuir com ação de tamanha importância. Jamais podemos esquecer o ensino do nosso Mestre que nos diz que "uma alma vale mais que o mundo inteiro". Assim, frente às responsabilidades que lhe competem, nosso irmão pôde reviver seu passado e compreender sua atual situação, tendo assim renovados e fortalecidos os seus propósitos.

Cada vida, diante da eternidade, possui valor inestimável. Somos todos amparados e cuidados de forma constante e especial. Jamais estamos sozinhos face aos desafios da vida. Mas muitas vezes perdemos totalmente a fé, a sensibilidade, e nos afastamos do auxílio espiritual. Sem fé, sem abrirmos o coração aos nossos protetores de todas as horas, sem atentarmos para seus conselhos que são sempre sábios e amorosos, distanciamo-nos de sua companhia – jamais eles da nossa. E assim, com as portas do coração fechadas, com as portas da alma trancadas, amargurados, desesperançados, não podemos receber a luz que sempre é derramada sobre nós.

A vinda de nosso irmão, com todo o trabalho empreendido, foi no sentido de ajudá-lo a reabrir sua alma e seu coração, fortalecendo seus propósitos e conferindo-lhe vigor e determinação, pela compreensão profunda de sua realidade espiritual e de tudo que envolve sua vida atual sobre a Terra. Jorge teve o grande privilégio de poder, ainda encarnado, enxergar seu passado, entendendo que tudo o que lhe está acontecendo hoje é resultado de suas decisões e de ações que ele escolheu no passado.

Jorge compreende, sabedor de tudo que ele próprio criou com seus atos, que necessita enfrentar as situações que viveu, e que ainda viverá, com muita coragem e resignação. Somente assim poderá resgatar o passado e preparar-se para o futuro que o aguarda, com mais luz e entendimento.

Sem essa coragem, essa força que nasce do fundo da alma que sente a justiça de Deus em toda parte, e se rende à sua vontade perfeita, não é possível o resgate de nossas dívidas, tampouco a reconciliação conosco mesmos e com nossos semelhantes.

Estamos verdadeiramente satisfeitos e entendemos que nosso irmão pode agora, refeito, voltar ao seu plano e retomar a vida de onde parou, com uma nova consciência, com forças renovadas e com toda a certeza de que jamais estará sozinho...

Mais uma vez o orientador da reunião fez uma prece de agradecimento a Deus pela beleza de sua justiça e das leis que governam o Universo de forma perfeita.

Antes de encerrar, ele abriu um breve momento para perguntas, certo de que tudo o que acontecia poderia levar todos ao aprendizado.

— Sei que alguns de vocês têm dúvidas, e este é o momento em que podem elucidá-las.

— Gostaria de fazer uma pergunta. Jorge irá lembrar-se de tudo que viveu no curto espaço de tempo em que esteve conosco? – perguntou uma companheira.

— Não, ele não irá lembrar-se do que viveu aqui. Apenas sentirá a impressão forte em sua alma dos sentimentos que deve levar consigo. Esses sentimentos, sim, estarão nitidamente presentes e através deles Jorge será conduzido às melhores decisões e ações diante dos fatos.

— Então tudo o que aconteceu não ficará registrado em sua memória?

— Tudo ficará registrado em sua memória mais profunda, em seu espírito. Porém no contato com o mundo material essas lembranças ficarão adormecidas. Somente o sentimento persistirá. Das lembranças adormecidas emanarão os pressentimentos que conduzirão Jorge pelos caminhos que deve seguir. Ele reconhecerá, através dos sentimentos, as situações advindas das memórias que aqui registrou.

Respondidas mais algumas perguntas, nosso irmão encerrou a reunião.

Chegava o instante da despedida. Jorge deveria retornar à Terra e à sua missão. As tarefas o aguardavam. Ao final do encontro, Jorge recebeu o abraço e o carinho de todos os presentes. Reconheceu muitos rostos familiares; muitos amigos de outros tempos ali estavam, todos juntos, apoiando-o. Jorge não podia conter as lágrimas de alegria. Sentia-se amado e querido, com tantos amigos torcendo por ele. Por longo tempo ele recebeu abraços carinhosos, incentivo e estímulo. Ao final, sem palavras, Dulce deu-lhe um forte abraço. Estava muito feliz. Jorge olhou para ela com ternura, porém sentia igualmente tristeza, por terem de separar-se outra vez.

— Jamais estaremos separados, Jorge. Estaremos sempre unidos. O amor é o mais forte dos sentimentos. Nada pode separar duas criaturas que se amam. É por isso que jamais conseguimos nos separar do amor de nosso Pai. É impossível. Cria-se um elo indestrutível entre aqueles que se ligam pelo verdadeiro amor. A distância não existe. Sempre estaremos juntos.

Abraçou o companheiro emocionada. E assim permaneceram por alguns instantes, trocando a mais pura emoção de amor, amizade e respeito mútuo. Duas almas unidas pelo mais forte dos sentimentos.

Foram enfim interrompidos pelo amigo que com eles viera e com eles voltaria para finalizar a tarefa. Tinham de retornar à Terra.

— Devemos voltar agora, Jorge. Vamos empreender uma longa jornada de regresso.

Antes de iniciarem o processo de retorno, Jorge viu Julia, que a tudo observava, mantendo-se ligeiramente distante. Dirigiu-se a ela.

— Julia, gostaria de dizer a você o que sinto, mas é muito difícil. Fico muito feliz por vê-la aqui tão bem, tão em paz. E fico muito mais feliz por ter me perdoado da forma como você fez. Sei que seu perdão me permitiu a renovação e o resgate de minha dívida. Sou imensamente grato à sua atitude de amor...

— Jorge, somos todos devedores uns dos outros. Estamos no longo processo de aprendizado, que com a graça de nosso Pai eterno permitirá nos reunirmos todos um dia, sob a luz de seu amor, para vivermos juntos e felizes uma nova era de paz e harmonia. Estamos todos aprendendo.

Jorge despediu-se de Julia e dirigiu-se a Dulce:

— Podemos ir.

Capítulo 23

Enquanto isso, o corpo físico de Jorge permanecia desacordado por cerca de um mês sem nenhuma alteração em seu estado clínico. Durante o tempo em que estivera no hospital os equipamentos se mostravam estáveis, não indicando nenhuma explicação para que ele continuasse dormindo.

Em diversos exames realizados os resultados revelavam que todos os seus órgãos funcionavam normalmente. Seu cérebro também se comportava perfeitamente. Tudo estava em ótimas condições em seu organismo. Nenhuma hemorragia, nenhum hematoma, nenhuma convulsão, nada demonstrava a mínima alteração no seu estado fisiológico.

Por outro lado, não se registrava reação alguma a uma série de medicamentos que lhe haviam ministrado. Diversos recursos foram utilizados no sentido de estimular a atividade hormonal e a cerebral. Buscaram acelerar o metabolismo, experimentaram vários tipos de estímulos mentais, porém nada havia dado resultado. Tentaram inclusive técnicas psicológicas, conversando com ele, falando de coisas que apreciava, mas nenhuma reação. Os médicos não conseguiam explicar. A direção do hospital pediu que uma equipe de médicos de São Paulo viesse até o interior, estudar aquele caso, fazer uma avaliação mais detalhada. Eles queriam um diagnóstico.

Os filhos de Jorge também queriam diagnosticado o que se passava com o pai. Os médicos não sabiam explicar. Cercavam-no dos cuidados necessários, preventivos, sem conseguir chegar a um diagnóstico. Ele não apresentava nenhuma alteração orgânica, nenhum problema neurológico, estava apenas dormindo. Essa era a conclusão dos médicos e foi também a conclusão da equipe de São Paulo, porém emitida a portas fechadas. Eles não iriam, não poderiam dizer isso à família. Como poderiam explicar que Jorge estava dormindo por mais de um mês? Isso era impossível, ninguém dorme tanto tempo. Mas foi exatamente esse o verdadeiro diagnóstico a que chegaram os médicos, entre eles. Jorge estava dormindo profundamente, calmamente, saudavelmente, havia um mês.

Para a família e para os amigos, sempre diziam que ainda tinham de fazer mais alguns exames. Não sabiam exatamente qual o problema. E assim conduziram a situação durante todo o tempo em que Jorge esteve ausente do corpo, que dormia. Quando a equipe médica, que tinha vindo de São Paulo, deixou o hospital dando um diagnóstico vago e impreciso, seus filhos ficaram indignados.

— Não é possível! Como é que pode? Eles vêm de São Paulo, uma equipe especializada, e não conseguem dizer o que o pai tem?

— Calma. Temos de entender, de reconhecer que o pessoal do hospital está tentando. Eles estão se esforçando de todas as maneiras para entender o que se passa.

— Só que não conseguem fazer o pai acordar! Ele não volta! Está desmaiado, em coma, ou sei lá! Ninguém consegue explicar o que está acontecendo!

— Vamos procurar outros médicos. Em algum lugar deve haver algum especialista que possa diagnosticar o problema. Não é possível que ninguém consiga explicar – afirmou Pedro firmemente.

— Conversei com alguns amigos. Eles me disseram que isso não tem explicação na medicina. Existem fatos que acontecem conosco que têm relação com outras coisas – disse Antônio inseguro, preocupado com a reação sempre cética de Pedro.

— Que coisas? – perguntou Lucas curioso.

—Têm relação com nossa alma. Nosso espírito, como eles dizem.

—Não acredite em bobagens. Que relação pode haver entre o pai desacordado da forma como está e essa coisa de alma? Ele está doente. Precisamos descobrir o que ele tem, é só isso. Talvez seja algum novo tipo de problema, uma doença nova – Pedro não gostava da tendência do irmão a sempre buscar uma explicação sobrenatural para tudo.

— Não sei não, Pedro. Acontecem muitas coisas que não conseguimos explicar... Existem muitas coisas além do que conhecemos – Antônio procurava lembrar-se das conversas que tinha e de textos que já havia lido sobre assuntos como aquele.

Pedro opunha-se firmemente:

— As pessoas sempre acabam buscando explicações fantasiosas para aquilo que não conhecem. É só isso. Querem tanto acreditar que aceitam qualquer coisa.

Antônio buscava fortalecer suas idéias diante do irmão:

— Mas você há de concordar que existem muitas coisas que desconhecemos. Muitos fatos estão além de qualquer explicação racional que lhes possamos dar. Isso também é um fato... Talvez estejamos diante de uma situação dessas, inexplicável, porque não a conhecemos.

— Que amigos são esses, com os quais você falou? – perguntou Zezito.

—A Duda conhece algumas pessoas que estudam coisas da alma. Segundo ela, fenômenos inexplicáveis muitas vezes são mais simples do que parecem. Se os achamos impossíveis é por desconhecer-lhes os mecanismos, a forma como acontecem, como funcionam. Não sei explicar direito. Estive com eles esse final de semana. Fui visitar a Duda e o Luís e em sua casa estavam outros amigos, esses que estudam. Duda e Luís estão estudando também. Contaram-me muitas coisas interessantes. A Duda disse que tem procurado entender o que se passa com o pai, e garante que não precisamos nos preocupar, que ele está bem. Entrei em contato com uma porção de coisas novas, que nunca tinha ouvido antes. Elas me pareceram de algum modo familiares. Não sei explicar direito, é como se eu as conhecesse. Fizeram tanto sentido para mim...

— Você está é muito impressionado com tudo o que está acontecendo. Todos nós estamos muito cansados. Vocês estão se revezando em visita ao pai, semanalmente viajando a São Paulo, regressando, indo e voltando. A tensão, a preocupação nos deixam extenuados. Há ainda a questão do processo... Acho que nessas condições, não conseguimos raciocinar muito bem. Devemos tomar cuidado para não ficar ainda mais desgastados com tudo que nos falam.

— Mas Pedro, de alguma forma, a conversa que tive com Duda e com seus amigos me fez sentir mais tranqüilo. Não sei explicar, apenas me senti mais confiante. Alguma coisa, depois dessa conversa, me deu forças novas. Acho que existe algo mais em tudo isso que me disseram. Acho que não se trata de mais uma crendice ou coisa assim. Não é curiosidade ou experimentação sem sentido. Eles sabem alguma coisa que nós desconhecemos. Existe alguma explicação simples e lógica para o problema que acomete o pai neste momento. E eu vou descobrir o que é.

— Isso é com você. Apenas cuide-se para não ficar mais perdido, mais confuso. Se lhe faz bem, o que fazer? Cada um procura e vai atrás do que deseja. Só tome cuidado para não se enganar.

— Gostaria de saber mais de tudo isso... – afirmou Lucas pensativo.

E lá ficaram a tarde inteira conversando, Antônio contando tudo o que ouvira na casa de Duda. Todas as vezes que vinham até a cidade para visitar o pai, ficavam no sítio. Organizaram o pequeno depósito, que tinha dois cômodos, e ficavam ali alojados improvisadamente, mas perto do pai; especialmente Antônio, Zezito e Lucas; Pedro era o que menos queria comprometer-se. Sempre às voltas com seus compromissos, dizia não ter tempo para dedicar ao cuidado do pai, apenas ligava para o hospital de vez em quando, informando-se.

Ele vinha à cidade poucas vezes, mas seguia à distância o tratamento do pai. Para os irmãos e para si próprio, jamais admitia que se preocupava. Justificava-se, às vezes pensando que tinha de fazer a sua parte, pelos irmãos. E pela mãe, principalmente pela mãe. Ele era o mais velho. Tinha de dar forças e ajudar os irmãos, que se preocupavam muito com o pai. Ele sempre dizia a si mesmo que fazia isso pela mãe. Como amava a mãe!... Que carinho profundo sentia por ela! Quanta saudade... Se estivesse viva, com todo o amor e carinho que dedicava à família, e ao pai, por certo estaria muito preocupada, acompanhando atentamente o estado de saúde de Jorge. Então ele fazia isso por ela. Sim, se não fosse pela mãe e pelos irmãos, talvez nunca viesse visitar o pai. Ele não merecia. Afinal, era o culpado de tudo.

Todos esses pensamentos e sentimentos passavam pela mente de Pedro. No fundo, sentia-se ligado àquele homem de maneira muito intensa, mas procurava dissimular. Na verdade, acreditava que de fato não gostava dele.

*****

A tarde de sábado já ia muito adiantada quando Duda e Luís entraram na propriedade onde estavam hospedados. Haviam passado toda a tarde a conversar e discutir aqueles assuntos ditos sobrenaturais; as coisas da alma, como dizia Antônio. Pedro procurou ficar o mais longe possível de tudo aquilo. Não queria nem ouvir falar nesses assuntos.

— Como vão vocês todos? – cumprimentou alegremente Duda. — Foram ao hospital hoje? Como está Jorge? Alguma melhora?

— Olá Duda, olá Luís. Não, infelizmente nenhuma alteração no quadro. Tudo estável, há um mês já. Ontem fez um mês. Ele está exatamente como quando entrou no hospital. Continuam fazendo alguns exercícios físicos de estimulação muscular e só. Essa foi a grande orientação da equipe médica. Pediram ao hospital que fizessem esse acompanhamento. É bem suave, mas irá ajudá-lo em sua movimentação quando retornar...

A palavra morreu na garganta de Antônio. Retornar como? De onde? O que estava acontecendo? Sempre se perguntava isso angustiado.

— Viemos convidá-los para irem até nossa casa amanhã. Receberemos alguns amigos e faremos uma tarde de estudos. Se quiserem participar será muito bom, ficaremos muito felizes.

— E a que horas será? – perguntou Antônio interessado.

— Logo após o almoço, lá pelas três horas. Venham todos.

— Não contem comigo – disse Pedro, de dentro do depósito.

Saiu, cumprimentou brevemente os amigos e disse secamente:

— Não gosto nada de vocês ficarem colocando essas coisas na cabeça dos meus irmãos. Eles não têm a minha visão crítica. Ficam facilmente influenciáveis. Não gosto nada disso!

— Pedro, você precisava conhecer um pouco mais para depois poder fazer uma análise mais crítica, como você mesmo disse. Essa análise crítica é extremamente importante. Não temos nunca de acreditar em tudo que nos falam. Isso seria abrir mão de um dos maiores atributos humanos: a razão. Tudo tem de passar pelo crivo criterioso da nossa razão.

Pedro ficou sem ação e sem resposta. Era nisso mesmo que acreditava: na razão e no bom senso. Não sabia o que dizer. Não sabia do que estavam falando. Como poderia ser contra? Ele é que não estava usando a razão, afinal! Não teve saída, a não ser aceitar o convite.

— Está bem. Irei então, para poder mostrar a vocês como se deixam levar por bobagens. Inclusive você e o Luís, Duda. Vocês sempre foram tão sensatos, tão ponderados... Têm uma formação sólida, os dois são professores universitários. Não entendo.

— Venha conhecer um pouco mais. Quem sabe você também entenderá. A gente só pode analisar e discutir aquilo que conhece.

Mais uma vez sem resposta, Pedro ficou calado. Ficaram todos ali a conversar por mais algum tempo. Quando já havia escurecido, Duda e Luís partiram com a promessa de que todos iriam encontrar-se novamente no dia seguinte.

— Gosto muito deles, e cada vez mais – disse Antônio ao vê-los sumir estrada afora.

— Também gosto muito deles; sempre gostei. Acho Duda muito especial. O Luís é interessante, mas a Duda é especial, muito sensível. O que você acha, Pedro?

— Não sei. A mãe gostava deles também. Acho que são gente séria, mas nunca se sabe, não é? As pessoas as vezes se escondem e não podemos conhecê-las direito...

— Você está com desconfianças desnecessárias. Eles são ótimos!

— Sim, pode ser. Em todo o caso, acho que sempre devemos ser cautelosos com essas idéias estranhas. Muita gente fica acreditando em tudo que ouve, e não acho que devemos ser assim. Tem muita idéia maluca por aí...

— Pedro, você tem toda a razão. Tem mesmo muita gente por aí querendo crer em qualquer coisa, gente abusando da boa vontade das pessoas, da boa fé. Entretanto há muitas coisas que desconhecemos. Por isso quero estar aberto ao novo, com visão crítica...

— Não sei. Não gosto muito dessas idéias místicas, inexplicáveis...

— Veremos, Pedro, veremos – disse Zezito sentado confortavelmente numa pequena cadeira colocada do lado de fora do depósito onde estavam alojados. O sol acabava de pôr-se no Sítio Esperança. O céu estava ainda rosado, com pequenas nuvens azuladas. Era uma visão de muita beleza. Os quatro irmãos deixaram-se ficar ainda longo tempo discorrendo sobre o novo, o verdadeiro, o falso... e o pai, cujo estado continuava sem explicação.

Naquela noite, Pedro não dormiu com tranqüilidade. Teve muitos pesadelos, sentia-se inquieto. Revirou-se de um lado para o outro. Já quase ao amanhecer sonhou com labaredas que ardiam e lhe queimavam o rosto, e depois iam devorando todo o seu corpo. Ouvia gritos e sentia o calor das chamas em seu corpo. Gritava muito quando foi despertado por Antônio:

— Acorda Pedro, acorda – Antônio chacoalhava Pedro para tentar despertá-lo.

— Acorda! Você está tendo um pesadelo, Pedro. Acorda.

— Pedro sentou-se de um pulo na cama, assustado e aliviado ao mesmo tempo. Era um pesadelo. Um pesadelo terrível!

— Vou buscar um pouco de água. Você está tremendo e suando!

— Não precisa, já estou melhor. Foi só um pesadelo.

— Tome e beba um pouco de água fresca. Vai fazer você sentir-se melhor.

— O que aconteceu? O que houve? – Zezito e Lucas acudiram, ao ouvir o barulho e movimentação.

— Não foi nada. Tive um pesadelo, mas já passou. Já estou bem...

— O que foi que você sonhou? – perguntou Zezito, ainda meio dormindo.

— Nada, não foi nada. Tudo estava meio confuso. Obrigado pela água. Estou bem agora. Podemos dormir. Ainda é muito cedo.

Todos voltaram para a cama. Apesar de ser bem cedo, Pedro não conseguiu mais dormir. Sentia uma estranha angústia no peito. Antônio também não pôde dormir. Ficou acordado a pensar e pensar. Vagas memórias lhe passavam pela mente: a mãe, o pai, a infância... Então lembrou-se de que quando criança Pedro costumava ter alguns pesadelos. Acordava à noite gritando, como acabara de fazer. Eles dormiam no mesmo quarto e muitas vezes fora acordado pelos gritos do irmão ou pela mãe, que já estava no quarto trazendo água, exatamente como ele fizera. Ficou sonolento de novo e adormeceu. Em breve o sol forte entrava pelas janelas do quarto improvisado; mais um pouco e todos estavam de pé.

Núcleo Espírita
André Luíz

Capítulo 24

Distante dali, na colônia espiritual, Jorge ao lado de Dulce, iniciava sua jornada de volta ao plano físico. Saíram do salão, atravessaram o pátio do grande jardim. Jorge olhava tudo com ternura e despedia-se mentalmente daquele lugar abençoado, lindo e suave.

Cruzaram por fim os portões principais e adentraram novamente aquela atmosfera pesada que ele sentira quando viajavam pelo espaço. Iniciaram a jornada de retorno. Agora Jorge não tinha mais perguntas em sua mente. Seu coração estava sereno e tranqüilo. Completamente renovado, compreendia de maneira clara o que se passava à sua volta. Sentia-se feliz e esperançoso. Apenas a separação de Dulce o incomodava, mas compreendia. Sem saber como, entendia tudo que se passava. Era como se tivesse clareado sua mente e já não precisasse de maiores explicações.

Calado, retornou meditando em tudo o que vivera, na luz que se acendera em sua alma. Pensava na oportunidade e no privilégio de que falara o companheiro na mensagem amorosa... Sentia-se grato, e, feliz por tudo o que lhe fora ofertado. Recordava seus sentimentos poucos minutos antes de ver Dulce, em sua casa destruída pelo fogo. Naquele momento tivera até o impulso de tirar a vida. Sentia o fracasso... O desânimo... O desespero a tomar conta dele. Foi então que a viu aproximar-se, e tudo aconteceu. Pensava no que poderia ter sido dele e de sua vida se aquele episódio não tivesse ocorrido... Tudo poderia estar perdido... Quão feliz era de ter almas tão generosas se preocupando com ele!...

Jorge sentia a energia de amor a invadir sua alma. Sentia essa energia a pulsar em seu coração, sentia a força da alegria pela nova oportunidade vibrando em todo o seu ser. Aproximaram-se do hospital onde estava o corpo físico de Jorge. À medida que se aproximavam, ele sentia-se mais e mais pesado.

Quando chegaram, Dulce abraçou-o novamente. Tiago, que os acompanhava, abraçou-o também. Era o momento da despedida. Ele deveria retornar agora. Mas foi um momento de muita alegria.

Jorge começou a sentir-se sonolento. Tudo foi desaparecendo de sua vista, foi sentindo sono, muito sono. Viu Dulce aos poucos desaparecer até não lhe perceber mais a presença. O mesmo acontecia com Tiago. Foi aos poucos desaparecendo de seu campo de visão. E afinal, tranqüilo, adormeceu. Foi então recolocado com cuidado em seu corpo físico, igualmente adormecido.

Os aparelhos a ele conectados tiveram uma reação muito brusca, como se o paciente estivesse tendo uma parada cardíaca. Houve uma correria geral no quarto onde Jorge se encontrava: médicos, enfermeiros foram acionados para prestar o atendimento. Porém, antes mesmo que pudessem fazer alguma coisa, os equipamentos voltaram ao funcionamento normal e Jorge despertou de seu longo e profundo sono.

Ele estava de volta.

Abrindo os olhos devagar, viu as imagens formarem-se em sua retina. A princípio eram apenas vultos que aos poucos foram tornando-se mais claros. As cores ficaram mais intensas, os contornos se mostraram nítidos. Ele não sabia onde estava, não se lembrava de nada que lhe acontecera. A mente estava lenta, a memória opaca.

No quarto era incessante a movimentação. Médicos, enfermeiros e auxiliares agitavam-se para lá e para cá. Houve grande alarde em todo o hospital.

Eram quase nove horas da manhã; os quatro irmãos dirigiam-se ao hospital para mais uma visita ao pai. No caminho, Antônio não conteve a curiosidade e perguntou a Pedro:

— Pedro, o que foi que você sonhou? Por que acordou tão assustado? Foi com o pai que teve pesadelos?

— Não me lembro.

— Tente, estou muito curioso.

— Não. Não lembro e não quero lembrar. Já passou. Não quero mais falar no assunto.

— E por que te incomoda tanto?

— Foi um pesadelo horrível. Não lembro muito bem, mas foi horrível. Não quero lembrar.

— Foi igual àqueles que você tinha quando éramos crianças?

— Quando crianças?

— É, Pedro. Não se lembra? Você acordava muitas vezes gritando, suando frio. E a mãe levava água para te acalmar. Muitas vezes levava você para dormir com eles, porque não conseguia acalmar-se. Aí só mesmo dormindo com eles. Lembra?

— É verdade, lembro. Não sei quanto tempo durou. Sei que quando fiquei mais velho foi passando. Quando adolescente já não sonhava mais...

— Acho que ainda teve alguns pesadelos, que se foram espaçando até sumir. Quando você mudou-se para São Paulo, para estudar, já não tinha mais aqueles pesadelos. Engraçado. Será que eles estão voltando?

— Antônio, por que você sempre quer ver alguma coisa onde não há nada?

— Só estou curioso. Você se lembra se eram os mesmos pesadelos? Se você sonhou essa noite a mesma coisa que sonhava quando pequeno?

— Já disse que não me lembro, Antônio. Chegamos. Vamos mudar de assunto...

O hospital estava tranqüilo. Contudo, ao vê-los chegar um médico muito próximo dirigiu-se a eles rapidamente:

— Ele acordou e está bem. Seu pai acordou!

— Como assim? Acordou de repente?

— Sim, foi algo impressionante. Os equipamentos, que vinham estáveis há semanas, de repente ficaram alterados. Pensamos que ele estivesse tendo uma parada cardíaca, devido aos indicadores dos equipamentos. Foi uma tremenda correria. Nos preparamos para agir. Quando estávamos prontos, com os medicamentos e os aparelhos preparados, houve um silêncio. As alterações cessaram e tudo voltou ao normal. Ele simplesmente abriu os olhos e foi despertando aos poucos. No princípio não reconheceu onde estava, não viu nada nem ninguém.

— E quando aconteceu?

— Hoje de madrugada. Acho que foi por volta das cinco horas. Achamos que não seria necessário avisar vocês, pois sempre estão aqui para a visita da manhã. Ele está muito bem. Foi recobrando aos poucos a memória e começou a nos reconhecer. E está ótimo, agora pediu comida, disse que estava com fome.

— E ele pode comer? Ficou tanto tempo sem se alimentar...

— Ele irá fazer uma readaptação alimentar. Está ingerindo alimentação muito leve. Já reclamou, quando lhe demos uma espécie de mingau para adaptar seu organismo aos alimentos sólidos, depois compreendeu. Está mesmo muito bem. Vão, sei que estão ansiosos para vê-lo.

Agradeceram e foram ao quarto apressados, ansiosos. Pedro seguiu atrás, mais devagar. Perto das cinco da manhã – pensou ele: foi exatamente a hora em que acordara com o pesadelo. Antes de acalmar-se e tentar voltar a dormir olhara o relógio. Faltavam quatro minutos para as cinco horas da manhã. Coisa estranha...

A alegria foi imensa ao verem o pai desperto. Estava levemente sentado na cama, uma enfermeira o alimentava. Pararam todos em volta, mal acreditando no que viam. O pai estava de volta e passava bem. Tinham desejado tanto vê-lo assim, e ali estava! Não sabiam direito o que fazer. Foi Jorge quem quebrou o silêncio:

— Como é bom ver vocês!

A enfermeira afastou-se e deixou-os a sós no quarto.

— Puxa, pai, eu é que digo que é muito bom ver você! Que susto você nos deu!!

Antônio abraçou o pai como se fosse uma criança. Depois Zezito e Lucas fizeram o mesmo. Jorge chorava. Estava fortemente emocionado!

— Calma, gente – falou Antônio preocupado –, será que não vai ser ruim para ele se emocionar tanto assim?

— Não se preocupe, filho, eu estou ótimo! Os médicos disseram que estou bem. Preciso apenas fazer tudo devagar.

Todos choravam como crianças, de alegria e alívio, quando Pedro entrou. No quarto, uma luz intensa os cobria. Estavam emocionados, felizes, mas algo muito maior os dominava. Sentiam como que se reencontrando após largo tempo de separação. Como se há muito não se vissem e agora se encontrassem novamente. Sentiam-se como parte de algo maior que não sabiam explicar. Estavam satisfeitos com o despertar do pai. Jorge também não continha a emoção e chorava feliz. Muitos pensamentos o envolviam. Ele parecia acordar de um longo sonho. Imagens e emoções desse sonho estavam com ele. Não conseguia falar, apenas saboreava a alegria de rever os filhos e uma paz ainda maior tomava conta dele. Dulce permanecia na sala com Tiago acompanhando o reencontro. Sua sensação de paz e alegria se transmitia aos filhos. Eles lhe percebiam os sentimentos, ainda que sem poder assinalar-lhe a presença material. Assim, aquela emoção intensa de reencontro emanava e todos a compartilhavam.

— É muito bom revê-los, não é Dulce?

— Sim. É uma alegria profunda vê-los todos juntos... Principalmente agora que Jorge tem mais à tona a consciência e o compromisso de restauração. Fico muito grata por poder acompanhá-lo um pouco mais de tempo nessa fase de retorno. Sabemos o quanto esse momento é importante para fixar as impressões e emoções adquiridas. Será muito bom acompanhar-lhes o trabalho de despertamento, conduzido e amparado por Jorge, que sentir-se-à muito mais compelido a essa busca espiritual.

— É sempre compensador e motivo de alegria acompanhar e auxiliar na tarefa de despertar das almas. Quando vemos a família toda assim, comprometida e tendo a oportunidade de encontrar as respostas às dúvidas da alma, é então uma tarefa de grande privilégio.

— Que Jesus nos ampare a todos e que eles estejam recebendo a luz maior a guiar-lhes os passos.

Dulce e Tiago tudo observavam com alegria e harmonia. A leveza que banhava o ambiente, fazendo com que todos vivessem aquele momento de forma especial, foi, porém, subitamente interrompida pela chegada de Pedro. O olhar duro e sério, com sutis manifestações de contentamento, suprimiu as emanações harmoniosas e instalou no ambiente um mal-estar indefinível.

— Como está, pai? Sente-se bem? – perguntou, aproximando-se da cama do pai.

— Sim, meu filho, sinto-me bem. Estranho, mas bem.

— Como estranho?

— Não sei dizer. Parece que estive viajando e de repente retornei. Não sei dizer...

— Fico feliz em vê-lo bem. Temos um longo caminho a percorrer de hoje em diante. O delegado informou-me que as investigações já começaram e que poderão remexer o passado.

— Pedro, por favor, não é hora de falarmos sobre isso. O pai precisa descansar. Certamente está muito emocionado. Não é fácil ficar tanto tempo dormindo e regressar de repente.

— Por quanto tempo estive dormindo, Antônio? Por muito tempo? A impressão que tenho é de que apenas um dia se passou desde que nossa casa se incendiou...

— Você esteve dormindo por mais de um mês, pai.

— Foram exatamente trinta e dois dias – disse o médico

responsável, entrando no quarto e participando imediatamente da conversa – esteve desacordado por trinta e dois dias e alguns minutos, para ser preciso. Foi um longo tempo, Jorge. Como se sente agora?

— Sinto-me bem; apesar de um pouco pesado, meio cansado, sinto-me bem. Tenho fome outra vez. Sei que alimentei-me ainda há pouco, mas sinto fome.

— Isso é bom sinal. Você se lembra de tudo que aconteceu antes de perder a consciência?

— Sim, lembro-me de tudo. Via ao longe Duda, Luís e dr. Genésio com os empregados. Via a casa completamente destruída. Cansaço e desânimo foram se apoderando de mim. Não tinha vontade de nada. Sentado onde estava, de frente para a casa destruída, tinha vontade de ficar ali parado para o resto de minha vida. Não tinha ânimo, entendem? Foi então que a vi se aproximar.

— Quem? Duda?

— Não. Dulce.

Entreolharam-se todos sem emitir palavra. Jorge continuou:

— Ela veio devagarinho... E não lembro mais nada direito. Tenho uma porção de imagens na mente. Sonhei com tantas coisas que me vêm em *flashes*... Também, pudera, trinta e dois dias dormindo! Dá para sonhar bastante...

— E, quando é que ele pode sair do hospital, doutor? – perguntou Antônio meio preocupado com as últimas palavras do pai.

— Bom, Jorge, você precisará fazer mais alguns exames. E teremos de fazer uma readaptação sua aos movimentos normais. Lembre-se de que você ficou muito tempo sem movimentar os músculos. Faremos uma série de exercícios e trabalhos elétricos sobre a musculatura, mas você deverá exercitar-se aos poucos.

— Quanto tempo terei de permanecer no hospital?

— Se tudo correr bem, creio que pelo menos uns quinze dias.

— Tudo isso?

— Sim, Antônio. A retomada tem de ser feita com calma. Seu pai não consegue ainda erguer um garfo direito. Terá de exercitar. E tudo dependerá de sua recuperação física e emocional.

— Bom, pelo menos temos a possibilidade de conversar com ele. Podemos participar desse processo de reabilitação?

— Claro. Nos primeiros três ou quatro dias será mais dentro do quarto. Assim que ele puder caminhar, será muito bom fazê-lo ao lado dos filhos.

Pedro observava tudo calado. Sentimentos contraditórios o invadiam, vindos não sabia de onde. Sentia-se feliz em ver o pai bem. Ao mesmo tempo, tinha certo prazer em saber que ele seria submetido a um longo e desgastante processo de investigação policial. Foi a Pedro que Jorge dirigiu a primeira pergunta:

— Como está você, meu filho? Como está seu trabalho, sua vida?

Nunca o pai se dirigira a Pedro daquele jeito meigo e carinhoso. Sempre uma barreira intransponível e invisível separava os dois. Pedro sentiu vibrar em sua alma aquela pergunta do pai, tamanha a emoção que carregava.

— Tudo bem. Está tudo ótimo.

— Que bom, Pedro. Temos tanto que conversar... Temos anos de nossas vidas para compreender...

— Do que você está falando?

— Não temos por que nos manter tão afastados, Pedro. A vida é tão curta!... Quero estar mais próximo de você, meu filho.

— Nunca nos entendemos muito bem, pai. Sei que você está meio fragilizado, mas não há motivos para sentimentalismos.

— Pedro, por favor! Foram trinta e dois dias de agonia. Agora que nosso pai está bem, está conosco, querendo se aproximar mais de você, essa é sua reação?

— Não, Zezito, não o recrimine – pediu o pai tocando suavemente as mãos de Zezito – precisamos todos de um tempo, não é mesmo? Tudo aconteceu muito rápido e meio sem explicação. Precisamos nos acostumar às novas circunstâncias, é só isso.

Pedro ficou um tanto incomodado com a resposta de Jorge. Sua reação habitual seria irritar-se muito com ele e responder-lhe à altura. Sempre pronto a provocar o pai, não sabia bem por que, Pedro procurava ainda que inconscientemente irritá-lo o mais possível. Essa atitude causava discórdia, desentendimentos e agressividade entre os dois.

— Bom pessoal, sei que estão felizes com o papai de volta, mas o horário de visitas está encerrado. Precisamos fazer uma série de novos exames e iniciar a preparação dele para os exercícios físicos.

— Mais tarde nos vemos e amanhã, antes de voltar para São Paulo, damos uma passadinha aqui logo pela manhã.

— Não se preocupem. Se quiserem retornar hoje mesmo, ficarei bem.

— Não, de forma alguma! Damos uma passadinha aqui logo cedo, e o acordamos se estiver dormindo; depois seguimos viagem. Estamos fazendo isso desde que você veio para o hospital. Já estamos habituados.

— Eu não poderei ficar, tenho de ir hoje mesmo. Tenho muitos compromissos amanhã bem cedo e preciso ir.

— Está certo, filho. Deve cuidar muito bem de sua carreira. Ela é realmente muito importante. Você pode ajudar muitas pessoas através dela.

— É, sei disso. Até mais, então.

— Até mais, Pedro. Até mais tarde, Antônio. Puxa Zezito, como você está bonito! Parece até mais alto! E você, Lucas, está mais gordinho...

— É, pai, aqui no campo não tem jeito. Acabamos comendo mais do que devemos..

Saíram do quarto satisfeitos. O pai não só estava de volta, como jamais lhes parecera tão bem.

— Viu como ele está bem? O rosto tranqüilo, sereno. Tem uma alegria no olhar...

— É, ele parece muito bem.

— Também, descansando todo esse tempo, até eu ficaria bem...

— Pedro, não sabemos o que houve nem por que ele ficou tanto tempo desacordado. Ele não estava bem. Ninguém dorme por mais de trinta dias...

— Vocês exageram, Zezito. Ele sempre esteve bem.

O médico acompanhou-os quando saíram do quarto. Seguia calado.

— O que acha, Dr. Paulo, ele está bem?

— Aparentemente, sim. Só uma coisa me preocupou um pouco.

— Eu sei. A história de que ele viu a mãe foi meio estranha.

— É, Lucas. É isso mesmo o que me preocupa. Não sabemos se foi apenas um delírio momentâneo ou se ele teve algum tipo de comprometimento emocional mais acentuado. É isso que precisaremos identificar através dos exames. Ele irá também passar por algumas sessões com o psiquiatra para uma avaliação mais exata de seu estado emocional.

— O que lhe parece? Achei-o muito bem!

— Sim, a princípio parece bem. Muitas vezes, no entanto, nesses casos, a perda de contato com a realidade faz com que os pacientes sintam-se emocionalmente bem. Até sua aparência física melhora, mas seu comportamento muda. É isso que teremos de avaliar de agora em diante. No geral, fisicamente, ele parece muito bem, sem maiores razões para preocupação.

— Que bom que ao menos fisicamente ele está bem! Ainda que emocionalmente talvez possa estar abalado, tenho certeza de que irá recuperar-se.

— Vamos torcer, Lucas. Gosto de seu pai, apesar de vocês.... – brincou o médico que os conhecia desde pequenos.

Capítulo 25

Todos deixaram o hospital e após um breve almoço dirigiram-se à casa de Duda e Luís conforme combinado. Meio resistentes a princípio, pois sentiam-se felizes com a recuperação do pai, seu interesse pelos assuntos conversados com Duda havia diminuído. O pai estava de volta e bem. O que mais importava além disso? Descobrir o que havia acontecido? Isso eles poderiam deixar para os médicos. A maior preocupação era o retorno do pai, e isso eles já haviam alcançado.

Esses e outros assuntos dominaram a conversa durante o almoço. Uma figura conhecida os acompanhava, sem que percebessem: Dulce estava com eles. Junto com Tiago, acompanhou-os quando deixaram o hospital. Era por demais importante que fossem naquela tarde até a casa de Duda. Assim, buscou influenciar-lhes o pensamento, sem que se dessem conta. E por fim, aproveitando-se da predisposição maior de Antônio, conseguiu que se decidissem a dar prosseguimento ao que haviam planejado e fossem ao compromisso assumido.

Mal encostaram o carro e Duda já os recebia à porta, com sorriso alegre e muito entusiasmada:

— Fiquei feliz ao saber que Jorge despertou! Foi uma grande alegria para todos nós. Soubemos que ele está bem. Vocês estiveram por lá, não foi?

— Esteve no hospital, Duda? – perguntou Antônio curioso.

— Não. Telefonei logo pela manhã, como tenho feito todos os dias. Vocês já estavam lá. Deve ter sido muito emocionante, não?

— Foi um momento de muita alegria – afirmou Zezito apertando a mão da amiga.

— Imagino que sim. Uma alegria profunda no ar, algo inexplicável, além da alegria de ver Jorge bem, é claro; uma emoção especial estava presente, não foi assim?

— Pensando bem, ouvindo você falar, me lembro de uma forte sensação de alegria, de felicidade, de união que não sei exatamente explicar. É claro que o fato de estarmos todos reunidos como antes, vendo nosso pai bem, deu muito alívio... Mas havia também uma certa suavidade.... Não sei, Duda. Foi muito bom.

— Sim, Zezito, a alegria e a união que vocês sentiram deve mesmo ter sido muito profunda. Mas vamos entrando. Todos já estão por aqui. Tenho alguns convidados que vieram de São Paulo. São amigos nossos, que vêm às vezes para cá para descansar e estudar conosco.

— Estudar? – perguntou Pedro muito ressabiado.

— Sim. Periodicamente nos reunimos para estudar e discutir assuntos da mais profunda importância para nossas vidas.

— E o que poderia ser tão fundamental assim, Duda? Os próximos movimentos da bolsa mundial, ou alguma oportunidade nova de negócios? Ou vocês ainda acham que podem transformar o mundo e pregam paz e amor por todos?

— Pedro, sinto muito que esteja tão cético. Assim será muito mais difícil para você entender o que discutiremos aqui.

— Não sou cético, Duda. Sou apenas realista e objetivo. Não gosto de fantasias, de crendices, dessas coisas que tornam a mente das pessoas obtusa, que fazem com que pessoas de boa fé comecem a acreditar em tudo o que ouvem e se percam vivendo uma vida baseada em fantasias...

— É justamente o oposto, Pedro. O que desejamos é contribuir para que as pessoas saiam de suas fantasias e vivam suas vidas de forma intensa, amorosa e completa.

— Um mundo perfeito?

— Não. O mundo real. Mas deixemos esse assunto para mais tarde. Vamos entrando. Quero apresentar algumas pessoas a vocês.

A sala estava repleta de amigos do casal. Duda apresentou-os a todos. A maioria vinha de São Paulo, gente culta e profissionalmente ativa. Pedro surpreendeu-se pelo tipo de pessoas que encontrou ali. Sentou-se calado. Tinha decidido de si para si que não iria abrir a boca. Entraria e sairia sem emitir mais nenhuma palavra. Por ele, na realidade nem estaria ali. Queria ir logo para São Paulo, porém uma força maior o impulsionava. Sentia repulsa e curiosidade ao mesmo tempo. E já que Duda o havia como que desafiado, ele resolveu mostrar que iria escutar, avaliar, mas que já tinha a opinião formada, pois não acreditaria em nada de sobrenatural ou inexplicável que pudessem falar-lhe. Era um homem muito prático e racional. Não poderiam enganá-lo.

Sentou-se em um canto da sala, após cumprimentar os presentes. Seus irmãos foram se espalhando entre os convidados e logo todos estavam já bem colocados em seus lugares.

Duda ofereceu doces e refresco, enquanto os convidados se ambientavam e a conversa tomava os rumos que deveria seguir. Todos estavam muito interessados no que acontecera a Jorge. Queriam saber como ele estava, e tudo o que havia ocorrido.

Antônio antecipou-se e descreveu em detalhes os fatos que envolveram a situação. Emocionava-se ao lembrar do pai, imaginando-o sentado, vendo a casa incendiar-se. Avaliava sua dor ao ver tudo desfazendo-se diante dele. Sozinho, e apegado à lembranças da mãe, sabia que tudo aquilo deveria ter representado muito sofrimento para ele.

Depois, lembrou o quanto sofreram todos esperando ansiosamente que o pai despertasse, sem que nenhum médico pudesse dar um diagnóstico preciso e muito menos esclarecer o que estava ocorrendo.

— Foi exatamente esse assunto que motivou a reunião de hoje. Muitas coisas acontecem que não podemos elucidar com os conhecimentos científicos de que dispomos, o que não quer dizer que em algum lugar não exista uma explicação clara e simples para o problema – disse Duda, ajeitando-se na cadeira.

— Mas que explicação é essa, Duda? O que vocês sabem que poderia clarear a situação e nos fazer entender o ocorrido? – atento, perguntou Antônio.

— Temos muito que conversar, Antônio. Porém, antes iremos fazer uma prece para iniciar nossa reunião. Aprendemos que frente a qualquer situação importante em que nos encontramos precisamos da ajuda espiritual e do apoio lá de cima, para que possamos receber a orientação necessária.

Tanta seriedade e firmeza havia na voz de Luís, nesse momento, que ninguém ousou discordar ou questionar sua colocação.

Luís convidou um dos presentes a fazer uma prece. À medida que o companheiro orava, forte emoção envolvia a todos. Sentiam-se imersos numa alegria indefinível.

Antônio sentia uma estranha leveza, uma alegria que não conseguia conter, e as lágrimas brotavam e corriam pela sua face. Pedro foi também profundamente tocado por aquela prece. Não poderia jamais explicar, mas sentia-se dominado por uma sensação de paz e de carinho, uma força interior que ele não sabia de onde vinha, e alguma coisa diferente brotava de seu íntimo.

Ao final da oração, o grupo estava mergulhado em uma luz resplendente. Dulce e Tiago, agora também em companhia de Julia, que se juntara a eles, estavam presentes envolvendo a todos e emanando ao coração dos quatro irmãos alegria radiante e muito carinho. Especialmente sobre Pedro, derramavam muita luz e compreensão. Via-se claramente que energias densas o cobriam. Sobretudo em seu coração e em sua mente, espessa energia impedia que recebesse a mesma luz que sobre todos pairava. Com a presença da mãe, que ele captava sem perceber, abria-se pequeno facho sobre sua mente, e era por onde os três amigos espirituais dirigiam com maior intensidade luz e amor, procurando auxiliá-lo a dissipar aquela energia densa e pesada que o envolvia.

Duda, com extrema sensibilidade, captou a presença suave dos companheiros espirituais. Estava muito emocionada também com a proximidade da grande amiga, com quem havia compartilhado tantos momentos. Ao final da oração, o ambiente estava mais leve e todos muito mais abertos a ouvir e receber as novas luzes que iriam brilhar sobre eles.

Duda abriu " O Evangelho Segundo o Espiritismo" e leu um pequeno trecho. Logo em seguida, um dos amigos fez um pequeno comentário sobre a conduta do homem de bem sobre a terra. Era um modelo muito nobre de conduta. Discutiram brevemente a lição. Pedro voltou a fechar-se em seus pensamentos. Estaria ele no meio de uma reunião religiosa? Duda os teria enganado? Estaria se tornando adepta de uma nova religião e quereria levá-los também? Pensamentos como esse rondavam sua mente com insistência, enquanto uma voz bem no fundo dizia: "escuta, apenas escuta". E os pensamentos se acalmaram.

Já Antônio, Zezito e Lucas tinham uma predisposição diferente. Sentiram-se ligeiramente desconfortáveis também durante a leitura do Evangelho. Já tinham lá suas crenças e não estavam nem um pouco interessados em uma nova religião. Queriam, sim, entender os acontecimentos até então inexplicáveis que os haviam enredado a todos. O que sucedera com o pai? Por que estivera por tanto tempo desacordado? O que poderia ter havido? Por que os médicos não conseguiam fazer nenhum tipo de diagnóstico? E como ele simplesmente acordara de um momento para outro? Esses, sim, eram os verdadeiros interesses que tinham.

Porém o mais aberto era Antônio. Ele queria mais do que saber o que acontecia. Queria saber o que Duda e Luís poderiam ter encontrado de novo que os deixara mais felizes e serenos. Antônio de fato queria descobrir o novo, sua mente irradiava luz e estava completamente desobstruída. Nenhum impedimento bloqueava seu cérebro e seu coração. Dulce captava-lhe o interesse e sentia-se muito feliz. Procurou transmitir essa percepção a Duda, que teve a clareza do estado mental dos quatro irmãos. Tão logo encerraram os comentários, Pedro antecipou-se:

— Muito bem. Tenho horário muito apertado para voltar a São Paulo. Tenho muitos compromissos e acho que vocês já me mostraram o bastante, Duda. Preciso ir.

— Calma, Pedro, não vamos demorar. Nosso amigo Gerson é médico em São Paulo. Estuda em profundidade fenômenos como esse que houve com seu pai: casos inexplicáveis de morte ou quase morte e o retorno dessas pessoas. Ele tem muita experiência com isso. Estou certa de que ele pode ajudar-nos a entender um pouco mais do que aconteceu. Não é Gerson?

— Bem, Duda, não é bem assim. Posso compartilhar com vocês minhas experiências, com certeza. Só não posso, de forma alguma, definir o que ocorreu em um caso particular, pois cada caso é um caso, e não poderá ser generalizado. Não obstante, conhecer outras situações e casos inexplicáveis, e o que estava por trás da experiência de algumas outras pessoas, pode sem dúvida ajudar vocês a investigarem e entenderem melhor o processo específico de seu pai. Você me entende, Pedro?

Pedro calou-se. Sentou-se novamente, pois já havia se colocado em pé, preparando-se para sair. Gerson lhe transmitia tremenda impressão de confiabilidade. Era um médico experiente e com um nome conhecido. Já ouvira falar dele, cirurgião especializado em operações difíceis e casos complicados. Por certo teria alguma coisa interessante a dizer. Finalmente o ambiente estava tranqüilo e preparado.

— Pois bem, fico mais um pouco, porém não posso demorar. Realmente preciso voltar a São Paulo o mais breve possível. Esse tempo todo acompanhando o pai no hospital, comparecer à delegacia para responder perguntas, tudo isso tira a gente do prumo, muda a rotina e deixa a vida bem bagunçada. A minha vida está bem confusa desde que tudo isso começou. Já não tinha tempo para nada e agora está muito mais difícil.

— Sei como é, Pedro. Especialmente uma coisa como essa que mexe tanto com a gente, não é?

O olhar de Duda como que penetrava a mente de Pedro, percebendo que vivia momentos de aflição e conflito.

— Sim. Não há dúvida de que tão ocupado como é nosso dia-a-dia em São Paulo, e acho que em qualquer lugar, tudo aquilo que não está programado nos tira do nosso ritmo, bagunça a vida.

— Mas coisas como essa que aconteceu com seu pai, afetando toda a família, também têm grande importância, têm sua função.

— Importância como? Só nos faz sofrer! – exclamou Zezito meio contrariado.

— É verdade. Tudo aquilo que nos contraria a vontade nos faz sofrer.

A resposta de Gerson desagradou a muitos presentes. Mas ele prosseguiu:

— Fazer sofrer é uma forma de nos alertar para maiores realidades da vida que estão à nossa volta, ao nosso lado, e que muitas vezes não percebemos. O sol brilha todas as manhãs. Seu calor fortalece nossos ossos. Auxilia na produção de vitaminas que beneficiam nosso organismo como um todo, enchem-nos de energia e limpam nossos centros de força. E tudo isso ocorre, todas as manhãs, sem que tomemos a menor consciência. Da mesma forma, existem fenômenos diversos que acontecem ao nosso redor e que nem de longe tomamos conhecimento.

Todos estavam em silêncio, atentos à explanação de Gerson. Perguntas e mais perguntas davam voltas na mente dos quatro irmãos, especialmente na de Pedro. Mas ninguém fazia qualquer comentário. Apenas acompanhavam atentos.

— Somos conduzidos por uma corrente de energia que gera movimento, progresso e vida dentro de nós: vida dinâmica, forte, capaz de nos fazer criar, sim, pois o homem é criador de seu universo particular, de sua realidade social e individual. Essa vida começa muito antes de nascermos. Quando fazemos uma análise mais profunda da nossa realidade, quando conseguimos ainda que num relance enxergar nossa verdadeira condição na Terra – sem ilusões, sem fantasias, sem irmos atrás de falsas promessas de felicidade e alegria, que nem hoje nem no futuro podem satisfazer nossa alma, nossa ansiedade de realizar algo maior do que nós –, percebemos então que a vida só pode ser anterior ao nosso nascimento.

Pedro não se conteve e interrompeu Gerson.

— Isso não se pode provar, Gerson. Existem muitas teses, muitos estudos sobre o assunto. Sabemos que muitas religiões e filosofias tratam do tema, sem que ninguém possa provar nada.

— Pedro, há muitas coisas que somente conseguimos compreender com o coração. Algumas verdades estão dentro da nossa alma. Podemos senti-las, mesmo que incapazes de explicá-las. E é justamente disso que estou falando. As maiores verdades que surgiram sobre a Terra foram um sentimento, uma intuição na mente de homens sensíveis que ousaram acreditar no que sentiam.

Você acha que Galilleu tinha alguma prova material de que a Terra era redonda? Ele sentia isso no mais fundo de seu coração, e foi atrás dessa intuição. Chocou sua época, foi excomungado pela religião dominante, provavelmente chamado de lunático pela família e pelos amigos. E tudo por quê? Porque ousou desafiar seu tempo, acreditando em algo que lhe era revelado no mais íntimo de seu coração. E esse é apenas um caso, entre muitos outros. Hoje sabemos que ele estava certo e que esse conhecimento era de fato muito simples de ser adquirido, desde que houvessem os instrumentos certos, que lhe faltavam naquela época.

Da mesma forma acontece hoje com outros tantos conhecimentos que nos faltam. Muitos ainda não podem ser provados, porém algumas pessoas já podem senti-los dentro de seus corações. E esses que já podem sentir, muitas vezes não entendem bem o que sentem. Embora saibam que há algo mais além, muitas vezes têm até medo de perguntar, de expressar.

Antônio interveio:

— Por outro lado, Gerson, existem tantas filosofias que falam sobre conhecimentos ocultos, sobre energias, sobre essa coisa toda, e que muitas vezes, não sei por que, me parecem mais misticismo do que conhecimento.

— Você tocou em um ponto muito interessante, Antônio. Existem muitas informações dispersas, espalhadas de modo superficial, que mais confundem as pessoas que, contentando-se em explorar novas informações sem aprofundar-se em nenhuma delas, buscam saciar sua sede de respostas aceitando sem maiores estudos aquelas que momentaneamente as satisfazem. Sentem-se compelidas a procurar o novo, mas ao mesmo tempo têm medo de ir fundo e descobrir que precisam mudar mais em suas vidas do que realmente desejariam.

Ninguém gosta de mudar, não é mesmo? Apegamo-nos firmemente àquilo que conhecemos, que nos traz segurança. O desconhecido nos fascina e nos apavora. Quando deparamos com a necessidade de nos comprometermos com a nossa mudança, com a nossa transformação, tudo se complica. A criatura começa a ver empecilhos e dificuldades em continuar o processo da autodescoberta, do encontro consigo própria, e em admitir que precisa tomar atitudes para consigo e com o que a cerca.

A consciência, amigos, é uma luz que uma vez acesa ilumina nosso interior, nossa mente, e não mais nos permite dizer que não sabíamos, que não compreendemos. Assim, muitos preferem apagar a luz que se acende dentro deles, achando-a incômoda e constrangedora. E continuam mentindo para si mesmos, fingindo buscar luz onde sabem que não poderão encontrá-la. Quando deparam outra vez com a necessidade do compromisso, da mudança interior, ou da responsabilidade com a vida e com o próximo, fogem à procura de alguma coisa que exija menos delas.

Estamos todos sempre tão ocupados... Nunca temos tempo para dedicar às nossas almas, ao nosso interior, a tudo aquilo que grita dentro de nós por atenção e por cuidados. E que é nossa alma eterna, reclamando evolução!

Pedro estava confuso. O que Gerson falava fazia profundo sentido para ele. Era como se já tivesse ouvido tudo aquilo. Parecia até que tinha vivido aquela cena antes. Tudo lhe era familiar: as pessoas sentadas naquela sala, seus irmãos ali presentes, Duda e Luís e inclusive Gerson. Dulce aproximou-se do filho carinhosamente, envolvendo sua cabeça, como se o colocasse no colo. Acariciou seus cabelos e falou suavemente:

— Você reconhece mesmo tudo isso, Pedro. São verdades nitidamente grafadas no seu coração. Você já as viu antes. Procure dentro de você. Elas estão lá.

Crescia em Pedro a sensação de que conhecia tudo aquilo em detalhes. Gerson prosseguiu:

— Se procurarmos dentro de nós, não teremos dúvidas. Nós já existíamos antes de nascermos de nossos pais. E o mais lindo é que continuaremos a existir depois de nossa morte física, pois a morte não existe, é só uma ilusão. É mais uma das ilusões que aprendemos durante nossa vida.

— Como ilusão, Gerson? A morte é a maior de nossas realidades. Muitos dizem que há mais realidade na morte do que no nascimento! – dessa vez foi Lucas que externou seu espanto.

— Mas é uma ilusão, ao menos da forma como a encaramos. Na verdade, a vida continua, pois nossa alma é imortal. Ela apenas inicia uma nova vida, uma nova jornada, após deixarmos nosso corpo aqui na Terra. É nesse sentido que digo que a morte é uma ilusão, pois continuamos vivos, com nossa personalidade e tudo que somos, depois que nos desligamos de nosso corpo físico.

— Como assim, com nossa personalidade e tudo que somos? Tudo me parece tão nebuloso e distante quando se trata desses assuntos! Ninguém gosta de falar sobre isso. Todos querem pensar que nunca irão morrer! – afirmou Antônio, que não se continha de curiosidade e interesse pelo assunto que discutiam naquela tarde.

— É isso que quero dizer com ilusão. Iludimo-nos com relação a muitas coisas em nossas vidas. Colocamos nossa felicidade em coisas que jamais serão perenes, duradouras, e quando a realidade se descortina diante de nós, quando os fatos reais e normais da vida nos alcançam, sentimo-nos traídos e enganados. Todavia, somos nós próprios que nos enganamos.

— Você quer dizer que mentimos para nós mesmos?

— Sim, mentimos para nós, iludimo-nos quando não queremos ver; quando sentimos impulsos que nos levariam a descobrir importantes fatos sobre nós, sobre a vida, e buscamos abafá-los com nosso trabalho, nossos estudos, nossos relacionamentos. Distraímo-nos com tudo fora de nós, para não enxergarmos as nossas realidades e necessidades interiores que gritam desesperadamente, querendo nos mostrar o que nos falta, o que precisamos ver.

— E quando morremos, continuamos vivendo?

— Sim. É uma nova fase, uma vida diferente, que requer

uma série de adaptações, de novos conhecimentos... mas é a vida que continua.

— E Gerson tem autoridade para falar sobre isso, porque viveu algumas experiências muito interessantes nesse sentido. Não é, Gerson?

— Sim, Duda. Não pensem que comigo foi diferente. O que acabei de dizer vem da experiência, pois era exatamente assim que eu agia. E foi exatamente uma experiência dessas que me fez acordar para a verdade. Foi a primeira vez que vivi uma coisa parecida. Minha esposa, que então era minha noiva, sofreu um sério acidente de carro. Estava dirigindo sozinha, à noite. Não viu a sinalização e acabou do outro lado da estrada, colidindo de frente com outro carro. Foi levada para o hospital, em São Paulo onde tinham todos os recursos.

Eu era residente na época, estava no final do curso, preparando-me para assumir definitivamente meu posto. Tinha um forte desejo de acertar. Estudava muito. Era profundamente racional. Queria também ajudar as pessoas, e foi esse desejo que me levou a escolher a medicina como profissão. Porém, à medida que estudava crescia minha ansiedade, ao perceber que a ciência que eu aprendia era incapaz de resolver a maioria dos problemas. E isso me frustrava.

Nada foi mais frustrante do que a experiência com minha noiva. Ela foi levada à UTI em estado grave e logo depois entrou em coma profundo. Estava vivendo ligada aos aparelhos. O hospital dispunha de recursos muito modernos e ela estava recebendo todo o apoio de que necessitava. No entanto, seu estado era crítico, para lá de crítico: estava totalmente dependente dos aparelhos. Se fossem desligados, ela morreria. Eu, como médico, sabia bem o que aquilo significava. Não havia esperanças. Tinha estudado uma infinidade de casos como aquele, era apenas uma questão de tempo. Fiquei desesperado. Amava muito minha noiva e pretendíamos nos casar no ano seguinte. Estava desnorteado. Procurei meus professores, aqueles em quem mais confiava, e lhes contei o caso. Muitos vieram vê-la na tentativa de encontrar uma saída. E a cada visita eu desanimava mais. O diagnóstico era sempre igual: ela não tinha nenhuma chance. Seu caso era sem esperança.

Fui incansável na tentativa de encontrar ajuda. Viajei aos Estados Unidos em busca de alguma inovação que pudesse ajudá-la, mas sem sucesso. Seu quadro era estável: ela permanecia em coma profundo, sem alteração e sem esperança. Minha fé se foi esvanecendo. Tudo o que eu sabia, todos os conhecimentos que tinha adquirido não poderiam ajudá-la. A ciência não tinha recursos para salvá-la. Sua família já estava mais conformada, ao passo que eu não aceitava... Todas as minhas possibilidades estavam esgotadas, e ela permanecia no mesmo estado e sem esperança.

Passaram-se meses, acho que foram cinco ou seis meses. Eu já havia perdido qualquer esperança de que ela pudesse ser salva. Queria que os familiares autorizassem o desligamento dos aparelhos; comecei até a insistir nisso. Mas seus pais não queriam. Tinham esperanças de que de alguma forma ela pudesse reagir e retornar.

Uma noite, após um dia extenuante de conversas com a família, tive um sonho inesquecível. Sonhei com ela. Estava bem, muito bem. Disse que me acalmasse, porque ela iria retornar em breve. Afirmou que me amava muito. Pediu que eu não desligasse os equipamentos, pois ela precisaria do seu corpo bem cuidado quando retornasse. Acordei assustado. O sonho parecia muito real. Foi como se a tivesse visto de verdade. Durante aproximadamente uma semana tinha a lembrança do sonho e ao mesmo tempo o desejo de continuar batalhando para que os equipamentos fossem desligados. Porém mantiveme em silêncio, como que atendendo ao pedido dela.

No início da semana seguinte recebi pelo telefone uma notícia que me deixou estarrecido: os equipamentos estavam apresentando pequenas alterações; alguma coisa estava acontecendo. Permaneceram assim, meio instáveis, por alguns dias e então, como num passe de mágica, sem qualquer explicação lógica, ela retornou. Ela voltou e estava bem. Meio confusa a princípio, a primeira coisa que falou quando me viu foi sobre o sonho. Agradeceu por eu ter compreendido o que ela pedira e não ter desligado os equipamentos. Depois disse coisas desconexas, que não entendíamos bem; dizia, por exemplo, que estivera com muitas pessoas, em muitos lugares diferentes.

Passados alguns dias de repouso e recuperação ela saiu da UTI e algumas semanas depois deixou o hospital, terminando sua recuperação em casa.

Eu nunca mais fui o mesmo, nem ela. Sua experiência, nossa experiência, nos levou a despertar para a realidade de que existe vida além do corpo físico e passamos a estudar diversos casos semelhantes. Falamos com muitas pessoas que tiveram experiências parecidas com a nossa. Eram narrativas impressionantes. E fomos buscar em diversas filosofias e religiões explicações que nos alimentassem o entendimento de uma realidade incontestável como essa. Finalmente encontramos as respostas para essas e a muitas outras questões fundamentais da vida. Muitas vezes necessitamos de uma experiência, de uma dor, de um sofrimento maior para nos fazer acordar e com sinceridade buscar esclarecimentos.

Foi também assim a situação que vocês viveram. Se nada tivesse acontecido ao seu pai, não estariam aqui agora, conversando comigo. Estariam?

Os quatro irmãos se entreolharam. Provavelmente não estariam. Gerson tinha razão, aquela experiência com o pai despertara dentro deles indagações em que até então nunca se haviam detido seriamente. É claro que já se haviam perguntado sobre a vida, a morte, e tantos outros temas que de vez em quando incomodavam. Mas tão rapidamente se distraíam com os afazeres diários que afastavam da mente problemas para os quais não tinham soluções e teriam trabalho imenso em encontrá-las.

As coisas mais agradáveis, mais interessantes sempre acabavam encontrando maior atenção. Mas o que acontecera com o pai tornou-se uma prioridade. A dor e a preocupação não tinham como ser afastadas, e também voltavam os questionamentos, as dúvidas, as perguntas sem respostas.

—Você está certo, provavelmente... Não acho que estaríamos aqui – afirmou Antônio, falando pelos irmãos.

— Pois então, é isso mesmo. Precisamos de um chacoalhão para acordar: a vida nos dá o chacoalhão e acordar ou não é decisão nossa. Vocês estão aqui. Está sendo dada a vocês neste momento a oportunidade de saberem que existem respostas para as questões fundamentais da vida. Elas existem e podem trazer paz, alegria, esperança e muita força para o nosso viver. Podemos enfrentar as dificuldades com maior serenidade, aprendendo com a adversidade. Cabe a nós decidir se queremos ir em busca da compreensão maior da vida ou se preferimos continuar abafando nosso coração e nossa alma, contentando-nos com uma vida limitada, sem horizonte, cheia de ilusões...

Todos permaneceram calados. As palavras de Gerson eram por demais sérias e chamavam cada um dos quatro irmãos à reflexão. Não era mais a curiosidade de entender o que se passara com o pai que estava sendo discutida, e sim algo muito maior e mais profundo.

Antônio ficou em silêncio, pensando nas palavras de Gerson. Ele compreendia o que queriam dizer. Sentia em seu coração que caminhar apenas pela vida, sem compreender-lhe o verdadeiro significado, era muito pouco.

Pedro por fim interrompeu o silêncio:

— E o que você acha exatamente que aconteceu com meu pai, Gerson? Qual é a sua teoria?

— Exatamente não posso dizer, Pedro. Pode haver diversas explicações. Não sei ao certo. Tenho certeza de que seu pai esteve ausente com uma finalidade para ele e para vocês. Disso tenho absoluta certeza, e é o mais importante. Procurar entender sem preconceitos ou receios fará com que vocês encontrem as respostas. Não foi mero acidente ou acaso. Nem milagre, ou mais um acontecimento inexplicável. Não! Tudo que nos acontece tem um sentido, uma importância e um objetivo. Temos de compreender e aprender com os fatos, abrindo assim nosso coração e nossa mente ao amor de Deus, nosso Pai, que em tudo nos traz carinhosamente uma lição, um aprendizado, uma luz, uma nova esperança...

Permaneceram conversando ainda um pouco mais e então encerraram a reunião. Gerson ofereceu-se para esclarecer e ajudar no que eles desejassem. Duda e Luís, que haviam acompanhado a tudo com muito carinho e em silêncio, ofereceram-se também para auxiliar no que fosse necessário.

Ao acompanhá-los até a porta, quando já estavam se retirando, ela lhes disse:

— Fiquei feliz por terem vindo. Foi uma tarde muito importante. Contem comigo para o que precisarem. Iremos mais tarde ver o Jorge, estou com saudades dele... E espero que vocês encontrem as respostas...

— Você já encontrou, Duda? – perguntou Pedro com ar irônico.

— Não todas. Mas estou procurando, aberta para recebê-las.

E, fitando Pedro, Duda lhe disse em tom suave e carinhoso:

— Essa sua sensação de que já viveu tudo isso antes é um forte indício, Pedro. Sua alma conhece o que discutimos hoje aqui. Você já sabe de tudo isso.

Pedro fitou Duda assustado. Como sabia que ele havia sentido daquela maneira? Não dissera nada, nenhuma palavra sobre suas sensações. Como ela adivinhara? Por certo Duda devia ter alguma capacidade de telepatia, pensou Pedro.

— Por que disse isso, Duda? – perguntou.

— Não sei. Foi um sentimento que me veio de repente, só isso.

Os quatro irmãos saíram. Antônio, Lucas e Zezito iriam visitar o pai novamente. Pedro pretendia seguir para São Paulo. Duda lhes disse que os encontraria mais tarde.

Sentia enorme alegria, satisfação e uma paz muito suave.

Ao retornar à sala, ainda encontrou os amigos se despedindo. Agradeceu a todos o apoio que recebera para ajudar os filhos de Jorge. Lembrou-se carinhosamente da amiga que ali estivera durante toda a tarde. Duda registrou-lhe a suavidade, sem no entanto ter a certeza de que ela estivera presente. Foi Gerson que lhe confirmou ao se despedirem:

— Uma amiga que gosta muito de você esteve aqui. Acho que é a mãe dos rapazes, pois esteve próximo deles o tempo todo, especialmente de Pedro. E também de você, Duda.

— Eu bem que senti uma alegria muito intensa, como se estivesse matando a saudade de alguém que há muito não via...

— E ela também devia estar muito feliz, pois sua energia era de pura luz!

— Dulce... Que alegria saber que ela está bem!

— Bom, amiga, até a próxima. Se precisar de alguma coisa, avise.

Despediram-se carinhosamente.

Capítulo 26

A amizade de Gerson e da esposa era muito importante para Duda e Luís. Duda sempre fora uma pessoa aberta a conhecer o novo: Luís não. Sempre tivera uma revolta dentro de si que atrapalhava toda a sua vida. Ele nunca aceitava nada que acontecia, se fosse diferente do que queria ou imaginava. Muitas vezes se revoltava a ponto de beber exageradamente, criar atritos com a esposa e também com os amigos. Não procurava compreender as situações que se apresentavam diante dele. Era caprichoso. Sua vontade devia prevalecer sempre.

Duda vivia à procura de ajuda para o marido. De quando em quando desanimava. Quantas vezes pensou em deixá-lo, nem ela sabia. Chegou mesmo ao ponto de a convivência entre os dois tornar-se impossível.

Quando isso aconteceu, Duda foi para São Paulo e esteve durante algum tempo na casa dos pais. Foram meses de separação. Luís queria que ela voltasse; sentia-se pela metade na falta da esposa, porém tinha dificuldade de expressar seu sentimento. Revoltou-se a princípio, mas em algum momento percebeu que de nada adiantaria permanecer daquela forma. Poderia perder Duda para sempre.

Foi em São Paulo, em companhia de uma amiga de longa data, que Duda conheceu Gerson. Foram apresentados em uma reunião pública de estudos do Evangelho, em um núcleo espírita. Gerson estava dando uma palestra naquele dia. Ficou encantada com tudo o que ouviu. Bebia cada palavra; era como se tivesse encontrado água fresca para sua alma sedenta de respostas. Estava angustiada e perdida. Perguntava-se incessantemente o sentido de todas as coisas. Tudo estava triste ao seu redor e o mundo estava sem cor. Naquela noite uma nova luz brilhou em sua alma.

Ao final da palestra, Duda procurou Gerson para conversarem. Queria saber mais. E Gerson e a esposa ficaram longo tempo com ela naquela noite. Foram horas preciosas. Combinaram de encontrar-se novamente. Duda queria voltar e encontrar-se com Luís. Queria que ele conhecesse Gerson. Queria que ele também bebesse daquela água suave e refrescante que lhe fora oferecida.

Na manhã seguinte viajou de volta para casa. Encontrou Luís e conversaram longamente. Duda queria que ele a acompanhasse a São Paulo, a uma reunião pública como aquela de que participara. Foram, e depois assistiram a outras palestras de Gerson. Luís, embora resistente no início, foi cedendo a um novo sentimento que aos poucos envolvia seu coração. Sua alma cansada, exasperada, enfim achava respostas. Suas dúvidas, suas inconformações encontravam explicações coerentes. E Luís descansou naquele porto seguro.

Voltaram juntos para casa, renovados. Tiveram ainda muitas outras dificuldades, muitas outras discussões. Luís não mudou da noite para o dia, mas continuou buscando compreender. Estudaram juntos. Gerson passou a visitá-los de vez em quando. E finalmente implantaram aquelas reuniões de estudo para que pudessem seguir em frente na compreensão de tantas verdades que desconheciam. Queriam conhecer mais, desejavam crescer, precisavam aprender. Especialmente Luís, que nunca se convencia com facilidade. Questionava tudo sempre, até que se sentisse realmente confortável com aquilo que aprendia. Essa atitude enriquecia o aprendizado dos dois, pois Duda era muito mais coração. Aberta e preparada, aceitava com rapidez. Seu coração amoroso era mais flexível. E pacientemente, estudava e aprendia junto ao marido. Aquela amizade entre os dois casais fortalecia-se mais e mais. E Duda ficou muito satisfeita naquela tarde com a oportunidade que teve de compartilhar com os filhos de Jorge, aquelas verdades tão lindas que libertavam e esclareciam.

— Espero que eles reflitam sobre o que conversamos. Espero que reconheçam a oportunidade que tiveram nesta tarde.

— Isso é com eles, Duda. Temos de continuar a fazer nossa parte, oferecendo-lhes outras tardes como esta. A decisão será de cada um, você sabe. Tudo dependerá deles. Nada se pode fazer quanto a isso.

— Eu sei, Luís. Você também sabe bem como é isso, não é?

— E como sei, Duda! Como sei! Lutei também, você viu. Pedro me pareceu o mais resistente deles; o mais duro, o mais rebelde...

Luís lembrou-se dele próprio e das dificuldades no início de seu envolvimento com aquela nova filosofia de vida.

— É, meu querido... Ele sempre foi o mais rebelde. Lembro-me de como Dulce se preocupava com ele. Do quanto ela buscava compreendê-lo e do quanto eles eram próximos. Mas você tem razão: nada podemos fazer além de continuar pedindo a Deus por eles e tentar proporcionar outras tardes como a de hoje. E a decisão será de cada um.

— Vamos nos manter tranqüilos. Nem Deus obriga ninguém a nada, embora nos veja muitas vezes à beira de precipícios morais e busque de todas as formas nos auxiliar. Coloca avisos no nosso caminho, amigos que aparecem para nos ajudar, conselhos que vêm muitas vezes de onde menos esperamos. Ele tudo faz para nos indicar o caminho seguro. A decisão, entretanto, é sempre nossa; de cada um de nós.

— Vamos pedir muito a Jesus que eles consigam compreender tudo isso.

— Duda, vamos até o hospital?

—Vamos, Luís. Quero muito ver Jorge. Estou ansiosa para vê-lo e falar com ele.

— Eu também estou. Vamos.

Dulce, que permanecera um pouco mais naquela casa, junto aos amigos, sentiu-se profundamente alegre. Era bom saber que tinha em Duda e Luís amigos tão dedicados. Como se sentia feliz em saber do propósito daquelas duas almas de auxiliar seus filhos, seu marido... Em estar aberta a ajudar o semelhante. Que importante seriam para seus filhos aquelas atitudes de Duda e Luís!

Se lhe fosse permitido, ela estaria ali também para contribuir. Assim que os amigos saíram de casa, Dulce permaneceu ainda em prece por aquele lar, por aquela família. Ela pedia a Deus muita proteção e amparo. Emocionada, logo depois deixou a casa em direção ao hospital.

Sabia que tinha de ficar, por enquanto, ao lado de Jorge. Sua missão estava quase terminada, porém faltava ainda um pouco. Dulce sentia-se muito feliz. Sua alegria traduzia-se pelo brilho intenso que emanava de todo o seu ser. Movendo-se rapidamente ela chegou ao hospital.

Dulce aproximou-se de Jorge, que estava meditando silencioso. Percebeu-lhe os pensamentos e sentimentos e sorriu docemente. Sua ternura envolveu Jorge, que sentiu-se imediatamente mais confortável e leve.

Não demorou muito e seus filhos entraram. Era uma grande festa. Duda e Luís apareceram logo em seguida. Duda olhou o amigo entre surpresa e extasiada. Não esperava que estivesse tão bem, não após todo aquele tempo de inconsciência.

O entardecer estendeu-se suavemente sobre os amigos que não percebiam a hora passar. A noite foi chegando de mansinho. A alegria e o contentamento eram enormes. Compartilhavam tamanha alegria que era como se todos naquele quarto fossem um só sentimento. Esqueceram-se de tudo o mais: celebravam a vida, a amizade e o amor.

Para Jorge, mais do que para todos os demais, aquela era uma noite especial. Sentia-se vivo como jamais se sentira antes. Percebia uma energia poderosa e nova fluir de dentro de si. Olhava para os queridos amigos, Duda e Luís. Nunca fora muito próximo deles, íntimo. Queria-lhes muito bem. Contudo, sempre reservado, contido e controlado, não deixava que suas emoções e seus sentimentos transbordassem como naquele momento.

Sentia um forte laço unindo-o a Duda e Luís. Estranho sentimento aquele... Sentia que iria precisar muito deles. Olhava com profunda ternura para os filhos. Ternura e arrependimento misturavam-se. Ele não questionava, apenas sentia. Tinha de recuperar o tempo perdido. Sempre fora um bom pai, cumprira com suas responsabilidades; mas faltava alguma coisa que o aproximasse mais dos filhos. Agora ele estaria mais perto deles.

Notou a ausência de Pedro, porém não perguntou nada. Respeitava a atitude do filho, seu querido filho Pedro. Ele sabia que tinha um longo caminho a percorrer com ele.

Ao despedirem-se naquele noite do pai e dos amigos Duda e Luís, já tarde da noite, Antônio, Zezito e Lucas sentiam o coração leve e agradecido.

— Nossa, vocês viram que horas são? Quase nove horas ! Temos de ir, Antônio.

— É, precisamos ir! Puxa, como o tempo passou depressa!

— Pai, vamos indo. Gostaria de ficar aqui a noite inteira com você. É tão bom tê-lo de volta! Sentimos muito a sua falta. Queria ficar aqui a noite toda, mas temos de trabalhar, nossas obrigações nos chamam... Decidimos ir hoje mesmo, assim não poderemos retornar amanhã pela manhã, como havíamos combinado.

— Não tem problema. Teremos muito tempo para conversar e estar juntos. Vamos recuperar esse tempo, não se preocupem. Vão agora. Têm um bom tempo de viagem até São Paulo. Quanto mais cedo forem, melhor.

O abraço caloroso de Antônio, com lágrimas nos olhos e com a voz embargada, dizia tudo sobre o que sentia. Jorge emocionou-se ao despedir-se dos filhos. As lágrimas desciam por sua face. Pela primeira vez em tantos anos, ele deixava a emoção vir à tona e chorava. Chorava de alegria. Ao despedir-se de Duda, Jorge lhe disse:

— Obrigado, Duda. Deus abençoe você e Luís.

— Mas por que, Jorge? Não tem nada que agradecer. Obrigado por quê?

— Não sei ao certo, Duda. Sinto apenas gratidão por algo que fizeram ou farão...

— Ah, Jorge! Essa sua viagem lhe fez muito bem!

— Que viagem?

— Não sei! Esse tempo todo que você esteve ausente. Por onde andou?

— Sabe de alguma coisa que eu não sei, Duda?

— Quem sabe, Jorge? Talvez você também saiba de muitas coisas que ainda não sabemos...

— Do que você está falando, Duda? É estranho, pois sinto como se realmente tivesse feito uma viagem. Não sei explicar, é uma sensação; uma certeza que não consigo traduzir em palavras. Algumas imagens me vêem à mente: lugares, pessoas.... emoções... É estranho... Você sabe de alguma coisa que possa me explicar esses estranhos sentimentos?

Durante um breve segundo, Duda, Luís e os filhos de Jorge entreolharam-se. Eles haviam falado naquela tarde sobre algumas possibilidades de explicação daquela estranha ausência.

Indagavam-se silenciosamente se ele tivera uma experiência daquelas de que falara Gerson.

— Vamos falar sobre isso depois, Jorge. Temos, sim, algumas experiências para trocar. Vamos ter tempo para conversar, como você mesmo disse.

— É verdade, Duda. Vão em paz.

Capítulo 27

Os dias passaram depressa, enquanto Jorge readaptava seu corpo aos movimentos. Estivera por tanto tempo com os músculos paralisados que precisou de um programa intenso de fisioterapia para sua reabilitação; porém sua recuperação era muito rápida.

Já na primeira semana, ele conseguiu caminhar pelo pátio externo do hospital, com a ajuda de Duda, que o acompanhava sempre que podia. Conversavam muito sobre tudo. Foi ela que contou com todos os detalhes o que se seguiu ao seu desmaio, a forma como eles o encontraram desacordado. E ele disse a ela que não se recordava de nada, apenas que vira Dulce aproximando-se e depois não se lembrava de mais nada com nitidez. Tudo era nebuloso. Recordava somente imagens e sensações.

Junto a Duda e Luís, Jorge sentia-se confortável, aceito e compreendido. Sentia que lhes poderia contar qualquer coisa, que não estranhariam, não o achariam maluco. Sentia-se seguro. Abria assim seu coração aos amigos, e pouco a pouco estreitavam os laços que os uniam. Duda pôde então compartilhar com Jorge sua experiência, tudo o que estava aprendendo. Como estava compreendendo melhor as dificuldades pelas quais passamos e os desafios que estão sempre diante de nós, aprendendo a olhar a vida de outra forma, encontrando respostas a suas dúvidas e novos valores muito mais verdadeiros e profundos que lhe traziam paz e muita serenidade.

Ela e Luís estavam entendendo melhor os ensinos de Jesus. Liam agora o Novo Testamento, na Bíblia que Duda ganhara da mãe e guardava desde a infância, e compreendiam melhor o que Jesus estava ensinando. Abria-se diante deles um novo universo que os fazia apreender o significado mais profundo de algumas alegorias usadas por Jesus para ensinar. Como era maravilhoso absorver daquela forma os ensinamentos de Jesus, que já tinham sido tão distantes dela! Antes, lia e não entendia. Agora ela percebia o significado das parábolas. Recebia no coração o sentido de muitas das lições do Mestre. E, por ter essa compreensão, era muito maior sua vontade de seguí-las.

Luís compartilhava aqueles sentimentos. Nunca tinha sido religioso em sua vida. "Religião era uma coisa para os fracos", pensava sempre. Achava mesmo que Jesus era egoísta e autoritário querendo que todos fizessem o que ele ensinou. Como estava enganado! Como compreendia agora as doces palavras ensinadas com tanto amor, com tanta paciência, a homens e mulheres tão egoístas e tão cheios de si... E o que mais admirava era a paciência. A perseverança e a paciência com que Jesus lidava com ele e com toda a humanidade, "ainda bem, Ele nunca desistiu de nós", pensava. Se tivesse desistido, seria o seu fim e o de milhares de outras criaturas que andavam perdidas e confusas por aí.

Foram dias de longas e agradáveis conversas. Jorge foi tomando contato com todas aquelas novas informações, com os novos conhecimentos que iam clareando sua mente, colocando nova luz sobre tudo que ele havia vivido. Compreendeu que não sonhara com Dulce, ele realmente a vira. Entendeu que não há morte e que aqueles que amamos continuam vivos depois que partem da Terra, só que em outra dimensão.

Os dias passavam rapidamente. Todas as tardes Duda vinha fazer-lhe companhia e Luís vinha algumas noites. Foram tardes preciosas, muito importantes. À medida que Jorge recuperava os movimentos, fortalecendo os músculos, revigorava também seu espírito, seu coração. Alimentava-se das novas revelações que sentia serem verdadeiras. Ele nem mesmo as questionava, apenas aceitava. Ele estava pronto.

Dulce, no plano espiritual, acompanhava cada dia da recuperação do esposo.

Ao final de vinte dias, Jorge estava pronto para deixar o hospital, totalmente recuperado. Antônio, Zezito e Lucas estiveram ali todos os finais de semana junto ao pai, acompanhando sua recuperação com alegria e entusiasmo. Logo ele poderia deixar o hospital e recomeçar a vida...

Pedro não retornou uma única vez para visitar o pai, naqueles vinte dias. Recebia notícias pelos irmãos. Chegou a telefonar uma vez para conversar com o pai, mas não mais voltou. Aquela atitude não aborreceu Jorge, como normalmente acontecia. Pela primeira vez ele procurou entender. Alguma coisa incomodava o filho, algo que ele desconhecia. Porém de certo alguma coisa o incomodava. E ele decidiu que tudo faria para compreender. Tentaria entender seu filho, custasse o que custasse.

Em lugar da exasperação, da mágoa e da tristeza que sentia costumeiramente, quando o filho o tratava com desprezo, ele resolveu agir com tolerância e compreensão. Não obstante a irritação que lhe subia pelo peito, ele decidira que iria agir de modo diferente com Pedro, dali para a frente.

Um dia antes de deixar o hospital, Jorge recebeu a visita de Gerson. Duda e Luís haviam falado muito a ele sobre o amigo, seus conhecimentos e experiências. Fora Gerson quem os ajudara muito orientando-os e auxiliando-os a descobrirem um novo caminho. Jorge sentiu-se curioso e entusiasmado em conhecer Gerson. A experiência que ele vivera era sem dúvida um acontecimento que merecia atenção, fazendo Jorge abrir o coração com humildade, voltando-o com sinceridade para Deus.

Gerson e Jorge conversaram longamente. Como fosse sábado, os filhos também estavam lá e ficaram contentes de reencontrar Gerson. Este relatou suas experiências brevemente a Jorge, que pela primeira vez contou tudo de que se lembrava. Falou da visão de Dulce, de suas sensações e impressões, das imagens, distantes em sua memória e de um sentimento novo que o envolvia. Os filhos ficaram impressionados. Não sabiam daqueles detalhes... Ao final da conversa, Gerson entregou à Jorge alguns livros que escolhera cuidadosamente.

— Leia mais sobre esse assunto. Neste livro, "O que é o Espiritismo", de Allan Kardec, você poderá conhecer um pouco mais de todas as questões que falamos. Está bem resumido. Você irá certamente achar muito interessante. Depois, se você quiser ler mais, me avise ou avise a Duda, que também poderá ajudar indicando outros bons livros. E aqui está o "Evangelho Segundo o Espiritismo", que traz os ensinamentos de Jesus, tal qual estão no Novo Testamento, com comentários e explicações que esclarecem pontos que muitas vezes nos parecem obscuros. Leia-o diariamente, pois tenho certeza que lhe fará muito bem!

— Obrigado, Gerson. Acho que era disso mesmo que eu estava precisando: estudar um pouco mais; conhecer, pesquisar para entender melhor tudo sobre o que venho conversando com Duda, e hoje com você.

— Fico feliz. Sei como é. Conte comigo para o que precisar. Estarei sempre à sua disposição para conversar e esclarecer. Aqui estão meus telefones, quando você precisar, não hesite em ligar.

Já estavam se despedindo quando um enfermeiro chamou por Antônio. Ele saiu do quarto e voltou visivelmente contrariado.

— O que foi, meu filho? O que houve?

— O delegado, pai. Está aí e quer conversar com você. Disse que tem algumas perguntas a fazer.

— Mas hoje? – perguntou Duda – será que não poderia ser depois que ele deixar o hospital?

— Foi exatamente isso que perguntei, e ele respondeu que se meu pai está pronto para receber tantas visitas, então já deve estar preparado para responder as perguntas que tem a fazer-lhe...

— Deixe que ele entre, meu filho, afinal o horário de visitas está acabando. Amanhã vou embora com vocês, e estaremos juntos toda a tarde. Deixe que ele entre.

Mal haviam deixado o quarto quando Josué entrou acompanhado de outro investigador. Meio sem jeito, mas decidido, ele foi logo iniciando a conversa:

— Sinto estar vindo aqui logo hoje, que você se prepara para sair, mas esperei o mais que pude. Agora preciso dar andamento às investigações. Você sabe, Jorge, há muita pressão lá de cima, ordens superiores...

— Não se preocupe, puxe uma cadeira e sente-se. Estou muito bem e posso responder a qualquer pergunta que você queira fazer. Vamos lá.

— Tem certeza de estar mesmo bem, Jorge?

— Sem dúvida, estou muito bem. Recuperado e preparado para iniciar uma nova vida.

O delegado olhou-o um pouco pensativo e, mostrando alguma apreensão, prosseguiu:

— Então está ótimo, fico mais à vontade para dar seqüência ao meu trabalho. Para começar, Jorge, gostaria que você me contasse tudo o que aconteceu naquela noite. Tente lembrar todos os detalhes de como tudo aconteceu. Tudo o que você lembrar nos será importante...

— Embora não me recorde de tudo, Josué, vou puxar pela memória, para ver o que consigo.

Jorge fechou os olhos na tentativa de se concentrar o mais que podia, buscando na memória a seqüência de fatos que o haviam levado ao hospital. Ficou assim por alguns minutos, concentrado. Desculpou-se com o delegado, dizendo que precisava disso para tentar lembrar de tudo numa ordem cronológica, pois muitas vezes os fatos se sobrepunham em sua mente, misturados a outras imagens que ele não conseguia identificar.

— Vá com calma, não temos pressa.

Ao responder o delegado olhou de canto de olho para o

outro policial que o acompanhava, à espera de uma avaliação do colega. Este deu de ombros, como a dizer que não sabia ainda o que pensar. Alguns segundos mais de silêncio e concentração de Jorge e ele começou a falar:

— Eu estava dormindo. Tinha sono pesado, pois muitas vezes precisava de remédios para poder dormir. E era uma noite daquelas; como tivera um pesadelo logo ao deitar, resolvi tomar o remédio. Quando isso acontecia, meu sono era muito mais profundo. Não acordava com nada, nem com barulho, nem com telefone, mesmo que alguém chamasse demorava muito para despertar; meu sono ficava muito pesado. Mas... não sei como acordei de repente, como se alguém me tivesse chacoalhado. Havia muita fumaça em volta de mim, entrando pelo quarto. Tinha até dificuldade de ver. Não conseguia entender o que estava acontecendo e demorei muito para compreender que a casa, a minha casa, estava pegando fogo. Levantei-me com alguma dificuldade e tentei sair pela porta do quarto. No entanto, já havia muito fogo; não dava para sair por ali. Arranquei o lençol da cama, joguei sobre ele um jarro de água que costumo deixar na beira da cama e me enrolei nele. Fui até a janela. Estava muito quente, quebrei os vidros e pulei para fora. Quando sentado do lado de fora, olhei a casa, quase desmaiei. Estava toda ardendo em chamas. Principalmente a parte do fundo tinha muito fogo, eu podia ver as labaredas.

Saí desesperado à procura de ajuda. Como você sabe, a casa mais próxima da minha, apesar de um pouco distante, é de Duda e Luís. Corri até lá. Estavam dormindo e acordei-os gritando desesperado por ajuda. Vestiram-se e chamaram por telefone o Dr. Genésio, que tinha muitos empregados e poderiam ajudar. Voltei com Duda e Luís até o sítio.

As chamas cresceram ainda mais. Duda, Luís e eu começamos a buscar algum recurso para acalmar o fogo. Logo chegou o dr. Genésio com os empregados e então iniciamos um trabalho intenso. Jogávamos muita água, mas tudo parecia em vão. O fogo continuava cada vez mais forte. Depois de muitos esforços, minha energia foi acabando. Quanto mais lutava, mais parecia impossível salvar minha casa. Uma emoção estranha foi se apossando de mim. Pensamentos de culpa, de raiva, de mágoa foram me dominando e por fim, sem forças e prostrado, parei no meio do pátio olhando a casa incendiar-se diante de meus olhos. Na correria, todos passavam por mim sem perceber meu estado. Finalmente, Duda olhou para mim e perguntou se estava me sentindo bem. Levou-me até um lugar mais distante da casa, seguro, e pediu que eu ficasse ali, descansando. Não podia fazer mais nada. Não poderia ajudar. Ela me deu um copo de água e pediu que me acalmasse; que confiasse em Deus e me acalmasse. Convencido de que não poderia ajudar, sentei-me. Olhava a casa que desaparecia aos poucos diante de meus olhos, transformando-se em cinzas. As paredes, as janelas, tudo ardia em fogo. Quanto mais esforço faziam para apagar, mais ele parecia aumentar. O desespero tomou conta de mim. Desejei morrer, não queria mais viver. Estava perdendo minha casa, e um desânimo que eu nunca sentira antes me dominou. Não conseguia sequer mover um braço, um dedo, nada. Só tinha vontade de entregar-me àquele sentimento de dor e angústia. Foi aí que, de repente, senti um sono muito forte. Pensei que fosse o remédio que eu tomara que ainda fazia efeito. Mas notei, antes de cair em sono profundo, que já era quase dia, e estava amanhecendo. A casa já estava destruída. Pouca coisa restava, e ainda havia fogo a queimar. Então eu dormi.

Jorge olhou para o delegado um tanto receoso. Queria contar a ele que antes de adormecer, vira Dulce, andando em sua direção, porém teve medo de que os julgassem maluco ou doente e não disse mais nada.

O investigador, que viera de São Paulo auxiliar Josué nas investigações, perguntou:

— E depois o senhor não acordou mais? Ficou dormindo durante mais de um mês?

— É, foi isso mesmo. Não me lembro de mais nada.

— Uma coisa me intriga muito, Sr. Jorge. – insistiu o investigador.

— O que é?

— Como é que acordou, se estava sob o efeito de forte medicamento para dormir? Não acha isso meio estranho? O senhor próprio disse que quando tomava os remédios nada o acordava.

— É verdade, somente pela manhã o efeito passa. Às vezes, durante a noite, quando meus filhos estavam por aqui, me chamavam e eu não acordava. Foi até por isso que comecei a evitar tomar os remédios. Apenas quando não conseguia dormir por muitas noites seguidas, ou quando tinha pesadelos, achava melhor tomá-los. O médico inclusive me pediu que tomasse, nesses casos.

— Pois é. E como foi que o senhor acordou naquela noite?

— Não sei. Só sei que se não tivesse acordado estaria morto agora.

— Ainda bem que o senhor acordou. Mas que esse fato é muito estranho, é. Qual é o nome do remédio que o senhor disse que tomou naquela noite?

— Nunca me lembro do nome de cor. Tenho de perguntar ao médico.

— É o Dr. Marcos que cuida do senhor? Que receitou o remédio?

— É ele, sim.

— Pode deixar que vou conversar com ele. Estou muito curioso para saber qual é a explicação, qual a opinião dele.

Josué acompanhava atentamente ao diálogo entre Jorge e Leonel – o investigador recém-chegado de São Paulo. Leonel fora designado pelo promotor de justiça que acompanhava o caso de perto e queria que as investigações fossem rápidas e precisas.

— Gostaria de saber também. Contudo, creio que uma força maior me tirou da cama naquela noite, uma força sobrenatural que não podemos explicar.

— Jorge – interveio Josué – entendo que esteve sob forte pressão emocional, mas cuidado para não acreditar em qualquer coisa agora, por causa disso.

Jorge olhou os dois firmemente e ficou feliz por não ter contado a visão que tivera de Dulce. Por certo eles achariam que de duas uma: ou ele estava maluco ou estava mentindo. E Jorge não queria que eles pensassem nem uma coisa nem outra. Ficou calado por alguns instantes sem responder nada aos dois, que igualmente o observavam com firmeza. Foi Josué quem quebrou o silêncio:

— Tenho mais uma coisa a lhe dizer. E não é nada agradável.

— Pode falar, Josué. Sei que estou preparado.

— Espero que esteja mesmo. O processo que envolveu a morte de sua esposa poderá ser reaberto. A procuradoria está alegando que tem provas novas, novos indícios que ligam esse incêndio ao que aconteceu dez anos atrás. Afirmei que o outro processo foi concluído satisfatoriamente, ainda assim, o promotor determinou que enviássemos todos os relatórios do inquérito anterior para avaliação.

Jorge suspirou profundamente e perguntou:

— Por que o Messias quer analisar tudo de novo? Ele não acompanhou de perto o outro processo? Não foi ele próprio que decidiu pelo encerramento do inquérito?

— Dessa vez o promotor não é o Messias, Jorge.

— Não? Quem é então? – insistiu Jorge surpreso.

— É um promotor de São Paulo, que não conheço.

— Um promotor de São Paulo? Mas por quê?

Josué olhou para Leonel aguardando que desse alguma explicação para que ele também entendesse o que se passava, mas Leonel se manteve calado, se fazendo de distraído. O que Josué poderia dizer? Ele também estava intrigado com o andamento das investigações, contudo pela experiência que possuía, achou melhor não fazer muitas perguntas e aguardar o desenrolar dos fatos.

— Não sei, Jorge, vamos aguardar que as coisas se esclareçam.

Jorge ficou visivelmente entristecido pois sabia que teria de reviver tudo outra vez. Mas logo serenou seu coração. Procurou pensar no que representavam para sua vida aqueles acontecimentos. Confiava que a mesma força que o acordara naquela noite, impedindo sua morte, estaria ajudando-o outra vez. E por fim falou:

— Que seja, delegado. Como quiserem. Vou confiar em Deus e seguir em frente.

Melhor assim, pensou Josué, pois pressentia que não seria fácil o que viria pela frente. Não disse palavra alguma. Despediram-se. Leonel informou Jorge que voltaria a procurá-lo, pois tinha diversas dúvidas que teria que esclarecer. Ao despedir de Josué, Jorge olhou-o profundamente nos olhos e disse:

— Não fique preocupado, Josué. O que tiver de ser, será.

— Até logo, Jorge. Nos veremos.

Jorge ficou pensando e repensando as palavras de Josué, especialmente sobre a possibilidade de reabertura do inquérito do primeiro incêndio. E como que tentando acalmar-se, assistido por Dulce que tudo acompanhara, disse a si mesmo:

— Deus está comigo. Eu confio Nele. Ele me dará toda a força que for necessária!

Dulce observou-o entre meiga e apreensiva. Acariciou sua cabeça e transmitiu-lhe amor, paz e equilíbrio. Viam-se luzes azuis e rosadas que saíam de sua mão e envolviam a mente de Jorge e também todo o seu corpo. À medida que aquela luz aumentava, Jorge sentia-se mais forte e seguro, firme em seus propósitos. A luz expandia-se e Dulce sorria feliz por ver o companheiro fortalecido.

Capítulo 28

No dia seguinte Jorge deixava o hospital em companhia de Antônio, Lucas, Zezito, Duda e Luís. Todos fizeram questão absoluta de ir buscá-lo. Estavam muito felizes. Antônio havia desejado tão ansiosamente aquele momento! Temera pela vida do pai, apesar de confiante, em alguns momentos tivera medo, especialmente quando não podiam compreender a razão, a causa daquele sono estranho e inexplicável. Muitas vezes achavam até que os médicos ocultavam informações.

Era sem dúvida um domingo muito especial!

— Duda, fico muito grato por vocês me receberem em sua casa. Mas não quero atrapalhar vocês, incomodar, você sabe...

— Jorge, nem pense mais nisso. Já conversamos. Você é bem-vindo em nossa casa. Temos espaço de sobra e gostamos muito, sempre recebemos amigos – reforçou Duda, procurando deixar o amigo o mais confortável possível.

— Não se preocupe, Jorge, você é muito bem-vindo – Luís também queria que Jorge se sentisse em sua própria casa.

— É, pai, acho que vai ser ótimo para você. E o sítio de Duda e Luís é um lugar muito agradável. Lembra que a mãe passava horas por lá, com a Duda? Ela gostava demais, principalmente daquele cantinho perto do rio. Era seu predileto.

— É verdade, filho. Lembro-me de encontrá-la muitas vezes ali sentada, meditando.

— Ela escapava sempre que podia e ia até lá. Quase sempre sozinha. Adorava ficar lá meditando, pensando. Era mesmo seu local predileto.

— Então, pai, vai ser muito bom para você. Não há como ficar no sítio Esperança. Precisamos primeiro conversar e decidir o que fazer, como vamos reconstruir a casa e tudo o mais. Você precisa resolver se quer continuar aqui sozinho. Afinal, talvez esteja na hora de morar conosco em São Paulo.

— De forma alguma, Zezito. Sei que estão preocupados comigo, aqui sozinho, mas morar em São Paulo, nem pensar! Gosto de viver aqui, minha vida está aqui; não quero ir para outro lugar. Continuarei bem, morando só. E depois, não estou realmente sozinho. Com amigos como Duda e Luís, que se tornaram uma família para mim, nunca vou estar sozinho. Sinto-me com minha família quando estou ao seu lado.

— Que bom, Jorge. Nós também sentimos que você é parte de nossa família. Duda ainda comentou isso recentemente: como nossa família vai crescendo aos poucos, ela se amplia à medida que vamos encontrando na vida pessoas com tanta afinidade de alma conosco, como é o seu caso. E de igual modo nos sentimos com Gerson e sua esposa. É como se fôssemos parentes próximos a se reencontrarem após uma longa viagem.

— Sei bem do que você está falando, Luís. É muito estranho e ao mesmo tempo muito bom.

— De qualquer forma, pai, teremos de conversar para decidir o que iremos fazer com o sítio.

— Conversaremos sobre isso nas próximas semanas, Lucas. Vamos deixar o pai se instalar na casa da Duda e depois tentar organizar uma reunião com todo mundo o mais breve possível.

— Ótimo, é isso.

Jorge estava feliz com os filhos à sua volta, e satisfeito com amigos maravilhosos como Duda e Luís. Sentia-se em uma nova vida. Havia uma alegria diferente em seu íntimo. A certeza de estar sempre apoiado, amparado, lhe dava muita força. E agora estava mais feliz com todos os conhecimentos que estava adquirindo. Encontrava pouco a pouco respostas a seus anseios. Tivera uma experiência especial e valorizava tudo o que estava vivendo. Sabia que nada era por acaso. Sentia-se uma pouco triste por não poder retornar imediatamente à sua casa, ao sítio Esperança; sabia, porém, que mais algum tempo em companhia de Duda e Luís seria muito bom para ele. Tinha algumas dúvidas e questões que queria entender melhor e seus amigos iriam ajudá-lo.

— Bom, Jorge, entre e se instale. Você está em sua casa. Venham até aqui.

Duda abriu a porta do quarto que preparara para Jorge. Estava lindo, com flores brancas na cômoda e cortinas novas na janela. Preparara tudo para a chegada do amigo.

— Duda, que maravilha! Este quarto está muito aconchegante. Vocês dois não deviam ter se preocupado tanto... Vai ser somente por um tempo. Que trabalho estou dando a vocês...

— Jorge, se disser isso novamente vou começar a ficar chateada de fato! Não é trabalho algum, estamos fazendo isso com muito carinho, de coração. Se você não se sentir bem e confortável, aí sim, iremos ficar aborrecidos.

— Está certo. Me sinto tão bem...

— É isso que desejamos, Jorge. Que você se sinta bem e feliz.

Jorge abraçou carinhosamente os amigos antes de entrar no quarto.

Após deixarem o pai bem instalado em companhia de Duda e Luís, Antônio, Zezito e Lucas retornaram a São Paulo.

Embora mais aliviado, Antônio sentia-se incomodado. Não conseguia entender por que o irmão se negava a visitar o pai. Parecia que Pedro se distanciava cada vez mais da família. No princípio ainda ligou algumas vezes para o hospital; ultimamente, nem isso. Perguntava de quando em quando pelo pai, mas naquele tempo todo nunca voltara para visitá-lo. Pelo contrário, parecia que quanto mais o pai melhorava, mais ele se irritava. Antônio lutava para compreender. Ele vinha participando de um grupo de estudos, procurando entender tudo o que ouvia. Às vezes tudo ficava claro em sua mente, em outras ocasiões sentia-se confuso. Porém perseverava. Sabia que o conforto e o bem-estar que sentira com Gerson no seu primeiro encontro eram uma novidade para ele. Aqueles amigos tinham algo diferente que ele não sabia definir o que era, mas estava certo de que era muito bom estar com eles.

No entanto, a crescente agressividade de Pedro para com o pai, seu desinteresse e mesmo sua hostilidade o estavam preocupando muito. O pai também o intrigava, pelo comportamento mudado com relação a Pedro. Sempre perguntava dele quando chegavam, querendo saber se estava bem. Sempre lhe mandava carinhoso abraço, sem nada cobrar. Nunca fazia nenhum comentário culpando ou exigindo a presença do filho e era sempre carinhoso e terno ao falar de Pedro. Era real a mudança, pois nunca haviam se entendido. Pouco se falavam. Sempre houvera uma hostilidade forte entre os dois, sem qualquer motivo aparente, e Pedro sempre fora muito ligado a mãe.

E a mente de Antônio perdia-se, distante. Ele se lembrava bem claramente do que a mãe contava de Pedro quando pequeno. Sempre junto dela, desde bebê ele chorava muito quando o pai o pegava no colo. Muitas vezes estava calmo no berço; mas era só o pai pegá-lo no colo e ele chorava desesperadamente. O pai ficava irritado com aquilo.

Achava que o menino não gostava dele. Pedro crescera assim, longe do pai e por mais que Jorge se esforçasse em aproximar-se dele, estava sempre arredio, fugindo, criando problemas para o pai.

Quando adolescente, as coisas se agravaram ainda mais. Eles começaram a ter discussões mais sérias. Dulce intervinha e tentava acalmar um e outro. Em geral, conseguia mantê-los calmos e procurava de todo modo aproximar Pedro do pai. Em conversas à sós com o filho, sempre falava de tudo que o pai fizera por eles, de seu esforço e de seu carinho com toda a família. Seu amor pelo marido era tão intenso e tão bonito que acabava abrandando a irritação do filho. E ela era também capaz de acalmar Jorge e colocá-lo mais próximo do filho. Com os outros era diferente: Jorge se entendia bem com os demais filhos. O problema era Pedro. Jorge estava sempre irritado com ele e Antônio o ouvira perguntar algumas vezes: por que tinha de ser tão diferente dos irmãos?

Quando a mãe morreu, a convivência ficou muito difícil e Pedro deixou o sítio logo em seguida. Acusava o pai de ser culpado do que acontecera. Foi implacável em auxiliar o delegado em tudo o que pôde, sempre tentando encontrar evidências de que o pai tinha alguma culpa, alguma responsabilidade direta ou indireta no que ocorrera naquela noite.

A situação tornou-se insustentável e Pedro teve de ir embora. Pedro e o pai ficaram alguns anos sem se falar. Jorge sentia-se amargurado e infeliz. Perdera a esposa que tanto amava e também seu filho, Pedro. Por mais que discutissem, que não se entendessem, Jorge sentia que precisava ajudar, proteger, fazer algo pelo filho. Mas não sabia o que era. Sentia-se atraído por aquele filho ingrato e agressivo.

Tanto esforço Antônio, Zezito e Lucas fizeram em tentar aproximar os dois, que finalmente conseguiram que eles voltassem a se falar. Já era alguma coisa. Não obstante, o relacionamento entre eles manteve-se distante e difícil, sempre permeado por agressão e amargura. Todos sofriam; inclusive Pedro. Antônio podia sentir o conflito no coração do irmão.

Com todos esses pensamentos e receios povoando sua mente, Antônio seguiu para São Paulo. Ele pensava em como ajudar, como resolver o problema, como aproximar o pai e o irmão. Não achava a resposta, e temia que alguma coisa agravasse ainda mais a distância que os separava.

Capítulo 29

Os dias que se seguiram foram de alegria e serenidade para Jorge. Nunca tivera tanta alegria em sua vida como naqueles suaves dias em companhia de Duda e Luís. A forte amizade surgida entre eles se fortalecia mais e mais. Em longas caminhadas pelo sítio, Jorge conversava com Duda e Luís e esclarecia suas dúvidas. Leu avidamente os livros que Gerson lhe emprestara. À medida que lia, compreendia tudo com muita facilidade. Pediu outros livros e Duda os ia entregando. Jorge lia muito. Sentia-se às vezes estranho, como se reencontrasse aqueles conhecimentos.

Numa daquelas tardes acolhedoras à beira do rio, no lugar predileto em que Dulce costumava ficar horas a pensar, Jorge compartilhou esses sentimentos com Duda:

— Sabe, Duda, nunca estive tão feliz antes. Apesar das dificuldades, de ter perdido minha casa, da saudade que sinto de Dulce e da dor que me causa a distância de Pedro, sinto uma força dentro de mim que me consola e alegra. À medida que estudo, que leio esses livros e que converso com você e Luís, vou descobrindo essas verdades que me fortalecem a alma, me estimulam e me confortam.

Tenho feito a leitura do Evangelho e as orações diárias, como vocês me sugeriram. Tem sido uma experiência muito boa. Sempre me sinto calmo e sereno após esses momentos de oração. Sei que não estou sozinho nessas horas. Sinto uma força, uma presença espiritual que me envolve e me ilumina, exatamente como leio nos livros. Mas o mais interessante, Duda, é que sinto como se já conhecesse tudo isso. Todas essas verdades... É como se fosse à medida que leio, me lembrando das coisas, de um jeito diferente; vou sentindo tudo, como se lembrasse...

— Com certeza você já conhece tudo mesmo, Jorge. Deve ter estudado tudo isso antes. Está apenas relembrando agora, para que possa utilizar. Com a sua perseverança, a sua vontade, e principalmente a sua atitude de aceitação ao que lhe aconteceu, você está abrindo as portas de seu coração e a luz do conhecimento está iluminando o que você já trazia consigo de outras vidas, de sua experiência também pela passagem na pátria espiritual. Isso aos poucos está fortalecendo dentro de você tudo que já aprendeu, para que possa usar no momento oportuno. E muito já está usando.

— É, você tem razão. Quanto mais deixo os sentimentos de amor e serenidade brotarem do meu coração, quando ponho de lado a mágoa e o ressentimento que às vezes querem crescer em mim em relação a Pedro, e procuro aceitar, compreender e perdoar meu filho, mais sinto serenidade e vontade de continuar a ler e a aprender. Sou muito grato a você e ao Luís. Vocês me ajudaram muito. E sou muito grato também por toda a ajuda espiritual que venho recebendo. Sinto que tenho sido muito ajudado. Gostaria de saber quem está ao meu lado me auxiliando e me fortalecendo tanto...

Jorge ficou pensativo por alguns instantes. Ele tinha uma intuição de que estava em companhia de Dulce, e ao mesmo tempo não queria acreditar nas coisas somente porque ele gostaria que fossem assim. Não disse nada a Duda e permaneceu em silêncio.

— Jorge, não se preocupe. Se for necessário e importante para você que saiba quem o está auxiliando, você saberá; mas lembre-se, temos sempre muitos amigos espirituais que nos auxiliam e nos acolhem. Muitos estão conosco por um período determinado, com uma finalidade específica, e terminado o trabalho seguem para outras tarefas. Contudo, nós nunca estamos sós. Sempre temos apoio e ajuda quando buscamos sinceramente em Jesus e em Deus, nosso Pai, o amparo de que precisamos. Eles nos enviam seus mensageiros. E temos de estar abertos a receber a orientação que nos trazem, as respostas que oferecem às nossas súplicas.

— Percebo, sinto que nunca estamos sós. Mas por que tantas vezes nos parece tão difícil perceber isso? Por que estive tanto tempo procurando auxílio e nada consegui aprender? Eram verdades como essas com que estou em contato agora, e nada me disseram em outros momentos. Por quê?

— Muitas vezes queremos que as coisas aconteçam como imaginamos. Se são diferentes, se contrariam nossa vontade, ao invés de tentarmos compreendê-las nos revoltamos, nos desesperamos, e enraivecidos nos voltamos contra o Pai, achando que ele não nos ama, que ele nos esqueceu. Precisamos aceitar que acima de tudo, Deus nos ama e quer sempre o nosso bem. Ainda quando coisas ruins nos acontecem, ali está nosso Pai tentando nos ensinar algo, nos ajudando a passar por aquele momento, nos oferecendo forças, pois muitas vezes fomos nós próprios que plantamos aquele sofrimento com nossos atos nesta vida, ou colhemos o resultado de algum mal que causamos em outra vida, e agora precisamos consertar, pagar nosso débito, acertar nossas contas com aqueles a quem prejudicamos.

— Sinto isso, Duda, em relação a Pedro. Compreendo agora que se ele não gosta de mim, se tem raiva de mim, uma razão deve existir. Estou percebendo que posso até mesmo ter alguma responsabilidade, alguma culpa. Pode ser que de alguma forma eu tenha lhe causado algum mal e agora sofro com sua mágoa. O mais estranho é que percebo que sempre senti como se tivesse uma dívida com meu filho. Uma culpa indefinida sempre esteve presente dentro de mim. Em relação a Dulce também sentia isso. Por mais que tentasse fazê-la feliz, por mais que me esforçasse, sentia que lhe devia algo.

Entretanto, quando a via com Pedro, tão próximos, tão alegres juntos, eu me sentia traído. Era muito difícil. Ao mesmo tempo em que me sentia atraído para ele e de algum modo seu devedor, sentia-me ofendido e magoado com suas atitudes de desprezo e rancor. Pensava: "Que fiz a ele? Sempre fui um bom pai para todos eles. Tenho mais três filhos que me amam e respeitam. Sempre tratei todos igualmente. Que fiz a Pedro para me odiar? Por que ele não gosta de mim?".

— Você devia se sentir injustiçado, não?

— É verdade. Muito injustiçado. Como ele podia ser tão ingrato? Sempre pensei assim. Essa mágoa estava crescendo mais e mais. E depois que Dulce morreu e ele começou a culpar-me pelo acontecido, abriu-se um abismo intransponível entre nós.

Porém, depois de tudo o que me aconteceu, depois desse tempo no hospital e de tudo que tenho aprendido, começo a sentir de modo diferente. Sinto que tenho de consertar as coisas com meu filho. Eu quero consertar, seja lá o que foi que houve entre nós, quero consertar... Não sei como fazer, não sei nem mesmo por onde começar...

— É muito bom que você tenha descoberto isso, Jorge. Há tantas pessoas que caminham pela vida, sofrem como vocês vêm sofrendo, e não conseguem alcançar a compreensão de que tudo o que temos na vida é fruto de nossas ações na presente existência ou reflexo do que fizemos em outras existências, em outras vidas que vivemos no passado. Você já compreendeu, e sei que isso o está ajudando demais a superar suas dificuldades...

— Sei que um dia vou resolver meus problemas com Pedro e vamos nos entender novamente. Pelo menos esse é o meu maior desejo.

Duda abraçou carinhosamente Jorge, que agora chorava. Pesadas lágrimas corriam pela sua face. Sentia-se responsável de alguma forma pela distância entre ele e o filho. A emoção envolveu os dois naquela hora e Duda chorou junto com o amigo, rogando silenciosamente a Deus que o auxiliasse e lhe desse forças e perseverança. Foram então envolvidos numa vibração suave e leve que fez seus corações amparados e confortados. Era Dulce, que emanava amor e luz sobre os dois amigos. Ela continuava presente acompanhando aqueles momentos pelos quais Jorge passava. Ele precisava estar cada vez mais fortalecido; precisava estar preparado para o que teria de enfrentar.

Ao deitar-se aquela noite, ainda embalado pela forte emoção daquela tarde, Jorge dormiu serenamente. E, enquanto dormia, seu espírito entrou em contato com Dulce. Encontravam-se várias noites para conversar e naquela noite, ele pediu que ela o levasse até o filho.

— Sei que você se sente mais forte e preparado, Jorge. Quer mesmo encontrar-se com Pedro?

— Preciso tentar, Dulce. Quero reconstruir minha vida com Pedro. Quero encontrar-me com ele, se for possível.

— Vamos até lá, Jorge, porém esteja preparado. A recepção poderá não ser muito favorável... Você se lembra, não é?

— Muito vagamente. Lembro que ele me odeia, que o prejudiquei demais, que lhe feri a alma profundamente... Causei a morte da mulher que ele amava, não é?

— É isso mesmo, Jorge. Será bem difícil para ele... Lembra-se da última vez em que se encontraram, antes que ele partisse?

— Sim. Vivamente. Ele disse que nunca me perdoaria pelo que lhe causei. Nunca. Mas... Se a própria Julia me perdoou... Mesmo sabendo que será difícil, tenho de tentar...

— Pois bem, Jorge, meu querido Jorge. Estarei junto de você todo o tempo. Saiba, no entanto, que não será nada fácil. Se você sente sua mágoa, sua dor, sua indiferença e sua agressividade materialmente, não pode ainda imaginar quanta dor Pedro guarda em seu espírito ferido e dilacerado. Temos tentado de tudo para suavizar seu sofrimento, e tem sido muito difícil. Ele relutou muito antes de reencarnar. Foi preciso muito trabalho de nossa equipe para que ele cedesse e aceitasse conviver com você. E agora está lutando muito com o passado que aparece em seus sonhos, seus pesadelos...

— Sei que sou o causador de todo o seu sofrimento. Desejo reparar meus erros, consertar minhas falhas, mas sinto que é tão difícil, Dulce... O que fazer?

— Não desanime, Jorge. É difícil mesmo. Por isso somos constantemente orientados e tão incitados pela nossa própria consciência a aproveitar de maneira sábia a estada na Terra. Cada dia, cada hora são oportunidades ricas de construirmos, de nos melhorarmos, de escolhermos os caminhos que nos elevam e nos aproximam do Criador... O caminho do amor e da humildade que nos ensinou Jesus, nosso Mestre. A escolha é sempre nossa. E muitas vezes o orgulho e o egoísmo nos levam a caminhos dos quais iremos nos arrepender depois... Se todos pudessem antever as conseqüências de seus atos, na vida presente e na vida futura, teriam mais cuidado e humildade em suas decisões... Trabalhamos intensamente para que a humanidade entenda a responsabilidade que tem sobre seus atos, presentes e futuros...

— Essa consciência poderia mudar a humanidade...

— Essa consciência irá, um dia, mudar a humanidade, Jorge. Haverá um dia em que os homens entenderão as leis de Deus e as terão dentro de seus corações. O amor será o sentimento que dominará todos os corações e a fraternidade estará presente em toda a Terra. Não haverá mais fome, nem pobreza. Todos terão o necessário para seu desenvolvimento pessoal e todos se auxiliarão. Entenderemos que somos irmãos uns dos outros. Respeitaremos nosso planeta e viveremos nele em harmonia. A morte não assustará mais, pois nossa consciência será muito mais lúcida, e saberemos que a morte não existe. A dor estará quase extirpada do planeta. Continuaremos nossa caminhada de ascensão ao Criador, e estaremos mais próximos de Jesus, que será reconhecido como o Chefe Maior de toda a Humanidade. Todos os homens o seguirão. Não haverá mais guerras. A paz reinará sobre toda a Terra...

Dulce não podia conter a emoção. Ansiava por esse dia. Desejava contribuir para que a Humanidade chegasse o mais depressa possível ao momento em que o sofrimento estivesse abrandado no planeta.

Jorge fixava nela o olhar entre encantado, enternecido e emocionado. Chorava junto com a companheira. Não compreendia muito bem tudo que ela dizia. No entanto, sabia que aquele sonho também era dele. Permaneceu sem dizer uma palavra. Depois de longo silêncio, em que Dulce serenava seu espírito, ela olhou-o e disse:

— Enquanto esse dia não chega, temos muito trabalho a realizar. Começaremos por refazer nossos caminhos, tirando de dentro de nós a mágoa e o ódio. Esse é o primeiro passo. É assim que essa revolução silenciosa irá acontecer: dentro de cada ser; dentro de cada coração.

— Eu quero contribuir, fazer minha parte. Acho que é por isso que sinto esse impulso de encontrar-me com Pedro, de tentar refazer nossos caminhos, de buscar seu perdão. Tenho de tentar.

— Vamos, Jorge, segure minha mão. Dentro de instantes estaremos na casa de Pedro.

Mal Dulce terminava a frase e já estavam em frente à porta fechada do quarto de Pedro. Entraram silenciosamente. Pedro dormia e seu corpo espiritual estava deslocado ligeiramente acima do corpo físico em repouso. Pedro estava tendo um pesadelo, um dos muitos que costumava ter. Assim que Jorge e Dulce entraram no quarto, Pedro sentiu-lhes a presença; seu corpo espiritual deu um salto e se pôs de pé ao lado da cama.

— O que é que você faz aqui? Quem lhe deu permissão para entrar em meu quarto? Já lhe disse que não quero mais vê-lo, não disse? Odeio você, será que ainda não entendeu?

— Vim para...

— Cale sua boca! Você não tem nada a fazer aqui. Me deixe em paz! Será que já não me magoou o bastante? Que quer mais? Não suporto sua presença. Foi um erro aceitar reencarnar em sua família. Não devia. Devia mesmo é ter ficado do outro lado, junto a tantos outros que o odeiam e querem vê-lo sofrer; isso sim é que deveria ter feito. Por isso fico muito satisfeito vendo você sofrer. Não queria que a mãe tivesse morrido daquele jeito. Não entendo mesmo como alguém igual a ela pode ter sofrido tanto, internada todo aquele tempo no hospital, quase irreconhecível. Saber do seu sofrimento me deixa satisfeito. Você tem de sofrer mesmo. Não há uma noite em que eu não sonhe, em que não tenha pesadelos. Vejo todas as noites uma pequena casa se queimando diante dos meus olhos. Ouço as vozes... É um desespero...

Pedro se pôs a chorar. Até aquele momento ele não registrava a presença de Dulce, que, muito mais sutil e elevada que Jorge, estava imperceptível à visão espiritual de Pedro.

— Meu filho, deixe-me falar, ainda que por um instante... Sinto tanto o que você está sofrendo... Sou o culpado por tudo.

— É bom que você saiba que é o culpado. Só que isso não alivia em nada meu sofrimento e minha dor. Nunca vou perdoar você, já disse. Esqueça. Vá embora. Deixe-me em paz. Viva para toda a eternidade com a dor de ter me causado tanto sofrimento... Nunca devia ter aceitado ser seu filho outra vez. Acho que só aceitei por causa da minha mãe. A possibilidade de conviver com ela outra vez me deu esperança de aliviar meu sofrimento. Mas nem mesmo ela conseguiu me ajudar...

Jorge não entendia bem que Pedro dirigisse a palavra somente a ele. Pensava que estava vendo Dulce, como ele. Todavia, só nesse momento Dulce se fez visível aos olhos de Pedro.

— Meu filho, ninguém pode ajudá-lo, a não ser você mesmo...

— Mãe! Que saudade! Como é bom vê-la.

Pedro correu ao encontro da mãe, porém deteve-se no meio do caminho.

— O que você faz com esse aí?

— Pedro, este é seu pai, que o ama e quer ajudá-lo.

— Ajudar? Ele não tem o direito de entrar aqui. Não, ele nunca vai poder me ajudar. Destruiu a minha vida, destruiu meus sonhos. E me fez sofrer pela eternidade afora...

— Você sofre porque não perdoa, Pedro.

— Como posso perdoar alguém como ele? Como?

— Você sofre porque não perdoa. Aceitou voltar para tentar perdoar, para reconstruir sua vida. Foi para isso que você reencarnou, Pedro. É a coisa mais importante que tem para fazer em sua vida presente: perdoar. E amar. Não se lembra? Foi esse seu compromisso depois de ter passado mais de cem anos em recuperação... Foi um longo caminho até aqui, Pedro, não o desperdice agora... Aproveite, meu filho. Aproveite a oportunidade que você tem. Perdoe seu pai. Perdoe...

— Nunca! Nunca hei de perdoá-lo. Quando o vejo fica tudo mais difícil.. Nunca o perdoarei!

Pedro gritava e tentou avançar contra o pai. A um gesto de Dulce ele não conseguiu mover-se; ficou calado e imobilizado.

— Viemos até aqui porque seu pai precisa lhe falar. Peço que o ouça, apenas por um segundo.

— O que você está fazendo comigo? Solte-me. Quero acabar com esse ser desprezível!

— Não vou permitir que você dê mais nenhum passo, Pedro. Vou impedi-lo de seguir em frente com seus atos agressivos. Mas não posso obrigá-lo a ouvir seu pai, por isso peço que o faça. Uma só vez, eu lhe peço, pelo amor que tenho por você...

— Mãe, você sabe que a amo. Você é a pessoa que mais amo na Terra... Mas não posso atender seu pedido... Não posso... Não quero.

Pedro chorava desesperado. Seu corpo espiritual ainda trajava as roupas antigas, da época de sua última encarnação. Estavam rasgadas, sujas, mas percebia-se que ele mantinha as roupas usadas na noite do incêndio na casa de Julia. Ele gritava de desespero...

De repente, o quarto iluminou-se de uma luz dourada, que se intensificava mais e mais. Pedro assustou-se. Jorge estava espantado, e Dulce sentia o coração agradecido, pois sabia que recebia ajuda naquela hora. De dentro da luz dourada, saía um vulto em forma de mulher, que se tornava cada vez mais visível a todos. A luz permanecia, e era difícil olhar para aquele ser maravilhoso que ia ficando mais e mais nítido. Era Julia. No primeiro momento Pedro não a reconheceu. Sentia medo, porém ela lhe falou em voz suave e doce:

— Pedro, meu amor, abra seu coração para uma nova vida. Você ainda está preso ao passado, onde só ficam aqueles que assim desejam. Renove sua alma. Troque tuas roupas. Viva, Pedro!

— Julia! É mesmo você, Julia? Devo estar sonhando...

— Pedro, tenho estado tão próxima de você em todos esses anos... Mas você nunca me percebe!

— Julia! Você está linda! Está bem! Luminosa! Não vejo nenhum traço de dor ou sofrimento...

— Perdoe, Pedro. Eu lhe peço, meu querido, perdoe. Só o perdão pode nos libertar do passado e nos dar uma nova oportunidade. De nada adiantará sua vida na Terra, se você não transformar seu maior empecilho... Terá de voltar outra vez para resolver seus problemas... Por causa de sua mágoa, nossa aproximação fica sempre difícil. Não consigo me aproximar de você... Você nunca me ouve... Está sempre amargurado e cansado.

— Como pode estar me pedindo para perdoar? Logo você, que sofreu tanto? Não pensa em sua família?

— Nem todos estão comigo, Pedro. Alguns estão tentando, outros ainda estão amargurados como você. Graças à ajuda de dedicados amigos da Luz, eu aprendi a perdoar. Compreendi que nada nos acontece por acaso, que tudo tem uma explicação, um sentido em nossas vidas. Assim, compreendendo, consegui reviver momentos de minhas existências passadas e aceitei o que houve comigo e com minha família como forma de resgatar débitos ainda não resolvidos desse passado distante. Agora estou livre, percebe? Aceitei, perdoei e estou livre, leve. Posso seguir em frente, crescer cada vez mais. Ser mais feliz. E gostaria tanto, Pedro, que você estivesse aqui comigo, para planejarmos nosso desenvolvimento juntos...

Pedro chorava. Queria fazer o que Julia pedia, queria perdoar, mas não conseguia. Lembrava-se daquela noite em que morrera e de sua promessa. Seu coração se endurecia e enchia-se de dor.

— Não lute tanto, Pedro. Deixe ao menos seu pai falar.

— Não digo que irei escutar, mas ficarei calado para que ele fale – Pedro, enfim, assentiu, aparentemente fatigado.

E naquele momento Julia, dirigindo-se a Jorge, pediu:

— Fale, Jorge, abra seu coração e fale.

— De há muito guardo esta tremenda dor dentro do coração, meu filho. Sei que nada que eu diga vai mudar os erros que cometi. Sei que você tem todo o direito de sentir-se tão magoado. O que fiz foi terrível; foi o mais terrível dos crimes. Carreguei a dor, a culpa e o desespero dilacerantes que me rasgavam o peito a cada manhã. Meus atos eram como monstros que me devoravam todos os dias, dizendo quanto mal eu havia causado. E vaguei por mundos terríveis depois que morri.

— Eu estava lá, presenciando seu sofrimento. Você não me via, mas eu estava lá.

— Não podia sentir nada além da dor. As cenas do fogo destruindo aquela pequena casa estavam constantemente diante de meus olhos, lembrando-me do meu crime. E você acusando-me, consciente de tudo que aconteceu... Essa lembrança me doía ainda mais. Remorso é um sentimento sufocante, asfixiante, que nos faz ficar paralisados diante daquilo que fizemos, e que não podemos mudar nunca mais. Fui um criminoso, bem sei. Se dependesse de mim, meu filho, ainda estaria naquelas regiões tenebrosas, perdido em meu remorso, em minha dor, em meu arrependimento.

Foi o toque constante e suave de sua mãe que me despertou, afinal. E o auxílio dela e de tantos outros amigos me fizeram compreender que o remorso de nada me valeria, só me faria sofrer indefinidamente. Por outro lado, voltar, tentar reconstruir, deparar novamente com tudo que já fiz, sofrer as conseqüências de meus atos, aprender a entender a vida, perdoar, amar, isso poderia ajudar-me, abrandando dia a dia a dor e a culpa. E tão logo os débitos todos fossem resgatados, a paz retornaria ao meu coração e eu poderia então voltar a buscar minha felicidade.

Pedro permanecia silencioso, de olhos baixos, sem encarar o pai.

— Não posso mudar o que aconteceu, meu filho. Bem que desejei, alucinadamente, que o tempo voltasse atrás, que eu pudesse evitar todo o mal que causei a você e a Julia. Essa ilusão, e essa fantasia me acompanharam por longo tempo. Mas isso não é possível. Nunca podemos retornar ao passado. Nossos atos ficam irremediavelmente marcados no tempo, no Universo, em nossa história, em nosso espírito. E só nos resta a resignação de procurar restaurar o que destruímos, reconstruir nosso passado.

Perdoe-me, filho, eu lhe peço. Ao menos saiba que tenho essa dor enorme dentro de mim e que estou disposto a tudo fazer para que você me perdoe. Diga-me o que preciso fazer, mesmo que à distância, e farei. Diga-me como posso me aproximar outra vez de você. Se não quiser me perdoar, ou nunca mais conversar comigo outra vez, saiba, Pedro, que eu entenderei. O mal que causei é muito grande, percebo com mais clareza ao ver você assim, depois de todos esses anos, ainda vivendo preso ao passado, à dor, ao sofrimento...

Jorge não continha as lágrimas. Embora tentasse ser forte, manter-se calmo, sentia que a emoção o estava dominando. Dulce abraçou-o carinhosamente, buscando dar-lhe forças nessa hora tão difícil, mas pela qual ele tanto ansiava... Depois de uma pausa sofrida, Jorge respirou profundamente e continuou:

— Fiquei tão feliz ao reencontrar Julia! Saber que ela está bem, que me perdoou, ajuda-me de maneira que não posso traduzir. É como se o perdão que ela me dirige se transformasse em energia que me ajuda a perdoar-me também. Preciso muito do seu perdão, meu filho, e quem sabe um dia, possa merecer seu amor outra vez...

Nessa hora, Pedro, que mantivera-se silencioso, desatou em forte gargalhada, que ecoou por todo o ambiente. Era uma gargalhada estridente, carregada de dor e de ódio:

—Você pensa que é fácil assim? Vem até aqui, fala um monte de coisas para mim, pede perdão, usa até Julia, e pensa que tudo vai se resolver? Vem falar de amor? Que sabe você sobre amor? Tem de aprender, você não sabe nada desse sentimento. Sempre usou todo mundo à sua volta. Não venha falar de amor. Você não tem a menor autoridade nisso. E, quer saber? Acho que foi mesmo você que matou a mãe lá no incêndio, no sítio. Acho que foi você. Por ciúme. Sim, ciúme de nosso relacionamento, de nossa amizade. Nada de bom pode vir de você. Não aceito. Nunca vou perdoar.

Os esforços de Julia e Dulce, que emanavam luzes rosadas e azuis sobre o peito de Pedro, eram em vão. O coração dele estava coberto por grossas energias negras. Todo o seu corpo era envolto em uma espessa camada negra e pegajosa. Os fluidos de luz não conseguiam penetrar aquela densa camada de ódio, mágoa e ressentimento. Pedro estava trancado por dentro; elas pouco podiam fazer em seu favor, naquele estado. Somente ele mesmo possuía a chave, essa chave era o perdão, que se negava a dar ao pai.

Com olhar desdenhoso, Pedro permaneceu fitando firmemente o pai. Ele quase ignorava a presença da mãe e da mulher que tanto amava. Aquela oportunidade tão especial, com as duas ali, perto dele, e ele apenas preso ao seu ódio, a sua revolta e ao seu ressentimento... Julia, por fim, aproximou-se mais um pouco de Pedro, que diante daquele brilho intenso deu dois passos para trás.

— Meu querido, sinto tanto que ainda não consiga perdoar... Sei que a mágoa é grande.

Quando Pedro tentou interrompê-la, para falar alguma coisa, Julia estendeu os dedos sobre os lábios dele, pedindo que se calasse.

— Não diga mais nada, meu amor. Um dia você há de compreender que o ódio, a mágoa e o ressentimento não irão levá-lo a lugar algum. Entendo a sua dor, sei que é difícil. Passamos por momentos difíceis em nossas vidas, mas temos de aceitar e compreender que a Sabedoria Divina está presente em todas as coisas. Veja seu pai, olhe para ele. Está aos poucos libertando-se do remorso, da dor, das mágoas. Está aprendendo a perdoar-se. Está se renovando, Pedro. Ele está mudando. Olhe, veja.

Um dia ele estará liberto das cinzas do passado, que ainda lhe queimam o coração, da mesma forma que ainda ardem no seu. Somente o perdão e o amor podem abrandar essas cinzas ainda acesas, trazendo-nos paz e renovação, permitindo-nos seguir em frente e sermos felizes. Você está tendo essa oportunidade agora, Pedro. Aproveite-a. Estarei sempre perto de você.

Ao dizer as últimas palavras, Julia afastou-se de Pedro e, dirigindo o olhar a Dulce e Jorge, finalizou:

— É quase amanhecer, precisamos ir. Estarei atenta, sempre que precisar, Dulce.

— Sou-lhe sempre muito, muito grata por seu carinho e sua dedicação, Julia.

As duas despediram-se. Julia despediu-se de Jorge com apenas um olhar de compreensão e incentivo. Jorge estava exaurido, sem energia. Tinha usado toda a sua força mental para procurar transmitir ao filho seus sentimentos, traduzir em palavras aquilo que ia em seu coração. E tudo foi em vão, pensou ele. Sentia-se fracassado em sua tentativa. Nesse instante olhou para Dulce, e lembrou-se do empenho e da dedicação com que durante anos e anos ela tentara aproximar-se dele nas regiões mais negras, no espaço. Assim pensando, sentiu-se um pouco mais fortalecido. Seguiria seu exemplo. Não iria desistir.

Retiraram-se sem mais palavras. Dulce aproximou-se de Pedro e abraçou-o. Ele começou a chorar compulsivamente. Chorava como uma criança desprotegida e perdida. Dulce então afastou-se dele e partiu com Jorge.

O dia amanhecia quando Pedro acordou assustado, banhado em lágrimas. Ainda chorava ao despertar. Meio confuso e com forte sentimento de dor e agonia, tentou recordar-se de seu sonho. Reviu a mãe, afetuosa, e a figura do pai. As lembranças e imagens aos poucos iam desaparecendo em sua memória, enquanto o sentimento permanecia.

Pedro, não conseguindo mais dormir, tentava entender as fortes emoções que borbulhavam em seu coração. Sentia ódio do pai, cuja imagem lhe causava repugnância. Ao mesmo tempo, sentia um forte compromisso para com Jorge, que não entendia. Era como se tivessem algo a resolver. Tentou afastar os pensamentos. Afinal, tinha sido apenas mais um daqueles pesadelos. Ele estava remexendo o passado e isto o estava afetando.

De repente, lembrou-se da imagem de Julia. Quem seria aquela mulher que lhe vinha à mente? Nunca havia sonhado com ela antes, e não a conhecia. Quem seria aquela mulher que ele vira e que lhe provocava emoção tão intensa? Será que ele iria conhecer alguém? Mas e a namorada? Pedro ficou muito confuso. Tentou dormir, sem conseguir. Resolveu então levantar-se mais cedo e ler um pouco. Sentou-se na sala, pegou um dos livros que ganhara de Gerson e estava jogado na mesinha. Era "Há dois mil anos", romance do espírito Emmanuel, psicografado pelo médium Francisco Cândido Xavier. Leu sem parar. Distraiu-se tanto que nem viu o tempo passar. Quando os irmãos começaram a se levantar, foi que se deu conta de que horas eram. Levantou-se, enfim, mais aliviado, e preparou-se para o trabalho. Colocou o livro de volta na mesa do canto da sala e prometeu a si mesmo que não continuaria a ler aquelas coisas, que o deixaram ainda mais confuso. Sentia curiosidade em ler, mas achava tudo muito vago e fantasioso.

Já amanhecia quando Dulce e Jorge, retornando ao sítio de Duda e Luís, despediram-se.

— Sou muito grato por ter me permitido esse momento, Dulce.

— Foi bem difícil, não?

— Foi, sim. Nunca pensei que ele me odiasse tanto, por tantos anos. O que foi que fiz a meu filho, Dulce? Meu Deus, o que foi que eu fiz? Se ele está nesse estado hoje a culpa é minha. E não importa o que tenha de fazer, irei lutar para ajudá-lo, ele me perdoe ou não.

— É isso mesmo, meu querido Jorge. Persevere sempre em seus propósitos. Siga em frente sem esperar retribuição ou reconhecimento. Seja verdadeiramente desprendido. Nunca se deixe abater nem cansar. Confie sempre em Jesus, sempre. E aceite com paciência as lições que a vida traz, pois essas lições são bênçãos de Deus a nos trazerem crescimento, regeneração e limpeza interior. Não desanime. Estaremos sempre juntos, Jorge. O amor que sentimos nos manterá unidos, onde quer que estejamos. Estarei orando por você incessantemente, para que não esmoreça e seja vitorioso.

Abraçaram-se e em seguida Dulce partiu devagar, observando o corpo espiritual de Jorge, que retornava ao seu corpo físico, deitado sobre a cama. Jorge despertou cerca de uma hora depois, sentindo-se cansado, como se tivesse trabalhado durante toda a noite.

Levantou-se e, como Pedro, tinha fortes sensações e lembranças esparsas de tudo o que vivera, porém com uma grande diferença: Jorge sabia que o que sentia podia ser resultado de um encontro real e que devia prestar atenção ao que aquelas emoções lhe transmitiam.

Nos dias que se seguiram, Jorge esteve mais calado do que de costume. Procurou o silêncio, lendo ou meditando. Desejava entender melhor e não queria que aquelas sensações, aqueles sentimentos fugissem, escapassem sem que ele se desse conta do que efetivamente significavam. Duda e Luís ficariam em São Paulo por uns dias para fazer algumas compras e isso contribuiu para o recolhimento e o silêncio interior de Jorge, que permanecia quase todos os dias à beira do rio, no local onde Dulce gostava de ficar. Lia um pouco e só saía de lá para fazer as refeições.

Aqueles foram dias importantes para Jorge. Ele refletiu e repensou tudo que vinha acontecendo em sua vida, desde a infância até aquele momento. Recordou muitos detalhes que já estavam adormecidos em sua memória – especialmente do quanto difícil sempre havia sido sua convivência com Pedro, dos sentimentos de culpa em relação a ele e a Dulce.

Voltou-lhe à mente o incêndio que destruíra o celeiro e levara sua querida Dulce. Lembrou-se de como despertara assustado, com o crepitar da madeira ecoando no silêncio da noite; os gritos de medo dos filhos; de como correra pela casa e sem nem saber como, logo se vira em frente ao celeiro em chamas. Ao acordar, percebera que Dulce não estava ao seu lado, e o pânico tomara conta dele. Não entendia por que, mas tinha certeza de que ela estava em perigo.

Relembrou por fim o incêndio que consumira sua casa, o desânimo que sentira ao ver tudo desaparecer e o pensamento que lhe vinha a mente: "o fogo outra vez em minha vida! Por que comigo?"

Lembrou-se novamente da esposa, ciente de que tinham estado juntos durante todo o tempo que passara no hospital, desacordado. E a certeza de que tudo fazia sentido, ele próprio poderia ter sido o causador de dor e sofrimento a Pedro e hoje recebia dele o fel da amargura, sem que nem mesmo o filho compreendesse.

O estudo da Doutrina Espírita, maravilhosa e esclarecedora, tinha aberto seus olhos. Compreendeu que na vida tudo tem um significado. Nós é que muitas vezes não queremos entender os sinais que a vida nos dá. Deus nos mostra, através de situações, pessoas e tudo que nos envolve, qual o caminho que devemos seguir. Mas muitas vezes, descuidados, não damos atenção aos pequenos sinais.

Jorge conscientizou-se de que tudo na sua vida fazia sentido. Percebeu as lições que vinha aprendendo, sentindo na pele, com o que acontecia em sua própria vida. Diante do que estava vivendo e sentindo e do conhecimento novo que abria seu entendimento, sua fé se fortaleceu. Seus propósitos firmaram-se ainda mais naqueles momentos, solitários e ao mesmo tempo tão enriquecedores; Jorge entendeu que a nossa vida na Terra é uma pequena passagem e que existe uma vida maior, a vida do nosso espírito, que nunca morrerá, e que é dela que precisamos cuidar. Tudo se encaixou. Mesmo solitário, ele não se sentiu sozinho. Certo de ter encontrado o sentido maior que tanto procurava, sentiu-se sereno e grato à Deus pela oportunidade que lhe era concedida.

E naqueles momentos, na beira do rio, ao som das aves, sob o céu de um azul intenso, Jorge decidiu que iria aproveitar todos os momentos que tinha para compreender a vida e ser feliz, para amar e perdoar, para doar e auxiliar. Mesmo que as coisas não fossem como ele gostaria, não mais se deixaria abater pelo desânimo. Esperaria sempre o sol no amanhecer. Confiaria no amanhã, confiaria em Deus e aceitaria com humildade cada hora de sua vida. Tudo lhe pareceu então, mais leve, mais suave.

Capítulo 30

A noite descia rapidamente e uma chuva fina começou a cair, obrigando Jorge a deixar seu lugar de meditação e retornar à casa.

Ao aproximar-se, percebeu pelo carro estacionado que os amigos já haviam retornado. Havia outro carro também, que Jorge não conhecia, e imaginou que fosse de um de seus filhos. Entrou apressado e alegre, mas logo sentiu algo estranho no ar. Duda e Luís estavam muito sérios. Josué, o delegado, em companhia de Leonel, estavam sentados na sala, conversando. Ao ver Jorge, Duda desviou os olhos, tentando esconder alguma coisa.

— Josué, como tem passado? Leonel, como vai? Afinal, cumpriram a promessa. Vieram fazer-me mais perguntas hoje? Esperava-os há mais tempo...

— É, Jorge, as coisas estão tomando um rumo muito sério.

Jorge permaneceu calado, aguardando o esclarecimento do delegado. Josué prosseguiu:

— Cumpro meu trabalho e muitas vezes, fica muito difícil fazer as coisas como gostaríamos... E esse é um desses casos, Jorge. A investigação tomou rumos que eu não gostaria...

Sentando ao lado do delegado, Jorge permaneceu calado. Percebeu que Josué estava inquieto e mexia as mãos de maneira pouco usual. Tinha nelas um papel dobrado, que abria e fechava, abria e fechava, insistentemente.

— O que houve, Josué? Pode falar.

— Não trago boas notícias, Jorge. Na verdade nossa visita aqui hoje é das mais difíceis.

Duda e Luís continuavam calados. Duda parecia ansiosa, enquanto Luís a mantinha sob seu olhar, como a pedir-lhe calma. Jorge sentia no ar alguma coisa séria, mas estava calmo e disse olhando firmemente para Josué:

— Vamos lá, diga logo o que tem a dizer. Esse suspense todo está deixando a Duda nervosa. E você me parece muito tenso também, Josué.

— É que o que tenho para dizer, ou melhor, o que tenho para fazer é muito difícil...

— Se tem de ser que seja logo. Diga e tudo vai passar...

— Não, Jorge, não vai passar assim tão simplesmente...

Jorge tornou-se mais sério e ficou calado. Olhou para Leonel, que também permanecia quieto. Dirigiu o olhar novamente para Duda e Luís, como querendo entender sem palavras a gravidade da situação.

— Aconteceu alguma coisa com algum de meus filhos? Foi isso? Eles estão bem? Foi alguma coisa com Pedro?

— Não, Jorge. Seus filhos estão bem. Não é nada com eles.

Josué respirou fundo, como que buscando forças para seguir em frente. Levantou-se e andou pela sala abrindo e fechando o documento que trazia nas mãos.

Leonel, que até então permanecera imóvel, levantou-se e retirando o papel das mãos de Josué, disse sem maiores rodeios:

— O que Josué está com dificuldades de dizer, Jorge, é que temos um mandado de prisão preventiva decretado contra você e teremos de levá-lo agora mesmo.

— Prisão?! Mas por quê? Deve ser alguma brincadeira...

— Infelizmente não é. Você está sendo acusado de ser portador de desequilíbrio mental grave, e em estado de crise ter causado o incêndio que destruiu sua própria casa.

— Josué, do que vocês estão falando? Vocês ainda estão investigando o incêndio, não estão? Já têm alguma conclusão definida?

— Ainda não fechamos o relatório, que deve seguir em breve para o procurador, em São Paulo.

— Então, como podem prender-me?

— Você está sendo considerado pelo procurador como o provável responsável pelos dois incêndios, tendo causado a morte de sua esposa, dez anos atrás. Tenho de prendê-lo.

— Não entendo. O inquérito do incêndio ocorrido dez anos atrás foi encerrado e o processo arquivado pelo Messias, procurador da cidade. Fui considerado inocente.

— Sei de tudo isso, Jorge. Você foi considerado inocente por falta de provas, mas esse segundo incêndio chamou a atenção das autoridades para uma nova possibilidade, que não havia sido considerada anteriormente.

Leonel falava com muita propriedade sobre o caso, como se ele fosse o responsável pela condução do processo, enquanto Josué permanecia calado.

— Vou ligar para meu filho, Pedro. Talvez ele possa me ajudar. Deve haver alguma coisa que possa ser feita nessas circunstâncias...

Duda sentou-se ao lado do amigo, segurou suas mãos e lhe disse:

— Jorge, meu querido amigo. Eu e Luís vamos procurar um advogado para defender você. Faremos tudo para ajudá-lo.

— Agradeço, Duda. Vocês têm sido muito mais que uma família, para mim. Têm me ajudado tanto que nunca poderei agradecer nem demonstrar o quanto me sinto grato. Acontece que Pedro é um excelente advogado. Ele poderá me ajudar e vocês não precisarão gastar com isso. Essas coisas normalmente são muito caras.

— Jorge, infelizmente creio que não será possível ter a assistência de Pedro.

— Por que não? Ele está com algum problema?

Dessa vez foi Josué que tomou a dianteira e explicou em detalhes a complicada situação de Jorge:

— Não, Jorge, não é isso. Foi Pedro quem fez a denúncia junto ao promotor em São Paulo. Ele afirma que você foi o causador dos incêndios e que seus atos inconscientes ocasionaram a morte de Dulce. Alegou que você está sofrendo de sérios problemas mentais, e que tem provas desses desequilíbrios repentinos que fazem você agir sem consciência do que está fazendo. Com as investigações em andamento à procura dos responsáveis, essa acusação séria e os relacionamentos que Pedro tem junto aos órgãos de justiça em São Paulo, conseguiu que o juiz expedisse o mandado de prisão preventiva. Para obter esse mandado, Pedro alegou que você pode entrar em crise a qualquer momento e cometer outro crime, pondo em risco não só sua própria vida como também daqueles que estão à sua volta. O promotor concordou e o juiz expediu o mandado.

Jorge não acreditava no que ouvia. Muitos pensamentos passavam ao mesmo tempo pela sua mente. Seu primeiro sentimento foi de revolta. Levantou-se. Ia falar, expressar sua mágoa, sua dor de pai abandonado e acusado pelo próprio filho. Lembrou-se então das emoções suaves à beira do lago, lembrou-se de que prometera a si mesmo confiar em Deus e tudo fazer para resgatar o amor do filho.

Não imaginava que o ódio fosse tão grande. No entanto, ele devia ter um motivo forte para fazer isso, pensou Jorge. Sentou-se novamente e ficou calado por alguns minutos, buscando controlar suas emoções, que eram muito intensas e antagônicas naquele momento. E olhando para Josué, quebrou o silêncio da sala:

— Bom, não há nada a ser feito, não é? Há alguma coisa que eu possa fazer ou dizer que evite que isso aconteça, Josué?

— Infelizmente, não – Leonel antecipou-se na resposta, deixando claro a influência que tinha na condução do inquérito. Você tem de vir conosco imediatamente. Se resistir, teremos de levá-lo a força.

Josué aproximou-se de Duda e Luís, dizendo:

— O que vocês podem fazer é contratar um bom advogado que entre o mais rápido possível com o pedido para que ele responda todo o inquérito em liberdade. É simples e pode ser feito rapidamente. Era exatamente isso que estávamos conversando quando você chegou, Jorge.

— É aquilo que chamam de habeas corpus, Josué? – perguntou Luís interessado.

— Exatamente.

— Possuo amigos em São Paulo que têm excelentes contatos. Vou falar com eles. Ligamos para o advogado hoje mesmo, Jorge. Vamos tentar de tudo, vamos fazer tudo que estiver ao nosso alcance, você pode ter certeza...

Duda engoliu as palavras e as lágrimas. Estava muito triste e preocupada pelo amigo. Ele tinha passado por um momento difícil. Sua recuperação havia sido boa, mas iria enfrentar uma pressão emocional muito forte, e ela sabia disso. Estaria preparado? Como enfrentaria a situação? Será que não iria abandonar tudo que vinha aprendendo? Era tudo ainda tão novo para ele. Nesse ponto Duda controlou seus pensamentos. Sabia que a vontade de Deus era soberana. Se eles não podiam entender o porquê de tudo aquilo naquele momento, por certo haveria de existir uma razão que eles compreenderiam com o tempo. Precisavam dar apoio e forças ao amigo.

— Sei que posso contar com vocês e agradeço muito se puderem contatar um advogado. Digam os valores logo que souberem. Tenho algumas economias e com certeza poderei pagar um bom advogado.

— Acho melhor não contar com suas economias – afirmou Leonel, tomando a dianteira novamente.

— Por que não? Sei que tenho uma boa reserva, guardada durante toda a minha vida. Por que não posso contar com ela agora?

— Pedro pediu o congelamento de todos os seus bens por causa da alegação de insanidade. Como você estaria doente e não estaria na posse de seu juízo perfeito, poderia utilizar os bens indevidamente – dessa vez foi Josué que respondeu, procurando retomar o controle da situação.

— Mas isso não é verdade! Não é possível! Assim fica mesmo difícil! Como farei, meu Deus? Sem dinheiro vai ser muito difícil! Por quanto tempo fico sem poder mexer no meu dinheiro, nos meus bens?

— Até o processo terminar, ou se conseguir uma liminar, pode ser antes. Por isso acho importante vocês contratarem um bom advogado. Ele terá de ser muito bom pois Pedro tem forte influência... – Josué foi interrompido por Leonel que não o deixou terminar a frase:

— É hora de irmos!

— Como vou fazer sem dinheiro? Como vou pagar? – insistiu Jorge sem dar muita atenção às palavras de Josué.

— Temos algumas economias, Jorge, vamos tentar...

— Não, Duda, de forma alguma! Aceito todo tipo de ajuda, porém usar a economia de vocês, já é demais. Tenho outros filhos e eles não devem saber o que está acontecendo. Eles também poderão me ajudar.

— Vou ligar para o Antônio, não se preocupe. Ligo e lhe digo o que está acontecendo. Vamos juntos procurar uma saída. Confie que iremos fazer tudo, tudo que está ao nosso alcance para que você não permaneça lá por muito tempo...

Jorge abraçou Duda e Luís e não conseguiu conter as lágrimas. Os três amigos choraram juntos, abraçados. Leonel fez menção de interrompê-los, mas foi impedido por Josué que se sentia constrangido com tudo o que estava acontecendo: praticamente, perdera o controle sobre aquele caso.

Leonel fora enviado pelo promotor de São Paulo especialmente para auxiliar nas investigações. Josué não tivera saída, e fora obrigado a submeter-se. Estava subordinado ao promotor da cidade que não conseguira nenhum resultado ao tentar retomar o controle do inquérito. O pessoal de São Paulo era muito influente junto ao juiz. Ele não tinha muito o que fazer, além de cumprir seu dever. Tinha algumas dúvidas em relação ao depoimento de Jorge: a questão do remédio para dormir que Jorge ingerira e mesmo assim ter acordado, não se sabendo como, estava sendo um problema nos relatórios. Despertavam questionamentos e podiam sugerir indícios relacionados à saúde mental. Entretanto, com esses dados, se pedir prisão preventiva, ele achava exagerado, porém não conseguia interferir. Percebia que alguma coisa estava estranha naquele inquérito.

Após ficarem por alguns momentos abraçados, Jorge dirigiu-se ao quarto, arrumou poucas roupas em uma pequena mala e voltou à sala. Levava nas mãos todos os livros que havia recebido de Gerson e alguns novos que ganhara de Duda.

— Vou levar todos. Parece que não vai me faltar tempo para lê-los.

— Eles por certo serão uma boa companhia...

Abraçaram-se mais uma vez em despedida. Duda e Luís acompanharam Jorge, Josué e Leonel, até desaparecerem na porteira do sítio. Ao entrarem, Duda sentou-se desanimada no sofá:

— Que coisa triste, Luís. Dessa vez Pedro foi longe demais! Na outra vez havia suspeitas que ele instigava, mas sutilmente. Agora está acusando o pai formalmente! Que coisa terrível para uma família! Será que Jorge terá estrutura para enfrentar tudo isso?

— Mesmo que esteja preparado vai precisar de muito apoio. E é isso que iremos fazer: ficar ao lado dele, haja o que houver. Vamos orar agora a Deus para que Jorge receba a força de que necessita e não se revolte; que aceite com humildade e resignação aquilo que precisa aceitar. E que nós possamos ajudar da melhor forma.

Juntos, Duda e Luís ergueram fervorosa prece a Deus por Jorge, Pedro e toda a sua família.

* * * * *

Nem bem chegou em casa naquela noite, Antônio recebeu

a ligação de Duda. Ela estava por demais preocupada com o amigo, principalmente em como poderia ajudá-lo.

O choque de Antônio foi muito grande. Quando Duda contou-lhe cuidadosa e vagarosamente os últimos acontecimentos, Antônio sentiu-se traído. Ficou mudo do outro lado da linha, embora com vontade de chorar, de gritar. Finalmente falou:

— Não posso acreditar, Duda! Não posso acreditar que Pedro tenha feito isso! Pobre do meu pai! Nem bem saiu do hospital, perdeu tudo o que tinha, restando-lhe poucos recursos e agora tem de enfrentar isto: o próprio filho acusando-o e tentando prejudicá-lo! Eu não posso crer! É demais para mim! É inaceitável. Desta vez Pedro passou de todos os limites! Que ele tenha suas diferenças com o pai, eu posso até admitir... Que ele tenha seus problemas, que tenha tomado atitudes agressivas com o pai, nós todos tentamos entender. Já isso é demais! Passa de todos os limites. Eu não posso aceitar!

— Antônio, sei que é difícil para você. Está sendo difícil para nós todos, acredite. Seu pai, você e seus irmãos são para nós como uma família. Estamos profundamente envolvidos com tudo que está acontecendo. Mas, Antônio, agora que tudo está mais difícil, precisamos confiar em Deus acima de todas as coisas. Este é o momento difícil em que testamos tudo aquilo que aprendemos e tudo aquilo em que acreditamos. Precisamos confirmar a confiança em nosso Pai, que sabe sempre o que é melhor para nós. Precisamos buscar sua orientação, à luz do Evangelho, para entender como devemos agir.

É o momento de sabermos se realmente cremos, se estamos caminhando ao lado dos amigos de luz que nos auxiliam, se confiamos neles ou se nos deixamos perder as esperanças, a fé e o entendimento. É um momento muito difícil, Antônio, em que precisamos nos unir, tentar ajudar Jorge de todas as maneiras, fazendo tudo o que está ao nosso alcance, e de maneira alguma hostilizar Pedro.

— Como, Duda? Concordo quando você diz que precisamos ajudar meu pai de todas as formas possíveis. Quanto a não hostilizar Pedro... Como? Ele está prejudicando nosso pai, está contribuindo com esse absurdo da justiça em mandar o pai para a cadeia! Como podemos compreender e perdoar? Não consigo entender!

— Antônio, lembre-se de que somos espíritos vivendo no corpo aqui na Terra, mas que já tivemos muitas outras vidas e teremos muitas outras em nossa caminhada evolutiva para Jesus, para o aperfeiçoamento do nosso espírito imortal.

Portanto, se esta não é nossa primeira experiência sobre a Terra, como saber nossos compromissos de outras vidas? Como saber o que já fizemos no passado? Como julgar e criticar, se nós mesmos podemos já ter cometido erros muito maiores, muito mais graves? Como entender o que se passa com Pedro? Não podemos, Antônio. Por isso nos cabe procurar aceitar e auxiliar, com fé e amor. É muito difícil, eu sei, para nós que não compreendemos ainda com clareza. Entretanto, se pudéssemos enxergar o passado, tudo o que já fizemos, talvez nos envergonhássemos de nossa conduta. Assim, é melhor que confiemos no Pai e sigamos em frente fazendo a nossa parte. Isso é o melhor para todos nós.

Mais uma vez Antônio permaneceu mudo do outro lado da linha. Admirou a fé que Duda estava demonstrando naquela hora. Ele ainda não tinha toda aquela fé. Vinha estudando, aprendendo, assimilando aos poucos muitas verdades espirituais que lhe pareciam confusas e complexas.

Mas naquela hora em que as coisas estavam envolvendo seu pai, sua família, era muito complicado para ele. Ficou calado tentando organizar os pensamentos, os sentimentos, para poder então agir. Duda, imaginando o que se passava no coração de Antônio, insistiu:

— Precisamos agir com sabedoria, Antônio. Estamos tentando falar com um bom advogado, para ver se conseguimos contratar alguém. Acho essencial que seu pai tenha o melhor advogado que pudermos encontrar. Infelizmente temos poucos recursos; precisamos de alguém que aceite atuar no processo com um valor baixo. Esse é nosso maior desafio agora.

Se vocês, aí em São Paulo, conhecerem alguém que nos possa colocar em contato com algum advogado que nos ajude, será de grande importância. Podemos juntar nossas economias, Antônio. Eu e Luís não temos muitas reservas. Podemos vender nosso carro e também tentar vender uma parte de nosso sítio. Mas não sei se isso será suficiente. Acho que vamos precisar de mais recursos. Caso também tenham alguma coisa, será bom juntarmos tudo quanto conseguirmos.

Antônio suspirou aflito do outro lado da linha.

— Não temos muita coisa, não, Duda. Moramos aqui numa casa alugada. Tenho meu carro, que não vale muito. Não temos praticamente nenhuma reserva. Estamos todos aqui batalhando muito para construir nossas vidas, você sabe. Quem já tem alguma coisa construída é Pedro. Ele é o único que dispõe ou poderia dispor de recursos. É uma coisa maluca essa... Não estou compreendendo mais nada. Como vamos fazer, Duda? Enquanto não encontrarmos um advogado, meu pai permanece preso?

— É, Antônio, infelizmente. Não temos muito o que fazer. Enquanto não requerermos uma liminar, através de um advogado, seu pai vai ficar na cadeia da cidade.

— E como ele está, Duda? Como reagiu a tudo isso?

— Bom... É difícil dizer o que se passa no interior das pessoas, mas aparentemente, ele aceitou. É claro que está sofrendo, sobretudo por tratar-se de Pedro. Dias atrás me dizia quanto desejava entender-se com ele, quanto esperava que os dois fossem amigos... Jorge estava profundamente desejoso de aproximar-se mais de Pedro e apesar de tudo, creio que ele saiu daqui mantendo essa resolução, Antônio. Reafirmou sua postura de fé e serenidade. E devemos orar por ele, para que se mantenha firme. Ele precisa muito de nossas orações, de nosso amor; e precisa que confiemos em Deus também. Isso é fundamental.

— Eu vou para aí hoje mesmo. Quero vê-lo, falar com ele. Meu pai precisa saber que estou do lado dele!

— Calma, Antônio. Acho que precisamos tentar ajudá-lo de um modo prático. Ele precisa de um advogado. Vamos ajudá-lo a conseguir um. Fique aí um pouco mais, fale com as pessoas que você conhece, tente. Vamos fazer o mesmo por aqui, vamos tentar ajudar de todas as formas. Se você vier para cá agora, talvez não possa ajudá-lo tanto.

— Você tem razão, preciso me acalmar. Vou falar com todas as pessoas que conheço, que possam ajudar. Vou conversar com meus irmãos. Vamos nos unir e ver o que conseguimos.

— E Pedro? Você tem falado com ele?

— Não temos estado com ele. Faz três dias saiu de casa, levando roupas e coisas pessoais. Disse que estava precisando ficar sozinho um pouco, que tinha de pensar na vida e resolver coisas importantes. Estranhamos, porém Pedro é sempre muito fechado. Nunca se abre. Fica difícil ajudá-lo.

— Saiba que ele também precisa de nós, Antônio. Tenho certeza de que está sofrendo...

— Não vou me preocupar com ele agora, Duda. Vou pensar em meu pai. Ele, sim, precisa de nós. De Pedro vamos cuidar depois. É muita coisa ao mesmo tempo. Não consigo...

Antônio não tinha como continuar. Sentia um nó na garganta, uma opressão no peito... Respirou fundo, tentando encontrar forças para acalmar-se e pensar com clareza.

— Está certo, Antônio, uma coisa de cada vez. Vamos buscar auxiliar seu pai, sem perder Pedro de vista.

— Eu sinto falta de minha mãe, Duda. Sei que poderia nos ajudar.

— Tenha certeza que onde quer que esteja, ela está ajudando. E nos deseja unidos, auxiliando toda a família. Isso ela faria se estivesse conosco fisicamente.

— Eu sei. Sinto que ela tentaria auxiliar a ambos.

— Também acredito que essa seria sua atitude. Bom, Antônio, preciso fazer algumas outras ligações. Assim que você tiver alguma novidade, me avise. Seja a hora que for.

— Obrigado por tudo, Duda. Você e Luís têm sido maravilhosos.

— Se você precisar falar com alguém, se sentir necessidade de desabafar, pode me ligar. Mas você tem aí, bem próximo, o Gerson. Tenho certeza de que pode contar igualmente com ele. Você tem o telefone, ligue para ele, que está sempre pronto a auxiliar.

— Obrigado mais uma vez, Duda. Eu tenho o telefone do Gerson. Se sentir necessidade, tento falar com ele.

— Não se deixe abater. Confie em nosso Pai. Confie, Antônio. Lembre-se de que nós conhecemos muito pouco, somos muito limitados em nossa visão. Deus sempre quer o melhor para seus filhos. Embora os problemas nos alcancem, pois são conseqüências de nossos próprios atos, Deus está sempre a nos amparar e a nos ajudar a passar por eles quando temos boa vontade e fé. Não nos esqueçamos disso agora. Lembre-se de que seu pai esteve por um mês desacordado no hospital, sem sabermos o porquê. Ele retornou revigorado e saudável, como não o tínhamos visto antes. Talvez tudo isso faça parte de uma única história...

— Em breve nos falamos, Duda. Avise se tiver novidades...

— Logo que tiver notícias eu telefono.

Despediram-se. Antônio deixou-se ficar imóvel no sofá. Sua mente estava cheia de pensamentos contraditórios. Tentava relembrar tudo. Via imagens da mãe, lembrava-se dela, de suas atitudes, suas palavras... Procurou recordar o que vinha acontecendo em suas vidas, juntar todas as peças como num grande quebra-cabeças. Tentava entender, e ao mesmo tempo sentia-se revoltado com tudo aquilo.

Antônio lutava com seus sentimentos. Esforçava-se para controlar a raiva que sentia de Pedro por suas atitudes contra o pai. Pensava nas palavras de Duda e também nas muitas que ouvira de Gerson. Tudo parecia confuso e sem sentido. Antônio permaneceu imóvel e pensativo sem perceber o tempo passar. Só foi interrompido com a chegada de Zezito, que entrava em casa com Lucas. Vinham alegres e descontraídos, porém assim que viram Antônio, notaram que alguma coisa não ia bem. O irmão estava pálido e com olhar distante.

— O que foi, Antônio, algum problema com o pai?

— Muitos problemas com o pai, Zezito.

— Mas o que foi? Ele está doente? Foi para o hospital novamente?

— Não. Por enquanto, acho que está bem...

— Por que por enquanto, Antônio?

— Sentem-se. Precisamos conversar com calma.

Sentaram-se, os dois ansiosos e preocupados. Antônio começou a contar-lhes tudo o que estava se passando. À medida que falava, mal acreditava nas próprias palavras. Tudo lhe parecia distante como num filme, quase irreal. A reação de Zezito foi muito diferente da de Antônio. Ficou irritado e agressivo; queria tomar uma atitude e ligar para Pedro, pedir que desfizesse o mal imediatamente. Já Lucas ficou prostrado, como se não pudesse acreditar e tomar nenhuma atitude.

Antônio percebeu que teria de ser forte para auxiliar os irmãos. O momento era grave e difícil. Ao final da conversa, ele constatou que precisava de ajuda, que não poderia lidar sozinho com aquela situação, e resolveu ligar para Gerson, pedindo apoio.

Sempre solícito, Gerson ouviu com muita seriedade o que o amigo lhe contava. Ele sabia que a situação era delicada. Havia com certeza naquela família, como em tantas outras, muitos problemas a serem solucionados, questões do passado que retornavam ali, pedindo reparo e conciliação. Ele ouviu Antônio sem interromper sua narrativa e sentiu toda a angústia na voz do amigo. Ao final, quando Antônio, exausto, fez uma longa pausa, Gerson convidou-o a se encontrarem no dia seguinte. Teriam uma reunião de estudos do Evangelho onde Gerson seria palestrante e logo após, gostaria de conversar com Antônio e os outros irmãos.

— A que horas devemos estar aí, Gerson?

— Podem chegar por volta das sete e meia. Você sabe vir aqui sozinho? Já esteve aqui algumas vezes, mas sempre acompanhado por Duda...

— Sim, irei junto com Zezito e Lucas. Agradeço sua atenção, Gerson. Só de colocar tudo para fora parece que já me sinto um pouco melhor...

— É assim mesmo, Antônio. Precisamos nos ajudar mutuamente; desse modo o peso, embora não diminua, fica mais fácil de ser carregado.

— Então amanhã nos vemos, Gerson. E desculpe o adiantado da hora, mas é que eu estava muito aflito. Precisava mesmo de sua ajuda.

— Nem pense nisso, Antônio. Fiquei feliz por você ter me ligado. É muito bom saber que podemos de alguma forma contribuir. E tenho certeza de que vocês irão encontrar o melhor jeito de lidar com toda essa situação e, mais do que isso, serão capazes de reparar erros e superar mágoas do passado, unidos uns aos outros e com Jesus.

— Obrigado mais uma vez, Gerson, e até amanhã.

Ao desligar o telefone, Antônio sentiu-se ligeiramente menos ansioso. Tinha alguém com quem poderia compartilhar suas preocupações. Gerson vinha sendo tão amigo... Ele e a esposa já os haviam ajudado a compreender coisas que lhes pareciam tão difíceis... E também sentiam-se tão bem em sua companhia, como se já se conhecessem de há muito tempo... Era sempre agradável estar com eles.

Antônio confirmou com os irmãos a visita ao núcleo espírita e todos estavam dispostos. Ele conseguiu controlar o ímpeto de Zezito, que garantiu não tomar nenhuma atitude até o dia seguinte; pelo menos iriam antes conversar com Gerson para tentar, em conjunto, achar a maneira mais correta de agir.

Ao deitar-se, Antônio não podia dormir. Passou quase toda a noite pensando nas pessoas próximas que poderiam ajudá-los a encontrar um bom advogado para defender o pai. Seus pensamentos eram invadidos por sensações de raiva e inconformação. Pensava em Pedro e em sua atitude. "Por quê? Por quê? O que pode fazer um filho agir assim com o próprio pai?" Por que ele age assim?" – indagava-se. Ele não podia entender. E voltava a mente para o maior problema que tinham de encarar: tirar o pai o mais rápido possível da cadeia. E a noite estendeu-se longa e pesada.

Capítulo 31

Duda, Luís e os três irmãos seguiram agitados. Com ligações e mais ligações, tentavam achar alguma alternativa para resolver aquela situação. Duda procurou ajuda junto aos amigos e conhecidos. Tentou de tudo. Falou inclusive com um juiz amigo de familiares que tinha no sul do país. Contudo, as perspectivas não eram boas.

Todos falavam da necessidade de um advogado competente para atuar na questão. Somente isso asseguraria que Jorge saísse o mais breve possível da condição em que se encontrava e enfrentasse o inquérito fora da cadeia, em liberdade. Duda passou o dia buscando alternativas. Chamou um corretor na cidade para avaliar seu sítio, pois pretendia desfazer-se de parte dele, caso fosse necessário.

Ao entardecer Duda foi até a delegacia, visitar Jorge e verificar como ele estava. Josué lhe pediu que esperasse mais um dia. Ele precisava de algumas autorizações para liberar a visita de Duda. Por enquanto, Jorge tinha apenas autorização para receber os familiares.

— Josué, isso é um absurdo. Somos como uma família para ele!

— Eu sei, Duda, porém não posso autorizar. Estou trabalhando nisso. Os meninos virão visitá-lo, não virão?

— Sim, mas não sei exatamente quando.

— Pois que seja o mais rápido possível, e então eles poderão deixar uma autorização para que você o visite. Estou de mãos atadas nessa caso, Duda. Leonel acompanha todos os meus passos...

— E por que não posso visitá-lo?

— É uma questão delicada, esse processo. Jorge está sendo acusado de ser uma pessoa perigosa.

— Como assim, uma pessoa perigosa?

— A questão é que se ele for mesmo portador de alguma doença mental, é capaz de atitudes das quais não se lembra depois. Dizem que pessoas assim podem ser destrutivas e perigosas já que perdem a consciência de seus atos. Daí a cautela com as visitas. Não se sabe o que poderia desencadear uma reação agressiva, segundo tenho lido de alguns estudos de especialistas.

— Ora, Josué, você sabe que isso não é verdade. Você sabe que Jorge não tem nada de perigoso. Por favor, vamos. Ele precisa de algumas palavras de apoio, de estímulo, isso sim! Como é que você se sentiria se estivesse no lugar dele, preso sem merecer, e sem poder receber uma visita, ver um rosto amigo? Me diga, como você se sentiria?

Josué fitou Duda a imaginar-se naquela situação.

— Está bem, Duda, tem de ser uma visita bem rápida, antes que o Leonel chegue. E não vá dizer a ninguém que eu autorizei. Nenhuma palavra, nem mesmo aos meninos, pois isso poderia chegar no ouvido de Leonel e me complicaria a vida.

— Pode deixar, Josué. Ninguém vai saber.

— Então vamos. Depressa. Tem de ser uma visita rápida.

Duda encontrou Jorge mais tranqüilo do que imaginava. Triste, porém não parecia revoltado com a situação. Conversaram longamente e Duda o informou dos esforços que estavam fazendo, da conversa que tivera com Antônio e de suas reações. Finalmente procurou tranqüilizar o amigo, reafirmando que estavam tentando de tudo para tirá-lo da prisão o mais breve possível.

— Pode ficar sossegado, Jorge, pois estamos fazendo tudo para tirá-lo daqui. Estou levantando o preço de nosso sítio e, se for preciso, vendemos uma parte e damos nossa contribuição.

Jorge levantou-se sereno e sério. Olhou firmemente para Duda:

— Duda, em hipótese alguma vocês farão isso. Não importa o que aconteça, não irão vender nada. Esse é um problema que deve ser resolvido dentro da minha família. Agradeço profundamente seu empenho, seu apoio, sua dedicação e a do Luís. Esse carinho já conforta minha alma; deixa meu coração mais aliviado saber que tenho amigos tão próximos, como irmãos. E não é por orgulho ou vaidade que recuso, Duda, e sim porque entendo que essa situação tão grave representa uma verdadeira lição de vida para minha família. Coisas assim não acontecem por acaso. Não é isso que aprendemos com a Doutrina Espírita? Que tudo em nossa vida tem um significado e que nosso Deus é quem cuida de nós, guiando-nos pela vida e nos permitindo viver as lições de que necessitamos para progredir e nos libertar do passado? Como podemos saber o que já fizemos, quem fomos e quais foram nossas atitudes? Então nos cabe confiar em Deus e nos seus desígnios, acreditando que Ele tem sempre o melhor para nós.

Portanto, essa situação precisa ser resolvida dentro da minha própria família. Se vocês conseguirem algum advogado que aceite meu caso, com custas menores, que eu e meus filhos possamos pagar, está bem. Mas não vou aceitar nenhum recurso de vocês. Não, Duda, não é correto. Deus há de providenciar o que for necessário. Vamos confiar.

Duda não podia opor-se àqueles argumentos lúcidos. Via a tristeza nos olhos do amigo, que muitas vezes, enchiam-se de lágrimas durante toda a conversa. Por outro lado, sentia também a firmeza que nascia de sua alma convicta, repleta de fé no futuro, de fé em Jesus. Despediram-se e Duda partiu pensativa. Jorge estava certo. Ele começava a compreender a grandeza do processo de reencarnação e do que estar na Terra significa para o homem. Sem dúvida ele entendera que a vida é nossa grande oportunidade de progresso e de reparação do passado.

Decidiram ela e Luís não mais insistir na questão do dinheiro, mas redobraram os esforços na tentativa de encontrar alguém que pudesse auxiliar Jorge.

Naquela noite os três irmãos, Antônio, Zezito e Lucas, encontraram-se com Gerson e sua esposa. Foi uma noite muito especial. As lições, os textos lidos, especialmente o trecho do Evangelho tocara profundamente os três rapazes, que com o coração aberto e sensível deixaram-se dominar pelas luzes de amor e paz que a todos envolveram durante os estudos da noite.

Gerson falou sobre o amor. O amor incondicional, com o qual Deus nos ama. Amor que ainda somos incapazes de compreender. Jesus veio até nós para nos trazer o exemplo vivo desse amor. Jesus doou-se infinitamente por todos, exemplificando com sua vida não só o amor verdadeiro, mas todas as leis de Deus que o homem precisa colocar em seu coração.

Falou também do quanto desejamos a transformação, o progresso da Terra, mas poucos querem realmente contribuir com essa transformação, fazendo a sua parte: amando. Lembrou a todos os presentes quanto o nosso planeta precisa de amor!

Todos foram envolvidos naquela noite pelas luzes de serenidade e amor. Estavam presentes à reunião alguns espíritos de forte atuação na fraternidade e no amparo ao próximo, que emanavam energias de amor sobre os presentes. E todos, sem exceção, tiveram contato com aquela poderosa força e com uma intensa sensação de tranqüilidade e paz.

Ao final, os cinco dirigiram-se à residência de Gerson.

— Foi uma noite de muita alegria, não? – perguntou Gerson ao entrarem em casa.

— Foi muito especial, Gerson. Sinto-me mais leve e sereno – afirmou Lucas ajeitando-se no sofá.

Zezito concordou:

— É verdade, sinto-me mais tranqüilo também. Estou preocupado, mas sinto como que uma nova força para enfrentar os problemas que nos cercam.

— Sim – falou Gerson em tom grave e sério. E a noite está apenas começando, meus amigos. Temos muito que conversar.

Sentaram-se todos confortavelmente na sala de estar, que possuía ao fundo uma grande estante repleta de livros, dos mais diversos assuntos, relacionados à Doutrina Espírita e ao Cristianismo. Entre outros viam-se muitos psicografados por Chico Xavier, demonstrando aos olhos interessados dos três irmãos que Gerson era um profundo conhecedor daquilo de que falava.

— Quantos livros, Gerson! Você já leu todos eles? – Antônio não se conteve diante de todos aqueles livros.

— Já. Alguns já li mais de uma vez. São livros que falam muito profundamente ao meu coração, esses eu leio com freqüência. Há outros que gostaria de ter lido novamente, porém falta tempo e ficam aguardando a primeira oportunidade para serem relidos novamente. Há livros que não se pode ler somente uma vez. Têm tanto a nos transmitir... Transbordam de conhecimentos, de experiências, de luzes para nossa alma; a cada vez que os lemos, temos uma nova lição a aprender.

— Puxa, você é um profundo conhecedor do espiritismo, então?

— Não, Zezito, longe disso. Longe disso. Sou apenas um estudioso, isso sim. Considero-me um estudioso dedicado. Dedico boa parte de meu tempo livre ao estudo, à leitura, à busca do conhecimento. Principalmente do Evangelho, desse manancial de luz, de vida que é o Evangelho de Jesus. Busco compreender sua vida e seus ensinamentos, que me enchem de luz e ao mesmo tempo me fazem sentir quanto ainda falta para que um dia eu possa compreendê-lo e ter suas lições dentro da minha alma.

— Puxa! Eu não podia imaginar que vocês estudassem tanto...

— Nem todos estudam, Zezito, mas isso é assunto para outro dia, outra hora...

A esposa de Gerson, Carla, serviu-lhes um refresco e iniciaram a conversa que os trouxera até ali naquela noite.

— Bom, Gerson, você sabe um pouco sobre nossos problemas recentes, as dificuldades pelas quais temos passado nos últimos tempos.

Tudo começou dez anos atrás com o incêndio em nossa casa, quando a nossa mãe morreu. As causas do incêndio nunca foram esclarecidos. Ela estava no galpão, uma espécie de rancho onde guardávamos diversos materiais. O incêndio aconteceu quase de madrugada. Nunca conseguimos entender o que a mãe fazia lá àquela hora. Foi por volta das quatro horas que acordamos com os gritos do pai pedindo ajuda. O galpão estava quase todo queimado; um empregado que está conosco desde aquela época, viu o pai tentando entrar ali, desesperado. Foi isso que o pai falou nos depoimentos. Ele teve de responder a uma série de perguntas durante as investigações.

Já naquela época Pedro começou a agir de modo estranho, insinuando que o pai poderia ter alguma responsabilidade, se bem que fazia isso muito sutilmente. Ninguém tinha motivo para acreditar que o pai fizera alguma coisa contra nossa mãe. Eles se amavam, nós sabíamos disso. Mas Pedro insistia naquela atitude acusadora. Chegou a sugerir que eles tivessem brigado, e que talvez o pai fosse culpado indiretamente. O pai ficou em profunda depressão. A morte dela foi muito dolorosa para ele. Sofreu demais, ficou quase sem comer. Depois vieram as investigações, remexendo em tudo e para piorar tinham as insinuações do filho. Pedro afastou-se da família, principalmente do pai. Não conversavam mais.

Pedro fechou-se muito naquela época. Ele e a mãe eram muito ligados, mas com o pai a coisa era complicada, nunca se entenderam muito bem. A mãe era o elo que os unia, os ligava. Quando ela se foi, um abismo profundo se abriu entre os dois. Acho que tudo começou a desmoronar ali, depois da morte dela.

Antônio silenciou por alguns instantes. As lembranças, que não eram só dele, como também dos outros irmãos, comoviam a todos. Antônio teve de parar para recobrar a energia e controlar a emoção.

Gerson e Carla ouviam atentamente, acompanhando quase sem respirar a narrativa de Antônio. Sentiam-se envolvidos naquela história, e podiam sentir a emoção dos irmãos com a recordação daqueles fatos. Antônio respirou fundo e continuou:

— Aos poucos, meu pai foi se recuperando, com muito empenho e esforço de todos nós. Empenhamo-nos também em fazer Pedro aproximar-se novamente dele. Foi difícil. Com muita insistência, Pedro voltou a visitar o pai no sítio. No entanto, nunca mais tiveram sequer uma conversa amistosa de verdade. O abismo permaneceu entre eles.

Esse último incidente vocês acompanharam mais de perto. A casa toda pegou fogo outra vez. Ninguém sabe como ou por quê. O pai morava no sítio em companhia de um único empregado, que estava fora naquela noite. O pai estava sozinho. O fogo destruiu tudo. Da casa que o pai construiu quando ainda éramos pequenos, sobraram somente cinzas. Estivemos lá logo depois do incêndio e era impressionante, ainda havia brasas ardendo em alguns lugares. O resto você já sabe. Ele ficou desacordado todo aquele tempo, sem nenhuma explicação, depois retornou como se nada tivesse acontecido.

Ultimamente ele vinha preocupado com Pedro, querendo de todas as formas aproximar-se. Pareceu muito determinado a isso. Agora eu não sei mais. Amanhã, de qualquer forma, irei visitá-lo. Quero vê-lo e conversar com ele.

Duda disse que se mantém calmo, porém tenho medo de que tudo isso seja demais para ele. Temo que volte a sentir-se depressivo, a parar de comer... Imagino que seja muito difícil, depois de tudo que ele passou, ser acusado de louco pelo próprio filho direta e formalmente. Da outra vez foi tudo velado, indireto: Pedro insinuou em seu depoimento que o pai tivesse alguma coisa a ver com o incêndio. Neste caso é muito diferente, ele o está acusando de ser portador de doença mental grave e de ser perigoso e ainda por cima conseguiu que a justiça bloqueasse todos os bens que possui. A situação é inaceitável!

—Vocês tentaram conversar com Pedro? – perguntou Carla, atenciosa.

— Eu tentei falar. Ele não atendeu minhas ligações e seu celular está desligado. Parece que não quer conversar com ninguém.

— É... Não quer ouvir a consciência.

— Como assim, Gerson?

— Vocês acham que ele não sente, por estar agredindo o próprio pai?

— Não sei. Se ele sentisse, por que o acusaria? Por que estaria agindo dessa forma?

— Zezito, Antônio e Lucas, com certeza Pedro sente, bem no fundo, que não deveria estar agindo dessa maneira com o próprio pai. A despeito disso, uma força maior deve estar induzindo-o, impulsionando-o a acusar Jorge.

— Que força seria essa, Gerson?

— Lemos muitas histórias semelhantes a essa de vocês, Antônio. Aprendemos que existem fortes elos que nos unem a pessoas que estão à nossa volta. Ligações, freqüentemente que, têm a ver com nossas vidas no passado.

Muitos ódios, mágoas e ressentimentos nascem de atitudes nossas em outras vidas. Regressamos para consertar, para nos redimir de nossos erros. Há vezes em que nós mesmos pedimos provas difíceis; de outras vezes são as leis Divinas – leis que nos levam a colher tudo aquilo que plantamos – que nos colocam em situações inexplicáveis na vida atual.

No Evangelho Segundo o Espiritismo, os Espíritos de Luz nos ensinam que sofremos em decorrência de atitudes que tomamos em desacordo com as leis Divinas, isto é, em conseqüência de nosso desrespeito e desacato a essas leis. Se não encontramos a causa de nossos sofrimentos na vida presente, precisamos procurar compreender que ela pode estar em nosso passado, em uma outra existência.

Neste caso, somente a fé raciocinada e a compreensão das leis de Deus, aliadas ao amor de nossos amigos espirituais podem nos dar a força necessária para superar tudo, sem revolta, lutando para aprender a lição e nos preparando para a libertação do passado, onde nossas decisões e escolhas deram origem ao nosso sofrimento.

— É difícil de entender, Gerson. Sofremos sem saber por quê?

— É, Zezito. Entendo o que você quer dizer, parece meio confuso. Entretanto, se soubéssemos todos os detalhes de nosso passado, talvez o presente se fizesse insuportável. O abençoado esquecimento que nos envolve ajuda a nos perdoarmos e recomeçarmos com novas forças.

A culpa provavelmente nos impediria de agir. Pensem nas suas próprias experiências do dia-a-dia. Quanta culpa carregamos em nossa vida, que nos faz andar em círculos, muitas vezes sem conseguir resolver problemas simples com que nos defrontamos ao lidar com as pessoas que estão à nossa volta.

Imaginem agora se deparamos com inimigos de nosso passado, pessoas a quem prejudicamos. Não nos sentiríamos profundamente culpados? E quem sabe essa culpa consciente nos impediria novamente de agir? Assim, amigos, abençoado o esquecimento que nos auxilia a reconstruir.

Os três irmãos permaneceram em silêncio. Todos eles compreendiam o que Gerson queria dizer. Todos podiam lembrar-se de situações em que a culpa os impedira de agir de maneira livre e espontânea.

— Mas a culpa deixaria Pedro com tanto ódio? Não compreendo.

— Pode ser a falta de perdão que esteja movendo o seu irmão, Lucas.

— Falta de perdão?

— Sim. Talvez Pedro tenha mágoas profundas que não foram limpas. Talvez ele ainda traga no coração brasas acesas de mágoas e ressentimentos que como cinzas do passado o incomodam e perturbam. Por isso, volto a dizer a vocês, a situação requer paciência, compreensão e união.

Embora vejamos Jorge sofrendo injustamente nas mãos de Pedro, precisamos pensar: O que poderia ter causado tudo isso? Afinal, mais uma vez aprendemos com o Evangelho que todo efeito tem uma causa. Se há ódio, mágoa, alguma coisa causou tudo isso. E se eles estão juntos, precisam trabalhar para restaurar aquilo que talvez, um dia, tenha sido destruído.

Jorge e Pedro precisam de apoio e amor. É um momento difícil, mas unidos a Jesus, com muita fé, pedindo ajuda e compreensão, vocês conseguirão encontrar a força necessária e a atitude certa a tomar.

O que vocês não podem é deixar que se instale a revolta contra Deus, o sentimento de que Deus desamparou vocês. Precisam lutar contra esse sentimento e, ao trabalhar de todas as formas para ajudar seu pai, buscar também compreender que Deus sempre tem o melhor para nós.

Confiar no amor de Deus quando temos problemas sérios é muito difícil, porém é nessas horas sublimes que encontramos, se permanecermos firmes, a força espiritual dentro de nós. E contaremos sempre com a ajuda de Jesus através de seus amorosos mensageiros.

Os três irmãos permaneceram envoltos por energias de amor e de fortalecimento, emanadas naquela sala por Gerson e Carla e por inúmeros amigos espirituais que estavam participando daquele encontro.

Sentindo o momento de profundo envolvimento espiritual, Gerson convidou os demais a fazerem uma prece a Jesus, pedindo seu amparo e sua orientação para aquela família.

A conversa havia sido esclarecedora. Os três irmãos retornaram em silêncio, meditando nas palavras de Gerson. Sentiam que talvez houvesse muito mais nessa situação do que podiam compreender. Sentiram-se revigorados. Essa nova forma de pensar enchia seus corações de forças e de uma nova esperança.

Capítulo 32

Duda e Luís buscavam todas as alternativas possíveis para ajudar Jorge. Por seu lado, Antônio, Zezito e Lucas também se empenhavam muito em procurar opções. Mas nenhuma parecia dar resultados; quando tomavam forma, dando a impressão de que conduziriam a algum lugar, elas se desfaziam, desapareciam e nada podia ser concretizado.

Duda chegou a conversar com advogados indicados por amigos, os quais usualmente atendiam clientes que não tinham condições de pagar. Porém, quando alguns deles estavam a ponto de iniciar a participação no caso, algo de urgente lhes aparecia no trabalho, na vida pessoal, e eram afastados do processo de Jorge sem ao menos se aprofundarem.

As repetidas tentativas foram infrutíferas. Uma após outra iam se perdendo, e Duda já receava que seria mais difícil do que imaginavam a princípio. Foi por isso que quando Antônio apareceu para visitar o pai alguns dias após sua prisão, ela estava mais preocupada.

— Ainda não alcançamos nenhum resultado, Antônio, apesar de tentarmos de tudo. Falamos com todas as pessoas que conhecemos, além das que nos foram indicadas por amigos. Fizemos contatos com excelentes advogados, mas sempre acontece um problema qualquer e a coisa não anda, não progride. Fico triste por ter de dizer ao Jorge que ainda não avançamos nada. O que vamos fazer?

— Também não estamos obtendo grandes progressos por lá, Duda; acho que até menos do que os de vocês por aqui. Apenas um conhecido nos indicou um possível advogado, com o qual ainda não conseguimos contato. Tentamos, mas ele parece estar sempre ocupado, fora do escritório. Você esteve com meu pai? Como vai ele, Duda? Está conseguindo se manter firme?

— É impressionante, Antônio, a firmeza de seu pai. É ele que nos dá forças, que nos dá consolo. Está triste, é claro. Às vezes chego a pensar que andou chorando, pois vejo tristeza em seus olhos, mas ao mesmo tempo ele se mantém firme em seus propósitos. Penso que não tem sido nada fácil para ele...

— Imagino que não mesmo. Se esse caso todo nos deixa perplexos, incomodados, magoados com a atitude de Pedro, imagine o que não deve sentir meu pai...

— E como está Pedro? Vocês o têm visto, falado com ele?

— Foi embora pouco antes de entrar com a denúncia formal contra o pai. Foi de repente e sem aviso. Ultimamente o Pedro já vinha andando distante, tão longe de nós que não é de admirar que não tenhamos percebido nada...

— Bom, Antônio, aqui estamos. Jorge ficará muito feliz em vê-lo.

Ao entrarem encontraram Josué ao telefone, tomando nota de uma série de orientações que recebia. Parecia tenso e preocupado. Antônio e Duda aguardaram. A conversa ao telefone foi longa e ao final, quando Josué desligou, Antônio e Duda já acompanhavam o que estava acontecendo.

— Querem transferi-lo? Por quê? Aqui ele pode receber nosso apoio, nosso contato. Por que, Josué? – insistiu Duda.

— Querem que ele seja internado para fazer alguns exames. Querem acelerar as investigações, que já estão bastante adiantadas, e agora o promotor solicitou uma série de exames a serem realizados em uma clínica psiquiátrica, em São Paulo.

— E por que tanta pressa? Nossa justiça não costuma ser

morosa? Tudo é devagar! Por que a pressa?

— Sem dúvida nossa justiça é morosa, especialmente quando não estão envolvidos interesses de pessoas poderosas. O caso de seu pai, em especial, vem sendo conduzido de maneira bastante diferente do que usualmente acontece. O próprio envolvimento do promotor, como vem acontecendo, demonstra um interesse diferenciado por este caso.

— E quando será a transferência?

— Amanhã a tarde.

— Amanhã?! Não há nada que possamos fazer para impedir, Josué? Ajude-nos, por favor!

— Duda, já disse à você e vou repetir ao Antônio. Estou de mãos atadas nesse processo. Tenho o Leonel o tempo todo no meu calcanhar, acompanhando, revisando tudo o que faço! Não tenho autonomia alguma: Ele questiona tudo o tempo todo e deixa pouco espaço para minhas observações. Na prática, ele é que está conduzindo o processo, apesar de eu ser o responsável.

— Quem é esse Leonel, afinal? Não é um investigador que está aqui para ajudá-lo?

— Não é bem assim. A princípio veio designado como investigador, mas logo depois chegou uma comunicação informando que ele estava sendo designado como assistente do promotor, com a função de auxiliá-lo na condução das investigações.

— O que vamos fazer agora? – suspirou Duda, ansiosa.

— Vocês conseguiram o advogado para defendê-lo? Entraram com a liminar?

— Infelizmente ainda não, Josué. Estamos tentando de todos os modos. Antônio também tem feito de tudo, mas não temos tido nenhum resultado.

— Estranho! Tudo parece difícil. Não dá para entender...

Leonel entrou na sala interrompendo Josué, que imediatamente, mudou o tom da conversa:

— Querem vê-lo agora?

— Ele tem se alimentado, Josué? – perguntou Antônio, preocupado.

— Tem, sim. Seu comportamento tem sido surpreendente. Conheço seu pai e sua fama de durão, de homem fechado e severo; contudo, ele tem se comportado muito bem. Passa a maior parte do tempo lendo e meditando.

— Só que essa transferência será mais um golpe, Antônio – afirmou Duda.

— Acho melhor nós falarmos com ele, Josué.

— Talvez seja melhor mesmo, Antônio. Vocês vão facilitar minha vida – finalizou Josué, observando constantemente as atitudes de Leonel.

Antônio entrou sozinho; Duda preferiu aguardar do lado de fora, para que os dois tivessem um momento a sós. Ao ver o filho, Jorge foi tomado pela emoção e, deixando transparecer as lutas que vinha enfrentando na solidão daquela cela, chorou abraçado a ele que também chorava sem encontrar palavras para consolar o pai, não encontrava palavras que consolassem a si mesmo. E ficaram envolvidos pela emoção e pela dor daquele momento. Foi Jorge que por fim acalmou-se e, sentando-se, recobrou a serenidade para falar:

— É muito bom ver você, filho. E seus irmãos, como estão?

Seu olhar cansado revelava profunda melancolia. A alma exaurida das lutas e das dores que enfrentava se mostrava fragilizada e sofrida.

— Vão indo, pai, vão indo. Não pude vir antes, porque estamos tentando contratar um advogado para você. Duda também vem trabalhando muito nisso. Não estamos encontrando, pai. Todas as nossas tentativas não têm dado resultado. É muito difícil vir aqui e ter de falar isso a você. Mas estamos tentando muito, de verdade, e vamos continuar, até conseguirmos.

— Eu sei, Antônio, eu sei que vocês têm feito tudo que podem e agradeço muito. O mais importante é ter vocês do meu lado. Isso para mim é o mais importante.

— Pois quanto a isso não há com que se preocupar, pai. Estamos todos do seu lado, eu, Zezito e o Lucas. E você tem Duda e Luís, que são mais do que amigos, são sua família.

— Eu sei. Duda tem vindo me visitar todos os dias. Parece que no início teve alguns problemas com o Josué, que depois resolveu. Ela tem me dado muita força. Os dois são muito queridos. Não sei como estaria enfrentando tudo isso sem a ajuda desses dedicados amigos. Eles são como uma luz para minha alma.

Jorge ficou alguns momentos em silêncio, como a buscar coragem para perguntar:

— E Pedro, como vai? Tem falado com ele?

Jorge procurava falar de Pedro sem demonstrar mais fortes emoções. Todavia, seus olhos o traíam, úmidos de lágrimas ao mencionar o filho. Antes de responder, Antônio, percebendo as lágrimas nos olhos do pai, suspirou fundo, e então prosseguiu:

— Não, pai. Ninguém consegue achá-lo.

— Ele não tem estado em casa?

— Não, mudou-se pouco antes de começar essa história toda. Simplesmente pegou as roupas e pertences pessoais, e sumiu. Foi embora sem falar com ninguém, de repente, pai. Não entendemos nada. Somente quando Duda nos ligou contando sobre a acusação foi que pudemos compreender melhor a atitude dele. Não poderia continuar conosco e fazer o que está fazendo...

Jorge silenciou, visivelmente entristecido. Queria muito ter notícias de Pedro. Desejava falar com o filho, abrir seu coração, falar que estava disposto a tudo para se entenderem. Mas isso parecia cada vez mais distante e difícil de acontecer.

— Vocês tentaram falar com ele depois que tudo isso começou?

— Tentamos, pai, sem resultado. Ele não atende ao telefone. O celular está sempre desligado e não sabemos onde ele mora. Estou a ponto de ir ao escritório dele – o tom de voz de Antônio tornava-se cada vez mais áspero, ríspido ao lembrar do irmão e das tentativas sem sucesso de falar com ele.

— Não, Antônio, não faça isso. Deixe. Tudo tem o momento certo. Vai chegar a hora de eu poder falar com Pedro. Em algum momento nos veremos frente a frente e poderei olhar em seus olhos e tentar transmitir-lhe tudo que sinto. As coisas têm de acontecer naturalmente. Não force nada. Sinto que será pior.

— As coisas estão ficando cada vez mais complicadas, pai. Não conseguimos tirar você daqui, para que responda ao inquérito em liberdade, e agora vem a agravante...

Antônio silenciou, sem saber como dizer ao pai o que precisava.

— Que agravante? – indagou Jorge.

Antônio levantou-se. Deu algumas voltas na cela, procurando encontrar as palavras, o jeito certo de dizer para que o impacto fosse minimizado.

— O que está acontecendo, Antônio? Qual é a agravante? Pode dizer, filho.

Antônio prosseguiu com a voz embargada, engolindo as lágrimas, a raiva e o sentimento de impotência que o dominava:

— Querem transferir você para uma clínica. E não há nada que possamos fazer para impedir isso.

— Uma clínica?

— É, uma clínica psiquiátrica, pai. Querem fazer alguns testes.

— Uma clínica psiquiátrica? Querem me internar, Antônio?

— Querem, pai. O promotor responsável pelo caso quer realizar uma série de exames como parte das investigações.

— Mas que exames, meu Deus?!

— Não sei. Vamos tentar impedir, fazer alguma coisa. Não vamos ficar aqui parados, disso você pode ter certeza. Vou ler tudo o que puder em relação a esse processo, vou me informar... vou procurar o promotor em São Paulo. Não sabemos nem por onde tentar primeiro! Ah, pai! Que tristeza... O que vamos fazer?

Antônio chorava, incapaz de controlar-se. Estava amargurado e abatido. Encostado na parede, tentava se conter. Jorge levantou-se, abraçou o filho fortemente. Seu coração batia descompassado diante de Antônio e de sua angústia. Ainda assim, sentia forças vindas de sua alma abatida e, buscando os olhos do filho, enxugou as lágrimas que corriam e disse em tom de voz firme :

— Meu filho, a vida é um grande aprendizado. Muitas vezes não entendemos o que nos acontece. Tudo nos parece negro, como se estivéssemos dentro de um imenso temporal, vendo tudo escuro à nossa volta. Sentimo-nos perdidos e sem saída, sem saber o rumo a tomar. Mas eu sei, Antônio, que Deus jamais nos abandona. Ele nos ama infinitamente. Sei que ele nos ama, apesar do sofrimento e da dor. Vamos confiar em Deus, Antônio. Sei que Ele irá nos conduzir naquilo que precisamos.

E se temos de sofrer, se isso é necessário para que possamos aprender, vamos aceitar, meu filho; vamos aceitar o sofrimento sem revolta.

Antônio enxugou as lágrimas que teimavam em cair. Que força era aquela que tinha seu pai? Lembrou-se das palavras de Gerson. Seu pai parecia ter ouvido o que haviam conversado.

Embora triste, abatido e sofrendo muito, Antônio percebeu que seu pai encontrara forças para permanecer sereno e firme em meio ao vendaval.

— Quando vai acabar a tormenta, pai? Será que vamos agüentar?

— Vamos, meu filho, nós vamos agüentar. Vamos nos unir e pedir a Deus por Pedro. Precisamos pedir que ele também tenha ajuda do alto, para que possa compreender o que está fazendo. Tenho certeza de que ele não está feliz! Vamos confiar em Deus, unindo-nos todos os dias em preces. Sozinhos não poderemos vencer, mas unidos a Jesus, vamos superar a tempestade em nossas vidas. Veremos a luz chegar. Vamos confiar e orar, Antônio.

Abraçaram-se mais uma vez, demoradamente. Então já não havia lágrimas. Jorge e Antônio tinham o mesmo desejo de união e de amor.

Quando retornou a São Paulo, Antônio foi diretamente ao escritório do irmão. Ficou aguardando por muito tempo. A secretária informou que Pedro estava ocupado e não poderia atendê-lo. Ele insistiu.

— Enquanto não falar com ele eu não saio daqui. Vou esperar. Preciso muito falar com Pedro.

— Ele não poderá falar com o senhor hoje. Está com a agenda lotada, cheia de compromissos. Temo que o senhor tenha de esperar muito mesmo!

— E eu temo que vá ficar aqui a tarde inteira. Uma hora ele terá de sair, não é? Quando isso acontecer, estarei aqui para falar com ele.

Antônio permaneceu quase duas horas sentado na recepção do escritório do irmão. Ao final Pedro apareceu. Antônio levantou-se imediatamente ao vê-lo sair de sua sala.

— Preciso falar com você, Pedro. É muito importante.

— Não tenho tempo, Antônio. Tenho muitos compromissos. Estou saindo agora para uma reunião e não tenho tempo para conversar. Aliás, não tenho nada para falar. Minha vida está muito atribulada. Tenho tido muitos casos novos e ando ocupado demais.

— Mas para fazer a denúncia contra o pai você encontrou tempo, não é?

— Antônio, já disse que não tenho nada para falar com você. O inquérito está correndo. Você nunca compreenderá as minhas razões. É muito íntimo, muito pessoal. Mas tenho certeza, Antônio, tenho certeza de que o pai tem responsabilidade pela morte da mãe. Tenho certeza de que ele foi o culpado. Ele precisa pagar pelo que fez. Não pode ficar impune, tem de pagar...

— Pedro, pelo amor de Deus, você não tem provas... Como pode acusar o pai dessa forma? Ele nunca fez mal a ninguém! Só porque não temos explicação para aquele incêndio, não podemos acusá-lo. Além do mais, já houve uma investigação e nada pôde ser provado.

— Foi uma investigação mal conduzida. Ninguém queria ir a fundo nos fatos. Todos estávamos abatidos e sofrendo muito. Agora é diferente. Conheço de leis, tenho experiência. Sou um advogado cada vez mais bem-sucedido. Estou progredindo depressa.

Tenho feito interessantes descobertas nesse processo e tenho provas novas, que relacionam o pai com o que aconteceu nos dois incêndios. Ele vai pagar pelo que fez. Ele vai pagar!

— Não compreendo você, Pedro.

— Não espero mesmo que você compreenda. Acho que ninguém vai me compreender. Sinto que ele é o responsável mas não vou perder tempo tentando convencer você ou qualquer outra pessoa. Vou em frente, Antônio, e vou conseguir o que quero.

— E o que você quer, Pedro?

Ao fazer a pergunta Antônio segurou com força o braço do irmão, que já entrava no elevador àquela altura da conversa. Pedro parou por um segundo, fixou os olhos nos de Antônio e disse sem titubear:

— Vingança.

Entrou rápido no elevador, alheio à surpresa do outro. A porta fechou-se diante do olhar aturdido de seu irmão. Vingança?

Antônio deixou o prédio vagarosamente. Aquela palavra não saía de sua mente. Ficava lá martelando e martelando. Vingança! De quê? Por quê? Será que Pedro estava doente? Teria algum problema mental sério? Vingança do pai? Como? Jorge sempre fora um bom pai; apesar de duro, um bom pai.

Pedro e o pai nunca haviam se entendido, eram hostis um com o outro. Mas daí àquele desejo de vingança que ele viu nos olhos do irmão havia uma distância enorme. Vingança...

Capítulo 33

Os esforços de Duda e Luís se intensificavam. Antônio, Zezito e Lucas continuavam empenhados o mais que podiam em ajudar o pai. No entanto, o trabalho permanecia infrutífero. Apesar de todas as tentativas, simplesmente não encontraram um advogado que abraçasse a causa de Jorge, que lutasse em sua defesa, pela sua liberdade e por justiça.

Todas as portas pareciam fechadas à ajuda, impedindo-os de obter resultados favoráveis. Mesmo tendo chegado muito perto algumas vezes, sempre eram surpreendidos por uma nova situação, um problema inesperado, uma dificuldade surgida no caminho daqueles que se dispunham a contribuir. E a ajuda não chegou. Eles não conseguiram um advogado disposto a colaborar. Todos os bons profissionais que se dispuseram a aceitar o caso cobravam altos preços, que eles não podiam pagar.

Antônio tentou até um empréstimo no banco para poder levantar o dinheiro, inexplicavelmente, também sem sucesso.

Duda e Luís, não obstante os apelos de Jorge, tentaram vender parte do sítio e outros bens que possuíam, mas não tiveram êxito. Tudo parecia concorrer para que Jorge continuasse preso.

Sua transferência para a clínica psiquiátrica aconteceu sem que pudessem fazer nada para impedir. Os exames representariam a principal prova de que Jorge era portador de insanidade mental. Caso os exames confirmassem as suspeitas levantadas por Pedro em sua acusação, sustentadas pelo promotor responsável pelo caso, e Jorge apresentasse problemas psiquiátricos graves, Pedro teria as provas de que necessitava e poderiam encerrar as investigações e encaminhar o processo para julgamento do inquérito, lutando para que Jorge fosse internado em um hospital psiquiátrico por muitos e muitos anos.

Antônio e Duda tentaram visitá-lo, mas foram impedidos de entrar. A alegação era de que estava ali detido, sob guarda, não se tratando, portanto, de uma internação comum. Ele seria submetido a uma série de testes e exames; assim, qualquer visita poderia atrapalhar ou interferir nos resultados. Seu problema era psíquico, emocional, diziam, e qualquer estímulo em suas emoções poderia causar reflexos nos resultados e até prejudicá-lo no processo.

Antônio seguia empenhado em falar novamente com o irmão, mas os esforços também não davam certo. Pedro e Antônio não se veriam mais até o dia do julgamento, que se aproximava rapidamente...

Incomunicável, Jorge passou semanas realizando os exames na clínica. Entretanto, longe da pessoa desequilibrada e agressiva que os relatórios iniciais sugeriam, eles depararam com um homem dócil, simples e flexível. Submeteu-se a todos os testes sem queixa ou indisposição. Fazia de bom grado tudo quanto lhe pediam. Se tivesse de acordar cedo, para fazer algum exame, fazia-o sem reclamar. Se tivesse de ficar até altas horas acordado, respondendo a perguntas que lhe eram feitas e repetidas pela décima, vigésima vez, fazia-o sem mostrar-se contrariado. Tinha uma calma e uma serenidade que todo o pessoal da clínica admirava. Não parecia o mesmo homem que esperavam receber.

Silencioso, Jorge falava pouco. Mas com simpatia e prontidão respondia a tudo que lhe pediam. Foi mantido isolado de outros pacientes da clínica, por isso conversava pouco. Permanecia longas horas lendo. Tinha como companhia grandes sábios e homens os quais trazia consigo nos livros que lia, e assim não se sentia só. Ele também se sentia amparado espiritualmente. Estava convicto, em seu coração, de que Deus estava no controle de tudo que lhe acontecia. E seguia confiante.

Sua firme decisão de conservar a confiança em Deus e em Jesus, houvesse o que houvesse, era fortalecida através da oração e das leituras. E Jorge era amparado por espíritos amigos que o estavam acompanhando. Sempre que lhe era possível Dulce o visitava, especialmente em sonho, e lhe transmitia força, fé e serenidade. Ele nunca mais sentiu-se sozinho. Quanto mais crescia a firmeza em seus propósitos, mais auxílio espiritual recebia.

Quando sentimentos de mágoa contra o filho tentavam assolar seu coração, Jorge os afastava gentilmente, dizendo a si mesmo que ele deveria ter algum motivo para agir como agia e comprometia-se a fazer tudo que estivesse ao seu alcance para tentar aproximar-se dele. O amor então fluía e ele novamente sentia ternura por Pedro. Lembrava-se dele ainda pequenino correndo pelo sítio Esperança. Sempre arredio e difícil, sempre se opondo ao pai. E mentalmente Jorge buscava compreender e perdoar. Seu coração, não obstante a dor e a solidão, enchia-se de paz e de amor.

Lentamente, dia após dia, foi perdendo o medo que a princípio sentia em relação ao futuro. Tudo confiava a Deus. Seguiria firmemente, houvesse o que houvesse. Sentia-se fortalecido e em paz. E aquela paz, aquela serenidade, transmitia a todos que dele se acercavam. Médicos e enfermeiros, auxiliares e simples trabalhadores, todos nutriam por ele simpatia e carinho. Aos poucos, apesar do seu silêncio, ele conquistava as pessoas à sua volta.

Após algumas semanas, todavia, o médico responsável pelo seu caso foi transferido e outro médico assumiu a responsabilidade pelos exames. Jorge sentiu-se desconfortável com o novo médico, que pouco falava e era um homem duro e ríspido. Já nos primeiros contatos Jorge pôde notar uma certa hostilidade naquele médico, que nem sequer o olhava nos olhos, como se tivesse algo a esconder. Uma nova série de exames teve início.

Algo estranho começou então a acontecer com Jorge. Parecia que ele perdia a memória. Sentia-se bem, mas ficava longos períodos do dia dormindo. Quando acordado a sensação era de corpo pesado e confusão mental. Não sabia bem o que ocorria com ele. Começou a ter dificuldade de ler, porque sempre estava com sono. Algumas vezes era difícil até comer, pois passava mal ao alimentar-se. E tinha de repousar.

As noites tornaram-se confusas e o sono de Jorge era tumultuado e cheio de sonhos. Pela manhã faltava-lhe entusiasmo para se levantar e voltava a dormir. Muitas vezes traziam-lhe o café no quarto e logo após adormecia novamente. Não podia compreender o que se passava com ele. De um momento para outro começou a sentir-se ausente e distante. Não se lembrava direito das coisas e estava sempre cansado. Esforçava-se muito para melhorar, para tentar entender o que se passava; como não conseguisse conversar com ninguém, seu ânimo se abatia.

As pessoas da clínica mostraram-se gradualmente mais indiferentes a ele, e aos poucos foram se distanciando. Jorge voltou a ser apenas um homem com problemas, talvez até um assassino, a realizar alguns exames. As noites eram longas e os dias curtos. Jorge não sentia mais ânimo para nada. Ainda assim, nas poucas horas em que conseguia ter maior lucidez mantinha-se firme em seu propósito de confiança em Deus. Renovava sua fé. E sempre, todo o tempo, orava a Deus pedindo forças e ajuda.

Amigos espirituais permaneciam constantemente ao seu lado. Numa das visitas que Dulce lhe fez, estava apreensiva:

— Como está nosso irmão? Permanece firme?

— Sim, Dulce, permanece firme. Temos tentado falar-lhe em sonho, porém os remédios que lhe estão dando o perturbam muito, dificultando nossa comunicação.

— Paciência e força, irmãos. Agradeço a Deus todos os dias pela dedicação de vocês a ele. Temos trabalhado incessantemente junto a Pedro, buscando demovê-lo das idéias de vingança, mas ele continua fechado aos nossos apelos. Não é capaz de registrar nossa presença. Mesmo em sonho, quando conseguimos falar com ele, permanece arredio, querendo a vingança acima de tudo. Procuramos sempre lembrá-lo do compromisso assumido antes de reencarnar, de que tentaria restabelecer a convivência com o pai e perdoar.

— Sem dúvida podemos compreender a grande dor que se abateu sobre Pedro. Contudo, sabemos que o perdão restaura todas as coisas e que ele perde agora uma grande oportunidade de melhor conduzir seu presente e de reconstruir seu futuro, tirando do coração dores, mágoas e marcas que lá estão.

— Temos pedido muito por ele, em nossas reuniões na colônia de recuperação. Pedro possui amigos que vibram em seu favor. Mas seu ódio, seu rancor e seu desejo de vingança têm impedido que qualquer ajuda se acerque dele. Tudo que é mais elevado lhe causa repugnância. Nem o contato com nosso amigo Gerson, tão intensamente planejado por nós, o sensibilizou. Usamos quanto podemos as palavras de Gerson em sua memória, em seu raciocínio lógico, buscando convencê-lo de que existe muito mais na Terra do que aquilo que os homens podem compreender. Infelizmente ele faz questão de desviar os pensamentos.

Dulce olhou carinhosa e terna para o marido que lia em um de seus momentos de lucidez. Lembrou-se do filho com tristeza. Quanta dor ainda enfrentaria por apegar-se tão firmemente ao desejo de vingança... Recriando o mal, traria a dor para a própria vida. Um dos companheiros interrompeu-lhe o breve silêncio:

— Dulce, constatamos que estão ministrando remédios e alucinógenos que alteram o funcionamento do cérebro de nosso irmão Jorge. Pedro é o responsável?

— Lamentavelmente sim. Ele tem muitos amigos influentes e conseguiu – usando o poder do dinheiro e ameaças – que o médico hoje responsável pelos exames concordasse com seus planos escusos para provar a insanidade do pai. A princípio ele imaginou que o pai estivesse mesmo doente. Como os resultados contrariaram suas expectativas, resolveu forjar as provas e seguir adiante com seus planos de vingança.

— Mas se não tem evidências da doença do pai, como pode ter tanta certeza?

— Ele está completamente convencido da culpa do pai. Não a questiona mais. E quer fazer justiça. Deseja a vingança e não é mais capaz de questionar de onde provém esse sentimento. Deixou-se simplesmente envolver por ele.

— Como nos é doloroso ver nosso irmão à beira do fracasso...

— Sim, meu filho não consegue perdoar. E isso o domina e o move sem que ele perceba que é escravo de seus desejos, dominado por suas paixões.

Dulce, então, despediu-se e partiu para outras tarefas que a aguardavam.

Contudo, naqueles dias de sofrimento e dor, Jorge crescia espiritualmente. Com humildade lutava para compreender e aceitar a vontade de Deus, buscando forças na oração e na leitura de livros que lhe abriam o entendimento.

O Evangelho repousava constantemente em sua cabeceira e era sua leitura de todos os dias. Nos momentos em que lia com fé o Evangelho sentia-se mais desperto.

Os dias seguiam rapidamente. O inquérito transcorria veloz. Todos foram intimados a dar seu depoimento: Duda, Luís, Antônio, Josué, antigos empregados do sítio. Ao final de seis meses, as investigações foram concluídas e o relatório final encaminhado por Josué ao promotor em São Paulo. Já não se tinha esperança de que o promotor arquivasse o caso. Antônio tentou falar com ele, mas não foi recebido. Ouviu apenas o recado de que se veriam no tribunal, se Antônio conseguisse autorização do juiz para assistir ao interrogatório.

Eles não tinham ilusões. Sabiam que Jorge seria mesmo denunciado pelo promotor de justiça. No entanto, tinham certeza de que o juiz seria a pessoa a exercer o papel que lhe cabia e faria justiça; ele seria capaz de perceber que as provas não eram consistentes. Tinham muita esperança de que absolvesse Jorge de imediato.

Logo chegou o momento tão esperado quanto temido. Receberam a informação do parecer do promotor e do encaminhamento do caso. O dia do primeiro interrogatório a ser conduzido diante do juiz foi marcado. Jorge permaneceria na clínica durante todo o processo.

Jorge recebeu a informação da data do interrogatório através do médico que lhe entregou uma intimação, com dia e horário em que deveria comparecer diante do juiz.

Ao receber a carta, Jorge sentou-se na cama, em seu quarto, segurando o papel nas mãos... As lágrimas corriam por sua face. Ele novamente buscou na prece a força de que necessitava. Suas energias se redobravam para enfrentar o momento difícil que estava por vir.

Jorge sabia que não tinha culpa alguma em tudo que acontecera em sua casa. Mesmo com a mente confusa, a memória enfraquecida pelas drogas que lhe eram ministradas, o corpo cansado, ele tinha certeza de não haver causado mal algum a sua adorável Dulce e muito menos feito qualquer coisa contra si próprio ou contra seu lar.

Porém, ainda que convicto de sua inocência, aceitava as acusações com humildade. Aceitava, com fé, o momento pelo qual passava. Sabia que não estava só, que a força que sentia não era somente sua. Deus estava ao seu lado e ele percebia isso nos instantes mais difíceis, sentia isso quando orava, pedindo forças. Ele sabia que recebia ajuda e assim se fortalecia. Serenou por fim o coração. Aguardaria o dia do julgamento com fé e esperança.

O momento era de dor e agonia também para Antônio, Zezito e Lucas. Eles estavam infelizes por não terem sido capazes de ajudar o pai.

Antônio e Duda viram-se diversas vezes em São Paulo, visitando advogados que lhes eram indicados por amigos e conhecidos. A cada um desses encontros, buscavam forças e consolo juntos, pois Duda sentia-se também fraca e impotente diante da situação. Muitas vezes choraram juntos. Muitas vezes encontraram-se com Gerson, que tudo acompanhava, buscando fortalecer os amigos com conselhos, apoio, amizade e muitas orações. Tentou ainda, ajudar de outras formas, indicando conhecidos que pudessem auxiliar na procura por um bom advogado. O fato de os esforços não darem nenhum resultado intrigava-o.

Como não foram capazes de obter um advogado, a justiça havia designado um advogado do Estado que iria fazer a defesa de Jorge. Já ao primeiro contato, perceberam que ele estava pouco empenhado naquele caso.

Pouco antes da audiência os amigos se encontraram novamente:

— É frustrante quando todas as nossas tentativas fracassam.

— Eu sei, Antônio. É compreensível sua frustração. Também me sinto frustrada às vezes, mas não podemos desanimar. Precisamos manter a fé e a certeza de que Deus sabe o que é melhor para cada um de nós...

— Sim, Duda. Temos de manter essa chama acesa dentro de nós. O que mais me intriga no caso é a questão das tentativas e mais tentativas frustradas. Isso chama muito minha atenção. Estive pensando e chego à conclusão de que seu pai precisa passar por esse julgamento, Antônio. Ele precisa passar por isso.

— Será mesmo, Gerson? E por quê?

— Sinto que se todos os esforços fracassaram, se todas as tentativas foram frustradas, é porque ele tem que passar por isso. Pensem: esforços não faltaram, vocês fizeram a sua parte; e assim deve ser. Precisamos sempre fazer a nossa parte. Nosso esforço é imprescindível ao nosso progresso, à nossa melhora, à conquista de nossa felicidade. Entretanto, se todo o esforço não deu resultado talvez seja porque ele precisa passar pelo julgamento. Acredito que a partir de agora vocês devem descansar.

— Descansar?! Como? Meu pai terá de enfrentar a humilhação de um julgamento, como réu, sendo completamente inocente. Vai ser acusado de ser doente mental, o que é uma mentira! Está nessa situação por causa de um filho que o odeia. Precisa de ajuda! Como podemos descansar? Enquanto o processo não começar, ainda há esperança de encontrarmos alguém bom para defendê-lo, Gerson.

— Pense bem, Antônio. Vocês já fizeram de tudo, buscaram todas as possibilidades. Todas as tentativas foram feitas. Vocês vêm lutando sinceramente com todas as forças. Não é esse o caminho. Precisam relaxar e aguardar. Agora nada há mais a ser feito. Precisamos aquietar nossos corações e nos preparar para enfrentar o momento do julgamento com serenidade e calma, sabendo aceitar com paciência os fatos, haja o que houver no desenlace desse processo.

— Como assim, havendo o que houver, Gerson? Você acha que há risco de meu pai ser considerado mesmo doente? Isso é impossível! Ele nunca apresentou nenhum indício de doença alguma! Todos nós sabemos que ele é absolutamente saudável. Tudo isso saiu da cabeça doente de Pedro! Não posso aceitar que isso aconteça! É impossível! Se Deus é justo, isso não vai acontecer!

— Antônio, acalme-se. O momento requer coragem, resignação e muita fé. Não sabemos o passado que envolve vocês, sua família. Não sabemos o que levou seu pai e seu irmão a essa situação. Sem a compreensão da reencarnação, concordo que seria impossível aceitar ou entender.

Ainda que nossos erros do passado nos tragam um presente de sofrimento e dor, podemos mudar nosso futuro. Não com rebeldia ou ódio. Foram provavelmente o ódio, o rancor, a mágoa e o orgulho que nos trouxeram a um presente de dor. Precisamos deixar que a luz de Deus entre em nós, mudando nossos sentimentos, aclarando nossos corações, permitindo-nos viver experiências diferentes, envolvidas em amor e perdão, para que nosso futuro seja melhor, tanto aqui na Terra quanto em nossa pátria espiritual.

Para isso precisamos confiar em Deus. Compreender que em sua justiça perfeita e em seu amor infinito ele nunca pune o homem. Apenas nos corrige – e nos auxilia – em nossa caminhada.

Tenhamos fé, Antônio. Se não há nada mais a fazer, de nossa parte, se já demos o melhor de nós, tenhamos fé. Há muitas lições que devemos aprender para podermos crescer. Confiemos.

— Puxa, Gerson, como é difícil! Lemos tanto, estudamos, falamos que aprendemos... E quando somos chamados a viver uma situação mais complicada, como é difícil mantermos nossa fé firme!

— Sem dúvida, Duda. Esse é um grande aprendizado para todos nós.

Antônio permaneceu pensativo. Não disse mais nada. Trazia o semblante marcado pela dor e pela tristeza. Estava mais magro e pálido. Levantou os olhos aos céus como a pedir forças. Ele amava o pai sinceramente e a idéia de vê-lo diante de um juiz era por demais dolorosa. Jamais pensara que ele pudesse vir a ser considerado doente. E agora Gerson o fazia deparar com essa possibilidade. Estava assustado. Não sabia se teria forças para enfrentar tudo aquilo da forma como Gerson aconselhava.

Às vezes, sentia raiva do irmão. Lembrava-se então do pai, desejando reconciliar-se com Pedro: se o pai tentava perdoar, como poderia ele alimentar a raiva e a mágoa? Lutava consigo mesmo, com suas emoções. Por fim suspirou profundamente e disse:

— Fé. A minha ainda é muito fraca. A dois dias do início dos interrogatórios não sei o que fazer. Preciso muito da ajuda de vocês.

Duda abraçou-o deixando que desabafasse. Gerson baixou a cabeça e em silêncio, pediu a Deus pelos amigos.

Capítulo 34

Uma brisa fresca soprava naquela tarde. Quando Antônio saiu do carro juntamente com Duda, Luís e os dois irmãos, pôde sentir o ar suave, cheio de energia. O céu de um azul intenso e o sol forte marcavam mais um dia agradável de primavera.

O coração de Antônio batia descompassado, pois sabia que o momento era muito grave. Caminhou em direção ao prédio, para ver se o pai já havia chegado. Estava ansioso por vê-lo, por falar com ele, porém não havia nenhum sinal de Jorge. Ainda que disfarçando para si mesmo, procurava também o irmão. Fazia muito tempo que não o via. Sentia saudade. Acreditava que Pedro estaria presente ao julgamento do pai, uma vez que havia contribuído de maneira decisiva para aquela situação.

Antônio tomara conhecimento dos detalhes do processo, através do advogado encarregado pelo Estado, de defender seu pai. Parecia-lhe um homem correto, porém não sentia segurança de sua competência. Assumira a defesa do caso a semanas da primeira audiência. O juiz decidiria o futuro, avaliando o real estado de saúde de Jorge e se ele teria alguma responsabilidade em tudo o que ocorrera ou se o absolveria e encerraria o processo. O advogado até parecia ter boa vontade, mas o tempo havia sido curto para que pudesse preparar-se adequadamente.

Afinal – pensava Antônio – de qualquer modo seu pai teria um advogado. O processo se baseava na possível insanidade mental do pai, que estaria apresentando um tipo de esquizofrenia que se manifestava em momentos de forte tensão emocional. Esta havia sido a acusação de Pedro, pela qual o pai estava agora sendo julgado. Aproximava-se a hora da audiência. Antônio continuava procurando o irmão.

Entraram em silêncio. Pessoas apressadas andavam de um lado para o outro, no prédio da Justiça; um prédio onde destinos eram definidos, onde a justiça deveria ser exercida. Antônio olhou tudo com respeito e medo. Sabia que não poderia confiar totalmente naquela justiça. Foram diretamente à sala onde os interrogatórios seriam realizados. Era uma sala pequena e haveria lugar para poucas pessoas. Em verdade, aquela seria a etapa final do inquérito em andamento. As audiências seriam fundamentais, a questão poderia encerrar-se ali mesmo, se as provas fossem consideradas insuficientes ou inconsistentes. O pai poderia ser solto e o processo encerrado. Caso contrário, ele não sabia o que poderia acontecer, qual seria a decisão do juiz diante das provas que o promotor alegava possuir. O juiz faria a avaliação das acusações e das provas apresentadas e então definiria o futuro do acusado.

Antônio e os irmãos foram conduzidos por um policial aos lugares que poderiam ocupar. Ao menos isso o advogado havia conseguido: a autorização do juiz para que acompanhassem os interrogatórios, em apoio ao pai. Foram autorizados, depois de muita insistência, desde que permanecessem em absoluto silêncio e não interferissem no andamento da audiência. Antônio perguntou pelo pai.

— O réu já está aqui, mas entrará somente ao iniciar-se a sessão.

O "réu", dissera o policial. Como era terrível para ele ouvir falarem assim do seu pai!

— Não seria possível vê-lo antes?

— De forma alguma. Os acusados entram durante a sessão e são retirados imediatamente ao término da cada uma delas. Só falam com o advogado.

— Ao menos podemos saber se ele está bem?

— Infelizmente não temos acesso a nenhum dos acusados.

Antônio retornou ao seu lugar, preocupado. Os irmãos olharam-no ansiosos por alguma informação:

— Nada. Nenhum contato é permitido. Teremos de aguardar.

O tempo ia passando e a sessão já estava com seu início atrasado, o que deixava todos muito ansiosos. Por fim, o advogado de defesa entrou. Fez um breve cumprimento com a cabeça e tomou posição na mesa. Ficaria ao lado de Jorge.

Passaram-se alguns minutos, que para eles pareciam horas. Por fim, entrou na sala o promotor, acompanhado de mais uma pessoa. Era Pedro. Sentou-se ao lado do promotor, em lugar oposto ao do advogado de defesa. Os quatro, advogado de defesa, réu, promotor e assistente de acusação, ficariam numa mesa diante do juiz, que ocuparia uma cadeira colocada sobre um pequeno tablado, deixando-o ligeiramente mais alto do que os demais, numa das extremidades da mesa. Na outra ponta, ficava a cadeira onde se sentariam as testemunhas.

Antônio não podia acreditar no que via. Ficou estarrecido. Pedro, ao lado do promotor. Ele estaria ali, frente a frente com o pai, acusando-o formalmente. Antônio assustou-se, mas de imediato percebeu que aquela situação envolvia problemas muito mais graves do que se poderia supor numa observação superficial. Lembrou-se das palavras de Gerson sobre a justiça Divina e a compreensão que precisavam ter em relação a Pedro.

Fixou os olhos no irmão ali sentado e pensou no que ele estava prestes a fazer. Aparentava autocontrole e profunda calma, porém Antônio sentia que debaixo daquela frieza certamente havia muita emoção, mágoa e raiva que ninguém poderia explicar. Por quê? Que razões teria Pedro para estar ali, diante da Justiça, acusando o próprio pai?

Antônio baixou a cabeça e pediu forças a Deus. Só então olhou para Zezito e Lucas, que como ele estavam assustados.

— Mantenhamos a calma – disse procurando controlar a emoção.

— Por essa eu não esperava, Antônio! Como pode ser? Foi por isso que ele sumiu lá de casa, não é mesmo?

— Calma, Zezito. Mantenhamos nossa calma. Vamos ter confiança em Deus. Tenho certeza de que deve haver uma razão para tudo isso.

— Razão, Antônio?! Que razão?

— Calma. Nada temos a fazer senão nos acalmar e pedir a Deus que nos ajude e que ampare o pai nesta hora.

Lucas permanecia calado. Seus olhos faiscavam de raiva e mágoa. Ele fitava incrédulo o irmão, que mais parecia um estranho.

Pedro não olhava na direção dos irmãos. Sabia que eles estavam ali, mas procurava não olhar para eles. Longo período se passou e Jorge foi conduzido sala adentro com a ajuda de um policial. Estava abatido e aparentava muito cansaço. Caminhou pela sala devagar e sentou-se ao lado do advogado. Ao ver o filho diante de si, emocionou-se e não se conteve:

— Pedro, meu filho. Finalmente! Finalmente posso vê-lo e falar com você. Preciso pedir que me perdoe, meu filho...

— É melhor que se cale – interrompeu Pedro irritado – se continuar a falar fora de hora, será pior para você. O interrogatório ainda não começou, mas todos aqui estão observando sua conduta. Você é o réu. Nada tenho para dizer-lhe que não seja através da Justiça.

— Mas meu filho...

— Não me chame mais de filho... Sou aqui um profissional. Sou o assistente de acusação, dando apoio ao promotor deste caso, e pretendemos que a justiça seja feita!

Jorge calou-se, sério. Não reconhecia Pedro, que parecia transtornado. Percebia o sentimento de ódio em suas palavras. Sentia-se confuso. Que havia feito ele a Pedro durante toda a sua vida para deixá-lo tão magoado, com tamanho ressentimento?

Enquanto esses pensamentos vinham-lhe à mente, outra imagem de súbito ocupou sua lembrança. Lembrou-se daquele mesmo olhar de ódio, rancor e mágoa; daqueles mesmos olhos raivosos, em uma cena distante em sua memória. Procurou recordar em que outro momento Pedro lhe fora tão hostil. Enquanto os pensamentos vagavam, buscando sem sucesso, foi interrompido pela voz firme do escrivão pedindo a todos que se pusessem em pé para receber o juiz. Levantaram-se.

O juiz ocupou seu lugar. A sessão ia começar. Ele deu início à leitura do resumo do caso, informando a todos que o objetivo daquele interrogatório era apurar se Jorge era ou não portador de doença mental e sob influência desta, causador dos incêndios, tendo o primeira deles levado à morte sua esposa. E, se os fatos fossem comprovados, qual seria o destino de Jorge? Era a hora do julgamento do processo e o futuro de Jorge estava nas mãos do juiz.

Iniciou-se a leitura dos principais fatos apurados durante as investigações, incluindo o processo arquivado dez anos antes. Todas as circunstâncias ligadas à morte de Dulce e fatos que todos vinham lutando para esquecer durante os últimos dez anos, estavam outra vez diante deles, abrindo velhas chagas, despertando dores que pareciam esquecidas. Diante de todos, detalhe a detalhe foi sendo relembrado. Acima de tudo, estavam preocupados com Jorge. Ele parecia frágil. Os filhos não podiam vê-lo muito bem, pois estava de costas para eles, mas sabiam o quanto seria difícil para o pai recordar tudo aquilo.

A leitura do processo seguia em frente, relatando todos os fatos conhecidos que se sucederam naquela noite.

Jorge foi então chamado a depor e contou sua versão dos acontecimentos. Seu depoimento, porém, foi muito confuso e entrecortado com lapsos de esquecimento. Ele começava um raciocínio e se perdia completamente, esquecia, tendo de reiniciar. Em alguns pontos, não pôde concluir as lembranças e precisou da ajuda do advogado.

Foi uma longa e angustiosa sessão. Ao final, os filhos ficaram muito preocupados. O pai estava estranho e confuso e seu depoimento foi péssimo e comprometedor, especialmente diante das acusações de problemas mentais.

Durante todo o tempo Jorge viu sua vida passando novamente diante dele. Olhava Pedro com ternura, sentindo por ele carinho, compreensão e perdão. O filho não conseguia fitá-lo nos olhos. Desviava o olhar sempre que ele podia cruzar-se com o do pai. Jorge, ao contrário, buscava os olhos do filho para dizer-lhe que não havia ódio em seu coração. Ele desejava, sinceramente, que Pedro o amasse.

Apenas uma vez, durante aquela primeira sessão, seus olhos se encontraram. Pedro desviou os dele rapidamente. Teria medo? Se não visse nos olhos do pai o mal que acreditava haver ali, como poderia continuar justificando para si mesmo o que estava fazendo? Seus objetivos eram muito claros. Queria que o pai fosse condenado a viver em reclusão pelo resto da vida, pagando assim com seu sofrimento pelos erros que insistia em crer que ele havia cometido. Não importava que os fatos aparentemente não o comprovassem; ele sabia que o pai era culpado por todo o sofrimento que sentia. Ele sabia que o pai era o responsável.

No entanto, apesar de tudo que dizia a si mesmo, bem no fundo, dúvidas se escondiam. Por isso evitava olhar Jorge de frente. Sabia que o pai deveria pagar. Se ele tivesse de ser o instrumento, que fosse. A justiça tinha de ser feita. Seus olhos só se encontraram por um segundo, Jorge a lhe transmitir amor e compreensão. Por um instante, um instante apenas, Pedro quase deixou-se envolver pela ternura que viu nos olhos do pai; mas aquele sentimento de mágoa e revolta dominou em definitivo seu coração e, desviando bruscamente o olhar, concentrou-se em seus objetivos. Firmemente. Obstinadamente.

Após ouvir atento o resumo do processo e o conturbado depoimento de Jorge, o juiz encerrou a primeira sessão, informando que de novo se reuniriam na semana seguinte para ouvir as testemunhas de defesa.

O juiz foi o primeiro a deixar o recinto, seguido imediatamente pelo promotor e por Pedro, que retirou-se antes que qualquer pessoa pudesse aproximar-se dele, ao mesmo tempo em que Jorge era reconduzido pelo policial a uma sala em separado, para ser levado de volta à clínica.

Antônio, porém, conseguiu correr até o pai:

— Pai, como você está?

Embora o policial tentasse impedir o contato, Antônio insistiu:

— Por favor, guarda. É meu pai. Só quero saber como ele está. Como está, pai?

O guarda parou então por um momento.

— Estou bem, meu filho. Não se preocupe, estou bem. Vamos em frente. Vamos confiar em Deus. Ele sabe o que faz, não é mesmo? Mas estou bem. E seus irmãos?

— Preocupados, pai. Muito preocupados.

— Eu sei, meu filho. A situação é complicada, mas lembre-se sempre de que nós não conhecemos nada... Nós mal sabemos quem somos e há coisas que fogem completamente ao nosso entendimento...

Jorge parecia sonolento.

— Você está confiante, pai? Acha que tudo vai acabar bem? Essa é sua expectativa?

— Sim, Antônio. Estou certo de que tudo irá acabar bem... Como tiver de ser... Sei que vocês esforçaram-se ao máximo e que Deus nunca falha.

O policial interrompeu a conversa forçando Jorge a seguir em frente. Já tinha permitido conversa demais. Antônio despediu-se do pai já à distância. Todos saíram da sala e do prédio sem muito falar. Sentiam-se tristes naquela tarde. Era doloroso presenciar um homem inocente na cadeira dos réus...

Na semana seguinte, a sessão começou tumultuada. O promotor atrasara-se e o juiz parecia contrariado. A ansiedade aumentava entre os filhos de Jorge. Conseguiram autorização para que Gerson assistisse à sessão naquela tarde. Iriam depor como testemunhas de defesa os filhos, Duda, Luís e mais alguns amigos e conhecidos da cidade.

As testemunhas começaram a ser ouvidas. Os fatos eram revividos por diversos ângulos, diferentes interpretações.

"Eu acordei com os gritos. Era uma pessoa pedindo socorro. Quando corri, vi seu Jorge tentando entrar no galpão. Estava de pijamas e chorava desesperado, querendo entrar, mas o fogo era muito forte. Podíamos ouvir dona Dulce lá dentro pedindo ajuda. O marido lhe pedia que viesse até a janela, e ela dizia que não conseguia. Nunca pudemos entender o porquê. Ele tentou então entrar, porém foi obrigado a recuar. Suas roupas ficaram em chamas. Não era possível entrar e ele pediu que chamássemos ajuda, o fogo era muito forte; as labaredas saíam do pequeno galpão e queimavam tudo rapidamente. Seu Jorge chorava desesperado. Gritava pela esposa. Foi tudo muito rápido e logo não ouvimos mais a voz dela. Calou-se e ouvíamos apenas pequenos gemidos distantes. Seu Jorge continuava desesperado gritando. Foi aí que o fogo diminuiu um pouco na porta; ele forçou-a e entrou. Eu não consegui, pois havia muito fogo. Outros chegaram para ajudar. Os filhos estavam acordados, mas ele tinha pedido a todos que ficassem distantes.

Saiu com dona Dulce nos braços. Pediu que nenhum filho se aproximasse, pois ela estava muito mal e por certo ficariam impressionados. Colocou-a no carro e seguiu para o hospital. Eu o acompanhei. Dirigia como um desesperado. Pedia por ela o tempo todo. Tentava falar com ela, que só gemia. Chegamos e ele entrou no hospital carregando-a nos braços. Foi só isso. O resto todo mundo sabe. Ela ficou lá acho que uma semana e...Bem, todos sabem... Seu Jorge só chorava, coitado. Não comia, não falava. Só chorava. Eles se gostavam muito, a gente podia ver. Ele sofreu demais".

Era o depoimento do empregado que trabalhava no sítio. Estava viajando quando agora, dez anos depois, a casa toda tinha se incendiado. No depoimento em relação ao segundo incêndio ele dizia:

"Ainda bem que não estava lá. Teria sido demais! Ainda bem que seu Jorge conseguiu escapar outra vez! Que sina daquele lugar..."

"Que sina daquele lugar"... Essas palavras ressoavam na mente de Antônio. Ele não podia deixar de lembrar-se em detalhes dos dramas que atingiram sua família naqueles dois incêndios. A dor tinha sido muito grande. Aquele lugar mais uma vez tivera de passar pela dor e pelo fogo.... Suspirou profundamente. Como era difícil aceitar tudo aquilo!

Os filhos deram seu depoimento, um a um. Pedro mantinha-se de cabeça baixa. Quando o promotor fazia alguma pergunta aos irmãos, Pedro não os olhava diretamente nos olhos. Depois foi a vez de Duda e Luís. Aos poucos, foram sendo chamados todos que deveriam depor.

O médico que acompanhou Jorge durante o período que esteve desacordado no hospital também depôs a favor dele. Ao final de seu depoimento, Pedro levantou-se e cravando o olhar no médico perguntou:

— Doutor, por que acha que o réu permaneceu por mais de um mês desacordado? Qual foi o seu diagnóstico?

— Não chegamos a definir um diagnóstico. Não podemos precisar a causa do estado do Jorge, no período que esteve no hospital.

— Vocês não fizeram nenhuma avaliação psiquiátrica mais profunda, não é mesmo?

— Fizemos uma avaliação neurológica e um acompanhamento psicológico.

— Como fizeram o acompanhamento psicológico, se ele dormia?

— Quando acordou.

— Então o senhor confirma que o hospital não dispõe de recursos para avaliações psiquiátricas?

— O hospital tem recursos limitados, mas Jorge foi atendido em todas as suas necessidades.

— E como foi encarada a afirmação do réu de ter visto a esposa falecida, antes de entrar em delírio completo, digo, em sono profundo? Não é verdade que o senhor pensou que ele pudesse estar com problemas mentais?

— Não, ele poderia estar confuso...

— Doutor, não é verdade que o senhor teve preocupação com o estado mental do réu, naquele momento? Lembre-se de que deve falar a verdade!

O médico pensou um pouco e lembrou-se do que Pedro dizia. No dia em que Jorge voltara ele revelara aos irmãos o temor de que pudesse ter algum comprometimento mental.

— Jorge teve forte pressão emocional e poderia estar sob algum efeito dessa emoção.

— Efeito esse que vocês não saberiam diagnosticar com precisão, não é?

— Precisaríamos de um especialista.

— Certo, de um especialista. Sem mais perguntas, meritíssimo. A testemunha está dispensada.

Mais algumas testemunhas foram ouvidas e a segunda sessão foi encerrada, devendo ocorrer outra na semana seguinte para serem ouvidas as testemunhas de acusação e pronunciada a sentença do juiz.

Após uma semana de expectativa torturante, a terceira sessão se iniciava. O próximo depoimento era do médico da clínica, responsável pela avaliação psiquiátrica. Tratava-se do mais importante dos depoimentos, pois fora esse o médico que fornecera as provas decisivas naquele processo. Foi um longo e cansativo depoimento, cheio de termos técnicos, mas foi também muito exato. Não deixava dúvidas e o médico concluía em sua declaração de especialista:

— Como vocês puderam verificar neste tribunal, o paciente apresenta lapsos de memória, períodos de ausência e delírios, tanto maiores quanto maior for o estresse, a pressão emocional. Quando isso acontece, age de forma inconseqüente e agressiva. Perde completamente o autocontrole e mostra comportamento compulsivo. É um quadro de esquizofrenia paranóide. Acredita estar sendo vítima de perseguições e ataques. Tem alucinações e vê presenças imaginárias. Age como que em defesa própria, de forma agressiva. Torna-se, portanto, perigoso. Esse padrão de comportamento foi observado várias vezes na clínica. Levado por desequilíbrios emocionais e psíquicos perde o contato com a realidade e deixa transparecer uma personalidade alterada e perigosa.

Problemas como esse são estudados exaustivamente. Não são novidade alguma para a ciência, que já comprovou que em casos extremos é forçoso separar o paciente da convivência com a sociedade. O indivíduo pode ficar excessivamente perigoso, de acordo com o grau de descontrole que revela.

No caso do réu, constatamos que devido ao tempo que permanece ausente de si mesmo, e à falta de consciência que sofre quando assim procede, pode causar danos a outras pessoas sem ter lembrança disso posteriormente.

As declarações do médico eram comprovadas por exames realizados na clínica, que foram entregues ao juiz. Outros depoimentos de enfermeiros e funcionários da clínica confirmavam comportamentos alterados de Jorge, marcados por longas ausências, quando ficava andando de um lado a outro da clínica sem saber quem era.

Ele vinha se comportando como outros pacientes que apresentavam quadros de esquizofrenia. Vários testemunhos de funcionários da clínica davam suporte às conclusões do médico.

Ao final dos depoimentos das testemunhas de acusação, Pedro sentia-se satisfeito. Estava consumado! Os profissionais tinham feito o trabalho deles, atestando que o pai não era uma pessoa normal e que podia realmente ser perigoso! Ele exultava por ter atingido seus objetivos, e se convencia disso mais e mais, mesmo sabendo do acerto que fizera com os diretores da clínica, do acordo com o médico responsável e dos medicamentos que vinham sendo ministrados a seu pai, para induzi-lo àquele quadro de desequilíbrio.

Pedro se deliciava com o prazer de ver seu plano dando certo. Os depoimentos eram totalmente convincentes, totalmente confiáveis. Não poderiam achar furos naquelas declarações. E ele, Pedro, tinha certeza de que o pai era o culpado pelo incêndio que matara sua mãe. Ele sabia. O pai era uma pessoa ruim. Se assim não fosse, como ele poderia sentir aquele ódio gratuito, aquela repugnância? O pai era verdadeiramente mau. Só podia ser isso. Ele era a única pessoa que percebia e, por isso mesmo, o único que poderia fazer justiça.

Jorge permanecia em silêncio. Estava confuso com as conclusões médicas. De uns tempos para cá não sabia direito o que se passava com ele. Percebia que estava agindo de forma estranha. Talvez, pensava, ficar longe de todos estivesse lhe fazendo mal. Mas aquela conclusão era muito dura para ele.

Ele se perguntava se estava realmente doente. Se tudo aquilo que diziam fosse verdade, então poderia ter sido o responsável pela morte de Dulce sem saber! Ficou muito confuso. Sentiu de repente o chão lhe fugir dos pés. Tudo aquilo podia ser verdade! Talvez o filho tivesse razão em seu ódio. Talvez ele não se conhecesse direito. As pessoas às vezes fazem coisas terríveis, quando estão sob a influência de uma doença sobre a qual não têm controle.

Todavia em meio ao turbilhão de pensamentos que passavam pela sua mente, um após o outro, Jorge quase podia ouvir uma voz que vinha lá de dentro de seu coração como a lhe dizer: "Confie em Deus. Ele sabe o que faz. Siga confiante. Não tenha medo. Serene seu coração e confie. Você não está sozinho. E, não se preocupe. Muitas vezes as coisas não são o que aparentam".

Essas últimas palavras tomaram forma cada vez mais claramente no caos que se fizera em sua mente. As coisas não são o que aparentam: Jorge agarrou-se mentalmente a esta frase. Estava decidido a confiar em Deus. Embora tudo fosse contra ele naquele momento, talvez as coisas não fossem como aparentavam. Ele precisava confiar. Somente desse modo não ficaria completamente confuso e perdido em meio àqueles depoimentos tão chocantes sobre sua pessoa. E assim foi. Firmemente, repetindo para si mesmo aquelas palavras – as coisas não são na realidade o que aparentam – várias e várias vezes, acalmou aos poucos sua mente. Se o medo e a insegurança teimavam em minar-lhe as forças, ele repetia cada vez mais forte aquelas palavras, que lhe revigoravam o coração, e sentia-se mais tranqüilo e seguro.

Envolvido pelas energias suaves da presença de Dulce, Jorge deixou-se dominar por seu carinho, percebendo as palavras que ela lhe sussurrara aos ouvidos da alma: as coisas não são o que aparentam; confie em Deus. Deixou-se conduzir pela serenidade que Dulce lhe transmitia através daquelas palavras. Ele realmente não estava só. Julia e Dulce acompanhavam o julgamento.

Terminados os depoimentos, o juiz interrompeu a sessão – que deveria ter sido a última. Ao invés de chamar o promotor e o advogado de defesa para suas conclusões, alegou que queria ouvir mais um especialista antes de dar o veredito. Declarou que a corte estava em recesso e que deveriam reunir-se novamente em duas semanas, quando então, após o parecer desse especialista, ele daria sua sentença.

Os familiares e amigos de Jorge retiraram-se silenciosos e confusos. A conclusão médica parecia muito certa e precisa e por isso dúvidas rondavam suas mentes.

Duda pensou por um instante que Jorge pudesse ter algum problema, mas como? Questionava consigo mesma: conviveram com ele por tanto tempo, ela nunca o vira agir de maneira estranha; nunca ouvira nada a respeito disso. Se Jorge tivesse qualquer problema, Dulce lhe teria contado. Eram muito amigas. Dulce passava longas tardes com ela, trocando confidências, e nunca havia tocado no assunto. Como agora podiam os exames ser tão conclusivos? O laudo afirmava que a qualquer momento aqueles exames poderiam ser realizados ali e comprovariam, novamente, que Jorge tinha problemas psíquicos que ocasionavam seu desequilíbrio e atitudes intempestivas, descontroladas.

A noite que se seguiu àquela sessão foi longa. Jorge não conseguia dormir. Ficava relembrando as palavras dos depoimentos que lhe atribuíam sérios problemas mentais. Seria mesmo possível, pensava, que tivesse problemas e não os houvesse percebido antes? Mas aquela frase sempre lhe vinha à mente. E foi então que ele percebeu. De repente tudo ficou claro. Ele não tinha problema algum. Aquela frase lhe fora soprada pelos amigos espirituais! Disse a si próprio:

— Mas é claro! Como foi que não percebi isso antes! Tenho lido nos livros, tenho sentido dentro de mim forças que vêm não sei de onde. Penso em minha querida Dulce e sinto paz! Como foi que não percebi antes? É claro! Lembro-me de vê-la quando adormeci, naquele dia, em minha casa incendiada! Dulce está comigo! Sinto que ela está ao meu lado. Mas é claro, meu Deus, como não percebi antes? Leio sobre as experiências de tantas pessoas e ainda assim penso que é só com elas que as coisas acontecem!

Mas está acontecendo comigo, é claro. Tudo faz sentido de repente. O incêndio, o sono, Dulce... Ficar no hospital dormindo. As lembranças estranhas que me vêm à mente de vez em quando... Essa história por certo não começou agora, trago dentro de mim cinzas do passado ainda acesas, pedindo para serem definitivamente apagadas. E elas estão dentro de meu filho, que não consegue compreender e continua a sofrer a dor, que talvez eu mesmo lhe tenha causado!

Jorge se sentara em sua cama. Percebia como tudo se encaixava, como tudo fazia sentido. Não poderia jamais explicar o que sentia a mais ninguém. Se tentasse explicar, talvez aí é que o achariam maluco de fato e nunca mais o deixariam sair de um manicômio. Ele sabia que não tinha doença alguma, mas naquele momento teve total convicção de que não estava doente.

Nada fizera contra ninguém, porém trazia algo dentro de si que clamava por reparação. Lágrimas escorriam de suas faces. Era um misto de tristeza e alegria, de dor e conforto, pois no fundo da alma sentia paz. Sabia que estava agindo conforme sua consciência e isso lhe trazia uma paz inexplicável. A confiança que sentia em Deus crescia ainda mais. Estava perdido em seus pensamentos e sentimentos quando entrou em seu quarto uma enfermeira.

— Como está, Sr. Jorge? Vejo que está um pouco preocupado. Trouxe um remedinho para o senhor tomar para que fique mais tranqüilo.

Jorge deitou-se silencioso e sereno. Deixou que a enfermeira lhe desse o comprimido. Ao engolir, sentiu claramente que os remédios estavam causando o mal que ora aparentava. Era uma doença induzida, provocada. Pedro, não podendo encontrar doença alguma, estava forjando provas. Sorriu quando entendeu o que se passava. Mas sentiu-se calmo. Antes que o sono o tomasse por completo, lembrou mais uma vez a frase: as coisas nem sempre são o que aparentam. E adormeceu.

Pedro também tentava conciliar o sono. Estava satisfeito com o andamento do processo. Sentia que estava próximo de fazer justiça. Ele iria conseguir provar que o pai era um lunático e causador do sofrimento de toda a sua família.

— Quem sabe – pensava – meus irmãos finalmente irão entender e aceitar que ele não é boa coisa. Tenho de provar. Se estou vendo, tenho de fazer alguma coisa para que nunca mais possa fazer mau a ninguém. Precisa acabar seus dias só e afastado de tudo. Tenho certeza de que ele é culpado. E estou quase lá. Talvez meus irmãos compreendam. É, eles vão entender...

E a excitação que sentia não lhe permitia dormir. Dulce, naquela noite, estava lá em companhia de Julia. Iriam tentar mais uma vez fazê-lo reconsiderar e voltar atrás em seus intentos. Buscavam influenciar-lhe os pensamentos.

Porém Pedro não dormia. Além de Dulce e Julia, entidades sombrias lhe faziam companhia. Sabiam elas que os iluminados poderiam vir para procurar demovê-lo das intenções de vingança, e não queriam isso. Alguns eram antigos inimigos de Jorge que juntavam-se satisfeitos aos planos de Pedro. Outros eram inimigos de Pedro, desejando que ele persistisse em seu intento de fazer justiça com as próprias mãos, instigando o sentimento de ódio que já existia em seu coração.

Aquelas entidades impediram Pedro de dormir. Se dormisse, sabiam que poderia estar com a mãe. Ela era uma iluminada e eles abominavam qualquer encontro com os iluminados. Muitos de seus antigos companheiros haviam sido convencidos por aqueles amantes da luz a trilhar um novo caminho. Mas não iriam querer que isso acontecesse com eles. E Pedro não conseguiu dormir naquela noite. A mente permaneceu ocupada com os planos e as palavras que preparava como conclusão a ser proferida pelo promotor, ao qual dava assistência.

Era um quadro muito triste! Dulce e Julia acompanhavam toda a situação, sem nada poder fazer diante da forte decisão de Pedro e de sua ligação estreita com aquelas entidades que o manipulavam.

—Vejo com tristeza que nada poderemos fazer, Julia.

— Sim, Dulce. Infelizmente, Pedro fortalece o ódio em seu coração. Perde os laços que o ligavam a você, a mim. Hoje, especialmente, nada poderemos fazer.

— E em breve meu filho irá contrair compromissos que o

aprisionarão por muito tempo. Ao invés de lutar contra o ódio e alimentar o perdão em seu coração diante do sofrimento do pai, como havia planejado, ele sustenta em si o ódio.

Não consegue, não quer perdoar. Apega-se ao seu orgulho, ferido no passado, justificando para si mesmo, inconscientemente, o mal que agora lança sobre o pai com mentiras e farsas. Está cego pelo desejo de vingança.

— É muito triste quando vemos que nem todo o nosso esforço, nem todas as preces que fazemos, nem toda a ajuda dos amigos mais elevados conseguem demover as criaturas de seu desejo de vingança... Temos ainda um longo caminho de elevação a percorrer para aprendermos a amar e perdoar, como nos ensinou Jesus.

— Sim, Julia. Nenhum esforço da espiritualidade, por mais elevada que seja, pode fazer a parte que compete ao homem encarnado sobre a Terra em sua missão de elevar a alma buscando Deus. Entretanto, apesar do sofrimento, a Terra é nossa grande escola. E nela, com Seu amor, Deus nos guia pelo sofrimento e pela dor, ensinando-nos a tomar as decisões certas em nossas vidas; ele nos orienta para que aprendamos a escolher o melhor e a viver sob as leis verdadeiras, onde o amor e o perdão estão em primeiro lugar.

Um dia Pedro irá aprender a perdoar. Irá compreender e então iniciará seu caminho de volta.

— Até lá, quem sabe quanto ainda sofrerá?

— Tudo dependerá dele. Vamos orar a Deus. Vamos vibrar por ele. E amanhã, continuaremos vibrando para que possa retroceder em seus planos, continuaremos pedindo.

Dulce e Julia oraram a Deus pelo ser que ambas amavam profundamente. O amor que sentiam por Pedro era muito intenso. Logo o quarto estava repleto de luz. Suaves vibrações de amor enchiam o ambiente. Mas elas tornavam Pedro ainda mais inquieto. As entidades sombrias que ali se encontravam também sentiam o forte desconforto causado pelas vibrações de amor e harmonia:

— Eles estão por perto, posso sentir no ar que estão por aqui...

— Sim. Vamos manter Pedro desperto. Ele não pode dormir...

Dulce e Julia permaneceram junto dele toda a noite. Pedro não pôde dormir e não lhes assinalou a presença sutil. Pouquíssimo, quase nada, pôde sentir da presença amorosa das duas. Levantou-se por fim, ao amanhecer, sentindo no fundo da alma certa melancolia, que logo procurou abafar com seus planos para o dia que começava.

Apesar do cansaço pela noite em claro, a certeza de que alcançaria seus objetivos reanimava todo o seu ser, fazendo-o sentir renovadas energias, ao pensar que finalmente iria, de algum modo, punir o pai. E ele o faria. Saiu confiante.

Capítulo 35

Duas semanas haviam se passado desde a última sessão. Naquele dia, o amanhecer foi lento e o sol parecia preguiçoso, insistindo em não sair. Havia um mormaço desde cedo que deixava o ar abafado, contribuindo para que todos se sentissem ainda mais sufocados. Antônio, os irmãos, Duda e Luís sentiam o coração oprimido pelos receios e pela ansiedade. Mantinham-se unidos e eram apoiados por Gerson, que com amor e dedicação os acompanhava naquele momento difícil, transmitindo-lhes palavras de consolo, coragem e fé, insistindo que deveriam confiar em Deus acima de tudo.

Todos temiam, secretamente, que Jorge pudesse ser culpado de tudo de que o acusavam. Quem saberia? O depoimento do médico era contundente, inquestionável...

Jamais passou pela mente de algum deles que Pedro pudesse ter forjado provas, construído aquela farsa para punir o pai. Nenhum deles jamais conceberia que isso pudesse estar acontecendo. Simplesmente não poderiam imaginar um plano como aquele! Seria cruel demais, e não acreditavam que Pedro fosse tão desumano. Achavam que estava perdido e confuso mas não que fosse um homem que tinha prazer em fazer o mal, capaz de infringir a lei para prejudicar o pai.

Embora a sessão estivesse marcada para as três horas da tarde, antes mesmo das duas, todos já haviam chegado e uma ansiedade intensa pairava no ar. Duda e Luís junto com Antônio, Lucas e Zezito, aguardavam na ante-sala o horário para poderem entrar. Andavam de um lado a outro, sentavam-se... Antônio estava muito ansioso e não conseguia permanecer sentado. Zezito e Lucas, igualmente tensos e preocupados, esperavam perto de Duda. Gerson também estava lá, sentado ao lado dos irmãos, procurando distrair-lhes a atenção com histórias que contava, as mais diversas, vividas por ele e por amigos. Todas elas buscavam levar mensagens de leveza e suavidade àquele momento tenso e difícil.

Os segundos pareciam horas. Zezito olhava o relógio insistentemente. A cada dois ou três minutos ele o consultava de novo. Finalmente, Duda não se conteve:

— Não precisa olhar tanto para o relógio, Zezito. Isso não vai fazer o tempo passar mais depressa.

E abraçando o jovem como se fosse seu filho, disse:

— Calma, Zezito. Calma, respire fundo. O tempo não vai correr mais só porque você quer empurrá-lo com sua ansiedade.

Zezito sorriu e deixou-se abraçar por Duda. Sentia-se protegido junto dela, sempre terna e amorosa. Sentia falta da mãe, pensava muito nela. Com Duda, sentia-se amparado e aquele carinho lhe fazia bem.

— Parece que o tempo não passa mesmo, Duda! – afirmou Lucas irritado.

Em meio a assuntos diversos, escoavam-se os minutos. Todos olhavam ansiosos a porta que os separava da sala onde aconteceria a última sessão. Ao menor movimento, levantavam-se, quase que a um só tempo; eram funcionários que por ela transitavam. Tornavam a sentar-se, os olhos fixos entre o relógio e a porta. E o coração entre o medo e a fé, entre a oração e a angústia.

Finalmente, após o que parecera uma eternidade de espera, a porta se abriu e puderam entrar na sala. Gerson permaneceu junto a Duda e Luís do lado de fora, aguardando os irmãos – os únicos autorizados a assistir à conclusão do processo.

A sessão recomeçou pontualmente. Apesar de todos sentados e em silêncio, a atmosfera que prevalecia no ambiente era de expectativa e ansiedade. Ouvia-se aqui e ali um suspiro mais fundo, rápidos cochichos, sussurros de preocupações e temores.

A sala estava completa, com todos em seus lugares. O juiz solicitou que o especialista convidado viesse dar seu depoimento. Tratava-se de renomado cientista, pesquisador de doenças psiquiátricas e criminalista, que já havia participado de inúmeros outros processos semelhantes. Era uma autoridade no assunto e escritor de vários livros sobre o tema. Estudava detidamente o comportamento de pacientes esquizofrênicos que haviam cometido crimes e desenhava em detalhes seu perfil de conduta, com e sem crises. Tinha vasta experiência em casos como aquele, por isso fora convocado pela Justiça a dar seu parecer. O objetivo do juiz era que ele esclarecesse as dúvidas que pudessem persistir.

O especialista entrou no recinto e ocupou seu lugar. Iniciou seu depoimento discorrendo sobre as principais características encontradas nos criminosos portadores da doença mental e ressaltando as dificuldades de se diagnosticar com precisão devido às alterações que acometem o paciente no momento da crise.

Confirmou quais eram os testes que podiam indicar a presença da doença. Analisou, então, os que haviam sido realizados em Jorge, reiterando a opinião de que aqueles resultados poderiam ser um forte indício da existência da doença. Tudo apontava para que Jorge fosse considerado de fato portador de doença mental grave.

Através de seu depoimento, o psiquiatra reafirmou as conclusões do médico da clínica onde Jorge estivera internado. As semelhanças entre os casos já estudados em profundidade e os sintomas que Jorge apresentava eram grandes. A possibilidade de ele ter cometido os crimes de que era acusado tornava-se mais e mais real.

O juiz fez algumas perguntas ao dr. Francisco e depois deu à promotoria a oportunidade de fazer as suas. Pedro e o promotor entreolharam-se, e foi o primeiro quem respondeu:

— Sem perguntas, meritíssimo.

— A testemunha é sua – disse o juiz dirigindo-se ao advogado de defesa.

— Sem perguntas, sr. juiz – foi a declaração da defesa.

Pedro sorriu satisfeito. Estavam vencidos, pensou.

Antônio irritou-se, remexendo-se na cadeira. Sem perguntas, ora essa! Ele próprio tinha muitas dúvidas e gostaria de fazer uma série de perguntas àquele especialista. Queria saber mais detalhes sobre o comportamento das pessoas portadoras dessa doença. Aquele advogado não ajudava em nada! Quando tinha oportunidade de fazer alguma coisa, omitia-se. Sentiu que o pai estava totalmente indefeso. Era essa sua preocupação desde o início do inquérito. Por isso a procura incessante de um bom advogado que realmente se empenhasse no caso.

No final, pensava, Jorge acabara sem um advogado verdadeiramente comprometido com sua defesa. Aquele advogado indicado pelo Estado, além de não aparentar competência, não tinha qualquer interesse maior por aquele caso. Mal lera os depoimentos e não se mostrara nem um pouco preocupado ou comprometido. Antônio suspirou profundamente. Pobre de seu pai, nem ao menos tinha uma defesa decente. Nem ao menos tinha uma defesa! O filho tornara-se um inimigo, e um inimigo perigoso, seu acusador. E para piorar a situação, haviam conseguido apenas aquele advogado apático e desinteressado. Que impressionante lhe parecia o desenrolar dos acontecimentos!

Antônio tentava compreender e aceitar os fatos, com o auxílio constante de Gerson, porém às vezes suas emoções se descontrolavam e ficava deprimido. Não fosse o apoio de Duda e Luís, que os acolhiam como filhos, apoiando-os e auxiliando-os, disponíveis a qualquer hora, não conseguiria suportar. Estaria há muito sem esperança. À custa de muito esforço, mantinha a chama da esperança acesa em seu coração. E buscava sempre nos olhos do pai a coragem que em muitas ocasiões lhe faltava.

O juiz autorizou a testemunha, dr. Francisco, a se retirar e informou:

— Passaremos agora às considerações finais da acusação e por fim às da defesa. Entraremos em pequeno recesso para análise e retornaremos com o parecer final desta corte.

Aproximavam-se os momentos finais do julgamento. Ao anúncio do juiz, o promotor levantou-se resoluto. Pedro vibrava em sua cadeira, como se há séculos desejasse aquele desfecho. Seu coração quase arrebentava de ansiedade. Estava envolvido por forte emoção naquela hora. O promotor iniciou seu parecer final:

— Sr. juiz, após ouvir todos os depoimentos e fazer cuidadosa análise dos fatos comprovados que envolvem este processo, temos total certeza de que o réu é portador de doença mental gravíssima, que o levou a cometer crime contra sua esposa e quase contra si próprio. E não há dúvida de que pode cometê-lo novamente...

Pedro, quase sem respirar, acompanhava cada palavra do promotor. Embora olhasse para Jorge, era Afanásio que via. Era Afanásio que estava diante dele naquele instante. Via o pai que lhe tirara o futuro, o amor, o sonho, e, em última instância, a própria vida. Esse era o homem que Pedro via à sua frente. Nada tinha contra Jorge, mas tudo nele o remetia a Afanásio. O perdão, tão necessário, não encontrava lugar no coração de Pedro.

O promotor continuava, brilhantemente preparado:

— Este homem, meritíssimo, muito embora sem ser responsável pelos seus atos, é o causador da morte da esposa e também da tentativa de tirar a própria vida, além de pôr em risco a vida de pessoas de sua convivência próxima. É portanto, necessário que permaneça recluso, para que não mais represente ameaça à si próprio e à sociedade.

O promotor prosseguiu após pequena e calculada pausa:

— Meritíssimo, senhores presentes, diante dos depoimentos ouvidos durante este inquérito, através das testemunhas, não há dúvida quanto à participação involuntária do réu nos incêndios investigados. O laudo médico é conclusivo. Ele sofre de um distúrbio mental, do qual muitos aqui já ouviram falar: esquizofrenia-paranóide. Essa é a conclusão do laudo médico. Esse é o diagnóstico referente ao réu. Ouvimos ainda as conclusões de que um paciente nessas condições não só desconhece que é portador da doença, como não tem controle sobre seus atos. Age sob os efeitos da perturbação que o acomete e não há como conter-se. O paciente pode esquecer de seus atos e agir de forma completamente imprevista, de acordo com seus mais profundos problemas que estão fora do seu consciente. Ainda que sendo irresponsável pelos seus atos, a conclusão desse inquérito comprova que o réu não pode mais viver em sociedade, devendo ser mantido recluso em tratamento, para sua própria segurança e dos que o cercam.

Todos os fatos, senhores, demonstram que houve um crime. Nenhum incêndio se inicia sem uma causa. Todos os estudos mostram que não havia danos na parte elétrica. Não houve problemas de gás ou outro elemento de explosão espontânea nem na casa, nem no galpão. Em ambos o fogo começou com uma causa desconhecida. Mas houve uma causa que iniciou o fogo. Alguém colocou fogo naquelas construções, senhores!

A voz forte e intensa do promotor ecoava pela sala:

— Meritíssimo sr. juiz, senhores presentes, o réu foi indiciado como o causador do incêndio que provocou a morte de sua esposa. Dez anos depois, é acusado novamente de causar o fogo que quase o levou à morte. E eu lhes digo senhores, que ele é o responsável, ainda que sem consciência de seus atos.

É do conhecimento de todos, conforme a leitura dos depoimentos, que Dulce costumava ficar algumas vezes no galpão organizando as coisas. Todos sabem que ela passava algumas horas naquele local, esporadicamente. Porém não era seu hábito ir ali à noite. Quando tinha de executar alguma tarefa naquele galpão, ela o fazia durante o dia, especialmente pela manhã. Naquela noite contudo, ela estava lá a altas horas, quando o incêndio começou. E mais: não conseguia sair do galpão, o que nos faz deduzir que Dulce estava presa, talvez amarrada.

E eu digo que foi exatamente o que aconteceu: Dulce estava amarrada. Amarrada pelo marido, que antes de deitar-se insistiu para que ela o acompanhasse. Algumas vezes discutiam quando ela não o acompanhava. Isso também consta nos depoimentos: discussões, pequenos desgostos. Por muitos e muitos anos, o acusado foi contrariado pela esposa, que insistia em manter-se próxima dos filhos, sobretudo do filho mais velho, Pedro, meu assistente aqui presente, por quem o réu nutre desafeto desde o seu nascimento. Pequenas discussões, pequenos atritos eram comuns em decorrência do péssimo relacionamento do réu com o filho. Seguidamente, anos e anos, o conflito se intensificava porque ele, o réu, queria a mulher só para ele. Queria monopolizar a atenção dela, não permitindo que dedicasse a mais ninguém. Era possuído de ciúme, senhores, ciúme doentio do filho, da ligação carinhosa entre este e Dulce. E foi o ciúme descontrolado o desencadeador da crise que o fez amarrar a esposa no galpão e ali atear fogo.

Mas, vocês me perguntariam, por que a esposa e não o filho? Porque ela insistia em manter-se perto daquele filho, ainda mais unida do que aos demais. Ela insistia em defender o filho mais velho e isso foi insuportável para Jorge.

Imaginem, senhores, um homem, portador dessa lesão mental séria, que anos a fio tem aborrecimentos por causa da esposa e do filho. Agravando seu estado mental, Jorge passava naquele período por uma crise financeira, como confirmam os depoimentos. A produção de sua propriedade se perdeu por causa da falta de chuvas, fazendo a família atravessar uma fase de muita pressão.

Os fatos são contundentes, senhores, meritíssimo sr. juiz. Ciúme e pressão emocional. Eram dois fatores graves, que na cabeça de um homem doente poderiam perfeitamente desencadear processos obsessivos.

Naquela noite, Jorge e Dulce tiveram novo atrito. Ele precisava de ajuda, do apoio da esposa. Foi então que teve seu primeiro grande surto psicótico. Contrariado, amarrou a esposa, fechando a porta por fora ao sair. Quando todos já dormiam, ateou fogo. Diante do choque de ver o galpão em chamas, ele retornou da crise e começou a gritar desesperado, sem saber que era o causador do desastre. Por isso Dulce não conseguiu sair do galpão. Ela estava presa, com a porta fechada pelo lado de fora. Jorge, atordoado pelo que acontecia, não poderia imaginar que ele mesmo havia causado tudo aquilo. Entrou posteriormente em crise profunda, como todos acompanharam, crise essa, acentuada pela doença.

Na verdade, nunca se recuperou. A doença começou a tomar conta dele. E finalmente, dominado por ela, ateou fogo à própria casa. Por isso estava do lado de fora, e pôde pedir auxílio. Ele mesmo pôs fogo em sua casa. E quando a viu queimando novamente, desesperado, retornou da crise.

Excelentíssimo sr. juiz, senhores presentes, analisem os fatos! Se assim não fosse, se a casa se tivesse incendiado sozinha, como todos querem acreditar, como teria ele acordado e saído? Seu quarto fica no andar de cima. Ele alega que algo o acordou. Não foi o que ocorreu; na verdade ele já estava acordado provocando o incêndio. Quando voltou a si, não se lembrou de nada, acreditando que tivesse despertado e saído sozinho de lá.

É tão claro, senhores, meritíssimo, é tão óbvio! E não há outra explicação. Com a constatação da doença, fica tudo evidente. O réu provocou os incêndios. Desafio a defesa a provar outra teoria, a dar outra explicação.

Não há, meritíssimo. Ninguém poderá dar. Poderão procurar por teorias ou hipóteses, que ninguém será capaz de provar. E por quê? Porque não há como provar o que não existe. Tenho certeza de que se os senhores aqui presentes refletirem com cuidado sobre todos os fatos expostos durante este inquérito perceberão, sem sombra de dúvida, que eles falam por si. É só analisar os fatos expostos e a conclusão se torna evidente.

O acusado afirma sua inocência e o faz de modo convincente, pois realmente acredita nisso. Não tem consciência de seus atos e nesse sentido, torna-se irresponsável por eles. Tenho certeza de que ele irá perceber que necessita proteger a si mesmo e aos que estão à sua volta. Precisa ser tratado para que um dia, se conseguir se recuperar, possa voltar ao convívio familiar e social.

Ao ouvir tais palavras Pedro, pela primeira vez, olhou firmemente para o pai. Seus olhos estavam fixos, como se tentasse reconstruir visualmente tudo aquilo que o promotor acabara de falar e que Pedro acreditava ser verdade indiscutível. Ele mesmo havia dado aquela versão dos fatos ao promotor, ajudando-o a construir a acusação. O que o promotor não sabia, era que Pedro forjara as provas para poder saciar seus desejos de vingança.

Pedro sempre tivera o dom da palavra e convencia qualquer um, quando queria. Fora assim desde pequeno. Ele havia convencido o promotor dos fatos que criara em sua mente, e que agora comprovava com a ajuda da clínica onde o pai ficara internado. Tudo o que Pedro desejava era fazer o pai sofrer; desejava causar-lhe dor e puni-lo de qualquer forma, a qualquer preço. Via finalmente seu intento ser realizado.

O silêncio na sala era total. Mas os olhos de Jorge estavam tranqüilos. Fitando Pedro, ele via a si próprio. Tinha convicção de que em algum momento, em seu passado, causara tudo aquilo. Sentia a si mesmo no comportamento do filho e mantinha-se sereno. Jorge sabia que não tinha doença alguma, compreendia que lhe estavam atribuindo aquela doença para poder provar sua participação nos incêndios. Essa certeza, que tivera na noite anterior, deu-lhe profunda tranqüilidade. Ainda assim, decidiu calar-se frente às acusações injustas que lhe eram dirigidas.

Ao olhar incendiado de Pedro, cheio de ódio e desejo de vingança, Jorge retribuía com ternura e serenidade, compreensão e amor. Pedia perdão ao filho. Era isso que dizia com seu olhar e também com seus pensamentos. Mentalmente, ele repetia:

- Filho, perdoa-me. Eu sei que lhe causei dor e sofrimento. Vamos recomeçar. Vamos nos perdoar e reconstruir nossas vidas. Perdão, meu filho, se em algum momento o fiz sofrer.

Pedro chocou-se com o que viu nos olhos do pai. Percebeu a segurança e o carinho com que o olhava. Sentiu-se desconcertado pois estava prestes a conseguir que ele fosse considerado louco e afastado de todos. Extremamente incomodado com o que sentiu ao encarar o pai, desviou os olhos e buscou concentrar-se no discurso do promotor, que concluía:

— Meritíssimo, reclamo que a Justiça tome as providências necessárias para que o réu não mais provoque danos a si e à comunidade. Este homem é perigoso para a sociedade, necessitando de tratamento e acompanhamento. Precisa ser afastado imediatamente da convivência com as pessoas.

Ao sentar, experimentava a sensação de vitória, porém logo que olhou para Pedro percebeu-o aturdido. Pedro não compreendia o que estava acontecendo. Jorge estava estranho. Desde pequeno, quando discutiam, quando brigavam, o pai irritava-se seriamente com ele. Quando Pedro o provocava, ele sempre reagia com irritação. Crescera se relacionando com o pai dessa maneira. Mas agora ele parecia calmo e sereno. Não demonstrava nem de longe as reações com as quais se habituara. Seu rosto estava tranqüilo.

Pedro não entendia o que se passava. Estava transformando o pai em um lunático aos olhos da Justiça. Sabia que isso deveria causar-lhe dor e revolta. E ao invés disso, via amor, compreensão. Depois daquela troca de olhares, Pedro ficou absolutamente confuso.

Assim que o promotor sentou-se, o advogado de defesa foi convidado a tecer suas conclusões. Ele também estava confuso. Após ouvir com atenção o promotor e envolver-se totalmente em seu raciocínio, ele achava muito possível que Jorge fosse mesmo portador de doença mental. Estudara pouco e de forma superficial, quase mecânica, os depoimentos colhidos na fase das investigações. Não haviam identificado a causa do incêndio e bem podia ser como o promotor alegava. Ele não tinha nenhuma outra explicação ou conclusão quanto aos fatos apresentados. Talvez Jorge fosse realmente perigoso para permanecer livremente convivendo com as pessoas.

E titubeante, envolvido por sentimentos de dúvida, teceu fracamente sua defesa, que em alguns minutos estava encerrada.

Quando ele se sentou, os três irmãos não puderam controlar-se e começaram a comentar a situação. Zezito falava com Antônio indignado:

— O que é isso? Ele não disse nada capaz de ajudar o pai! Desse jeito vai ser difícil. O que ele quer? Que o pai seja considerado doente de verdade?

Quanto a Lucas, tinha lágrimas nos olhos e desespero na voz:

—Temos de fazer alguma coisa, Antônio, ou o pai vai acabar num hospício! Pedro vai conseguir!

O juiz, irritado com o burburinho que se formava na sala, ordenou:

— Silêncio!

Com o olhar desesperado, Antônio calou-se. Que poderia ele fazer naquela situação? Olhava o pai. Jorge virou-se para os filhos e, silenciosamente, pediu que tivessem calma e paciência. Sorriu, tentando transmitir lhes que estava bem e que tudo ficaria bem.

O pedido de silêncio do juiz ainda ecoava pela sala quando ele voltou a dirigir-se aos presentes e determinou:

— Esta corte entrará em recesso por duas horas e então retornaremos para proferir a sentença.

Levantou-se e saiu da sala, seguido pelo advogado de defesa, que desapareceu corredor adentro, receoso de que a família de Jorge cobrasse dele maiores explicações ou tomasse satisfações do que acabara de acontecer.

Jorge foi retirado logo depois. Seus olhos permaneceram em Pedro, que dominado por uma força estranha não conseguia levantar-se, como fizera nas outras sessões. Não olhava o pai. Tentava parecer distraído com alguns papéis sobre a mesa, enquanto sentia os olhos do pai sobre ele. Era tocado por uma estranha energia que partia de Jorge, uma energia que o incomodava e desconcertava. Finalmente, chamado pelo promotor, ergueu-se lentamente. Alguma coisa lhe parecia errada. Não era assim que ele imaginava sentir-se naquele dia e pensou:

—Vamos, Pedro, você está fraquejando. Lembre-se de que fez tudo isso porque ele merece! Força, vamos em frente. Você consegue!

Já ia saindo quando sentiu um braço segurando-o. Era Antônio.

— O que você está fazendo com nosso pai, com seu pai, Pedro?!

— Nada tenho a dizer, Antônio. Solte-me!

— Não. Você não pode fugir para sempre. Um dia terá de enfrentar isso que está fazendo...

Pedro interrompeu-o, enérgico:

— Guarda, estou com problemas aqui, pode me ajudar?

O policial caminhou para eles e Antônio soltou o irmão, deixando os braços caírem lentamente sobre o próprio corpo.

Antônio retirou-se deprimido e frustrado. Vinha controlando a raiva e a mágoa que sentia pelos atos que Pedro estava cometendo contra o pai. Tentava compreender o que o irmão fazia, procurava aceitar que tudo aquilo tinha um significado, mas a dor de ver o pai tratado daquela forma, e pelo próprio filho, era muito grande. Se um milagre não acontecesse – Antônio começava a pensar – o pai não escaparia de ser enviado a um sanatório ou coisa parecida. Eles precisavam de um milagre!

Antônio retornou cabisbaixo para junto dos irmãos que agora, na ante-sala, encontravam-se com Gerson, Duda e Luís. Gerson abraçou-o calorosamente, sugerindo:

— Vamos tomar um café e refrescar a cabeça um instante. Conheço um lugar agradável aqui perto onde poderemos tentar relaxar um pouco.

— Não quero, não sinto vontade de nada – disse Zezito resistente, inconformado com o que acontecia.

— Também não sinto vontade de ir a lugar algum – falou Lucas, também deprimido e angustiado.

— Esqueça isso por um pouco, Antônio. Vamos relaxar fora daqui e então conversaremos.

— Está bem, talvez seja melhor. Zezito, Lucas, vamos sair um pouco daqui. Este lugar me causa mal-estar.

Meio a contragosto, incentivados por Antônio, dirigiramse para um pequeno café próximo ao prédio onde estavam. Era um lugar pequeno e agradável. Mais uma vez iriam aguardar o escoar do tempo, que lentamente lhes tirava a esperança.

Antônio e os irmãos narraram aos amigos o que se passara na sessão. Gerson procurava consolá-los:

— Sei que é muito difícil a situação que vocês estão enfrentando. Sei que Jorge é uma pessoa saudável, sem problemas mentais. Mas temos de confiar em Deus. Nós não sabemos o porquê desse problema estar acontecendo, só Deus sabe. Ele sempre sabe tudo sobre nós. Precisamos confiar. Jorge entendeu isso. Ele sabe e está confiante; ao menos pelo que você descreveu, Antônio, dá para se chegar a essa conclusão. Ele está sereno. Vocês precisam seguir o exemplo de seu pai. E precisam confiar em Deus.

Gerson procurava de todas as formas passar estímulo e esperança aos filhos de Jorge.

— O que mais me incomoda, Gerson, é que ele nem ao menos está tendo uma defesa decente! É injusto!

—Vejam o que aconteceu, prestem atenção aos fatos. Vocês fizeram tudo que estava ao seu alcance para conseguir um bom advogado para seu pai, não fizeram? Tentaram conversar com Pedro e fazê-lo desistir das acusações, não tentaram?

Todos concordavam e ele prosseguiu:

— Deram o melhor depoimento que puderam, no intuito de mostrar tudo de bom que seu pai representa para vocês, quando foram chamados a depor. Não é isso?

Zezito retrucou aflito:

— Pois é! E nada deu certo! Nada disso adiantou, Gerson. Alguma coisa está errada!

— Não, Zezito, não é isso. Nós é que não temos condições de entender, por enquanto. Tudo foi tentado com empenho, porém nada acontece sem o consentimento de Deus. Portanto, o que está acontecendo tem o consentimento Dele. Vamos procurar compreender e aceitar.

Duda e Luís buscavam reforçar, junto aos três irmãos, a coragem e a energia para enfrentarem aquela provação. Continuaram conversando até próximo ao momento previsto para o retorno do recesso.

Capítulo 36

Pedro já ocupara seu lugar à mesa perto do promotor, quando os outros retornaram à sala. Mostrava-se ansioso e incapaz de concentrar-se. Estava ausente, distante. Nem percebeu a entrada dos irmãos. Em silêncio ficaram por alguns minutos, que lhes pareciam uma eternidade. O juiz estava atrasado. Desta vez todos haviam chegado em tempo, menos o juiz. Começaram a ficar inquietos. Que acontecia? Por que o atraso? Jorge mantinha-se calmo. Olhava os três filhos com ternura.

Pedro, permanecia alheio a tudo que se passava à sua volta. Seu semblante era tenso. Não aparentava a firmeza que dele transparecera no início. Alguma coisa o incomodava, mas ele próprio ainda não se apercebera disso.

Decorridos mais alguns minutos, o juiz entrou no recinto. Todos puseram-se novamente em pé para recebê-lo.

Era o momento decisivo pelo qual todos esperavam. Os olhos de todos estavam fixos no juiz. Com o coração disparado e suando frio, aguardavam a sentença, que poderia modificar suas vidas.

Jorge continuava calmo. Dava até a impressão de saber tudo que estava por vir. Os filhos, ao longe, olhavam o juiz com ansiedade. Pedro, porém, não demonstrava tanto entusiasmo como algumas horas atrás. Todos sentaram-se e o juiz iniciou a leitura da sentença:

- Entendemos que as provas aqui oferecidas, embora legítimas, apresentam fragilidade e portanto, ainda não podem ser consideradas conclusivas. Determinamos que novos testes sejam conduzidos para que possamos finalizar este processo. Até lá o réu permanecerá em prisão psiquiátrica, onde será continuamente avaliado e acompanhado por especialistas indicados por esta corte. Seus bens permanecerão congelados até ser proferida a sentença final.

Os filhos olhavam fixamente para Jorge, que era algemado e conduzido por policiais. Antes de se retirar, ele conversou alguma coisa com os guardas e dirigiu-se até onde estavam seus filhos:

— Tenho apenas dois minutos – disse ao aproximar-se. Só quero que saibam que estou bem. Sei que iremos conversar em breve, poderão visitar-me à partir de hoje. Estou bem. Sei que Deus sabe o que faz e tudo faz para nosso bem. Resolvi acreditar nisso e vou apostar nisso a minha vida. Sei que não estou sozinho; posso sentir a companhia de amigos espirituais ao meu lado. Se não estou sozinho, e Deus sabe o que faz, vou confiar. Mesmo que tudo pareça sem saída, ainda assim eu vou confiar que o melhor está acontecendo. Por favor, confiem também! Vamos permanecer firmes e unidos. O mais importante é não perdermos a confiança em Deus, que sempre sabe o que é melhor.

— Pai...

Olhando para os policiais que se faziam impacientes, Jorge disse:

— Tenho de ir agora. Lembrem-se, continuem confiando.

E saiu porta afora, escoltado pelos dois policiais, diante do olhar dos três filhos e dos amigos, que emudecidos acompanharam a movimentação. Por fim, ao ver o pai sumir pelo corredor, Antônio olhou angustiado para Gerson e explodiu:

— E agora? Que vamos fazer? O que vai acontecer? Ele vai ficar lá, preso!

Sentou-se com as mãos na cabeça, como a pedir desesperadamente por consolo, por ajuda. Gerson sentou-se ao lado dele, colocou as mãos amorosamente sobre seus ombros e lhe disse:

— Antônio, muitas são as prisões nas quais vivemos, prisões do passado. Trazemos conosco, dentro de nós, o nosso passado. Não podemos simplesmente nos livrar dele. Não é assim a lei de Deus. Tudo o que plantamos, colhemos. De uma forma ou de outra, colhemos fatalmente as conseqüências de nossos atos. Estamos aqui para reconstruir e transformar nosso presente e nosso futuro, com Jesus. Mas existem muitas cinzas do passado ainda acesas que precisamos apagar por completo e tirar de dentro de nós.

Essas cinzas ficam ainda queimando, ardendo, pedindo a água do amor e do perdão, para que possamos seguir em frente. Deus nos dá a cada dia uma nova oportunidade. Suas bênçãos nos alcançam sempre. Precisamos estar com a mente e o coração abertos e, acima de tudo, crer Nele e em Sua sabedoria.

Penso que o que vocês têm de fazer é continuar buscando todos os recursos legais para ajudar seu pai. Procuremos outro advogado. Façamos de tudo. Nunca devemos desistir de fazer a nossa parte da melhor maneira que conseguirmos. Não obstante, Antônio, lembre-se da experiência inexplicável que teve seu pai e não se esqueça que nada é por acaso.

Antônio olhava Gerson sem saber o que dizer. As palavras do amigo calavam no fundo de seu coração. Duda e Luiz também ouviam atentamente. Sentiam o forte envolvimento espiritual de Gerson ao pronunciar aquelas palavras. Sabiam que não falava somente por si.

Em preces mais uma vez, mentalmente pediam a Deus pela família. Zezito e Lucas ouviram tudo em silêncio. Estavam confusos. Só sabiam que iriam continuar lutando para ajudar o pai. A justiça tinha de ser feita. Sabiam que o pai não era doente e tudo fariam para ajudá-lo. Antônio levantou-se determinado:

— Sinto que tudo que você disse faz sentido! Vamos seguir lutando. Deus nos auxiliará. Não vamos desistir! Estamos aprendendo muito em todo esse processo. Vamos confiar!

Por fim, deixaram o prédio. Confusos e entristecidos, tentavam ainda assim manter a esperança acesa dentro da alma. Ao invés de deixarem o ódio e a mágoa tomarem conta de seus corações, decidiram ter esperança e fé.

Pedro deixou a sala evitando olhar de novo para o pai. Não queria ver ninguém e saiu tão logo o julgamento terminou.

O promotor e amigo que o acompanhava foi até ele e o cumprimentou pelo sucesso. No entanto, Pedro não conseguia sentir o prazer e a satisfação que imaginava. Estava perturbado e confuso.

— Excelente desempenho, Pedro! Não pensei que você fosse conseguir. Meus parabéns!

— Você é que foi brilhante! Pensou em tudo!

— É... apesar de esperar que o juiz proferisse a sentença final e o enviasse em definitivo para a prisão psiquiátrica, que é o lugar dele. Agora teremos um longo caminho pela frente para levá-lo ao manicômio em definitivo. Mas não se preocupe, eu previ que seria difícil. Prosseguiremos firmes no caso.

— É... Eu também...

— Desta vez, Pedro, você se superou de longe. Nunca vi um inquérito tão bem conduzido, tão bem articulado, tão bem negociado. Você usou toda a sua influência, toda a sua competência profissional e todos os recursos disponíveis. Excelente! Sem dúvida, está construindo uma carreira de muito futuro. E sua visão racional da situação é impressionante. Em nenhum momento deixou a emoção falar mais alto. Afinal, é seu pai e eu temi que isso, em algum momento, o fizesse recuar.

— Eu estou determinado, Cláudio. Muito determinado.

— Definitivamente, você esteve no seu melhor desempenho.

Cláudio já ia se despedindo de Pedro quando voltou-se e disse:

— E a propósito, Pedro, essa clínica foi decisiva no resultado das investigações, não foi?

— Sem dúvida.

— Como chegou até eles? Já os conhecia antes?

Pedro respondeu vagamente e entrou no carro. Não queria que Cláudio soubesse que os proprietários da clínica eram médicos com histórico profissional duvidoso, e que ela já fora investigada pelo seu escritório, anos antes. Assim Pedro obtivera o comprometimento da clínica em seus planos, quase com uma chantagem: ele alteraria relatórios e conclusões de suas investigações e até sumiria com os arquivos; em troca, eles o ajudariam.

Pedro entrou apressadamente em seu carro e foi embora. Sentiu-se estranho. Refletiu por um momento que parecia estar fugindo. Fugira da sala do julgamento, fugira agora de Cláudio. Sentiu-se novamente mal. Não gostava de fugir de nada. Era sempre corajoso e forte. Foi para o escritório, onde não conseguiu trabalhar direito. Sentia-se desinteressado, oprimido, triste. Não tinha vontade de falar com ninguém, de atender nenhum telefonema. Por fim, resolveu deixar o escritório e ir para casa.

"É melhor descansar um pouco. Isso deve ser obra do cansaço. Não dormi bem a noite passada, estava por demais ansioso. Deve ser isso. Estou cansado e preciso me recuperar, me recompor. Vou para casa e descanso; amanhã estarei ótimo. Então poderei realmente comemorar, pois, embora tenha esperado tanto por este momento, hoje não sinto disposição para comemorar"

Assim ponderando, foi para casa e tentou relaxar. Mas o olhar do pai não saía de sua mente. Aquele olhar lhe dizia alguma coisa que ele não conseguia decifrar. Quando menos esperava, via-se novamente pensando em Jorge, lembrando daquele olhar e da forma tranqüila como o pai se comportara no tribunal. Não parecia angustiado, nem com raiva, nem triste; apenas calmo. Como podia? Agia como se o que estava acontecendo não o afetasse, como se pairasse acima de tudo aquilo.

Pedro sentia-se fustigado pela atitude do pai. Desejara punir o pai e fazê-lo sofrer, pagar, amargar a culpa... Ao invés disso, percebia-o tranqüilo e sereno, em paz.

Por mais que procurasse afastar as lembranças, logo se dava conta de estar outra vez pensando no pai e em todos aqueles detalhes... Desviava imediatamente os pensamentos.

Buscava distrair-se com outra coisa qualquer, e repetidamente encontrava no íntimo o olhar sereno do pai em meio ao caos que se fazia à sua volta. E de novo se perguntava o que estaria ocorrendo com Jorge que o deixava tão bem. Chegou a pensar que o pai talvez estivesse mesmo doente, devido à sua reação.

Pedro recorreu naquela noite a diferentes alternativas para distrair-se, sem sucesso. Não houve meio de se concentrar na leitura. Ao falar com a namorada, a conversa não durou muito tempo. Ele não conseguia focar a atenção em nada, em nenhum assunto. Tentou a televisão, mudava de um canal para outro em busca de algo que o prendesse. Mas nada o fazia desviar o pensamento do pai e do julgamento. Repassava tudo mentalmente.

Por fim, desligou a televisão e começou a relembrar sua infância e seus sentimentos de repulsa pelo pai. Recordou-se das discussões que tinham, uma após outra, por qualquer motivo. Sentia pelo pai uma mágoa inexplicável. Até onde sua memória alcançava, sentia aquela mágoa, aquele ressentimento.

Lembrou-se de Dulce e de seu imenso carinho. Ela estava constantemente entre os dois, apaziguando, ajudando, pedindo que se entendessem. Sentiu saudade da mãe, que sempre fora suave e amorosa. Ele a amava profundamente e sofria muito a sua falta. Lembrou-se da dor que sentiu quando ela morreu. Desde aquele dia, ele culpava o pai pela sua morte, porém não tinha como provar. Sua mãe não poderia ter morrido num simples acidente, pensava ele. E as explicações do pai não o convenciam.

No último incêndio, então, como poderia Jorge estar do lado de fora da casa, acordado, sem saber como lá chegara? Não, não fazia sentido. O pai era o responsável. Tinha de ser o culpado. Talvez fosse doente. Se sentia aquela repulsa, era porque o pai, de fato, deveria ter alguma culpa, alguma responsabilidade em tudo aquilo. Estava fazendo o que era correto.

Pedro, pela primeira vez desde que decidira acusar o pai, sentiu-se frágil e triste. Desejou que tudo fosse diferente em sua vida. Não estava satisfeito com o que acabara de fazer. Conseguira levantar dúvidas sobre a sanidade do pai e mantê-lo recluso. Tinha certeza da culpa dele. Apesar disso, não se sentia bem. Estava triste e finalmente admitiu para si mesmo que gostaria que sua vida fosse diferente. Gostaria de não sentir tanta mágoa pelo pai.

Deitou-se cedo, por não conseguir ater-se a mais nada. Pensou que talvez o sono o deixasse melhor no dia seguinte. Admitiu que realmente precisava dormir, deixar a mente descansar para poder esquecer tudo aquilo. Com certeza uma boa noite de sono lhe faria bem.

Deitou-se ainda pensando em esquecer, mas sua mente insistia em questionar: Por que sentia aquela mágoa tão profunda? Por que odiava o pai? Sempre o havia odiado. Por quê? Já se perguntara aquilo por vezes incontáveis, e ouvia em seu coração como única resposta que o pai era um homem mau, que fazia o mau para as pessoas. E quando a mãe morrera, ele atribuíra a culpa ao pai. Por que o odiava tanto? Foi assim se perguntando que Pedro adormeceu naquela noite.

Sob a força magnética de Dulce e Julia, que tudo acompanhavam, atentas à oportunidade de ajudar, Pedro adormeceu. As duas mantiveram o envolvimento magnético sobre ele. Uma forte luz abraçava o corpo espiritual de Pedro, que também dormindo pairava acima de seu corpo físico.

Dulce e Julia procuravam há várias noites ocasião para através da sintonia de sentimentos, entrar em contato com ele, influenciando em seus pensamentos e atitudes. Enquanto Pedro mantinha idéias fixas de ódio e vingança, isso lhes impedia a atuação. Foi aquele olhar amoroso de Jorge que abriu no coração do rapaz uma dúvida, uma insegurança, e aquele breve momento foi o bastante para que as duas intensificassem sua ação, enviando-lhe mensagens que o conduzissem à reflexão. Puderam, então, tocar sua alma, suas emoções mais nobres, para que melhor refletisse. E agora ele estava mais aberto, quem sabe mais preparado para uma conversa.

Delicadamente, despertaram o corpo espiritual de Pedro. Ele levantou-se atordoado.

— Mãe! Que saudade, mãe...

Dulce o abraçou carinhosamente. Ele deixou-se envolver como uma criança em seu abraço.

— Pedro, meu filho, temos de conversar.

— Estou cansado e me sinto fraco.

— Pedro, queremos ajudá-lo.

Dessa vez quem se aproximava, luminosa, era Julia, o antigo amor de sua vida.

— Julia, como é bom vê-la. Sinto tanto sua falta... Mas pouco consigo lembrar de você quando estou acordado.

— É normal, Pedro, que nos esqueçamos do passado quando transitamos pela vida em nosso dia-a-dia. Você está cansado pelas mágoas que traz na alma, meu querido. Deve perdoar, Pedro. O ódio nunca poderá nos unir. Apenas nos afastará mais um do outro. Espero ansiosa o dia em que poderemos estar juntos novamente; e dessa vez, se Deus nos permitir, estaremos juntos e felizes!

— Julia, sei que seu amor é grande como o amor que sinto por você. Porém não posso perdoar aquele que destruiu nossas vidas!

— Ele deseja seu perdão, meu filho. Sabe que errou muito, sempre soube. Mas ele próprio não conseguia perdoar-se. Hoje você o libertou, meu filho. Por isso ele está tão bem e tão feliz. Você o libertou de seu passado.

— Eu o libertei? Ele ficará preso por anos! Vou lutar para que passe o resto de seus dias num hospício, pagando o mal que fez a todos nós!

— Não, Pedro, você não está entendendo. Ele sabe que está sendo injustiçado, que não teve nenhuma culpa em tudo que aconteceu naquele sítio. Ele sabe que a clínica vem lhe dando remédios para que apresente sintomas de uma doença que não tem. Ele sabe, meu filho.

— Como sabe? Se sabe, por que não reage?

— Ele sabe que você é o responsável pela farsa que foi montada naquele tribunal.

Pedro sentiu-se acuado. Como o pai podia saber?

— Alguém na clínica acabou falando? Foi isso? Como ele pode saber?

— Ele simplesmente sabe. Ninguém lhe disse nada. Pelo menos não da clínica.

— Quem foi, então? Alguém de fora?

— Meu filho, seu pai tem amigos na espiritualidade que o estão auxiliando. Eles o intuíram e ele sabe, ele sente.

— Mas não tem certeza.

— Ele sabe com a alma, com o coração. E saber assim é muito mais do que saber com a mente. Ele sabe e entende com todo o seu ser.

— Então por que não falou nada em sua defesa, antes da sentença do juiz?

— Ele sabe que é devedor. Decidiu confiar em Deus e deixar a justiça nas mãos Dele. Sabe que muitos exames ainda serão feitos. Sabe também que você o odeia. E tem consciência de que ele mesmo foi responsável por esse ódio, essa mágoa que hoje toma o seu coração, meu filho. Por isso, aceita o que você está lhe causando e esforça-se por compreender. Veja, Pedro, ele o ama e se arrependeu profundamente do que fez a você e a Julia, no passado. Sabemos que não se pode mudar o passado, já o presente está em nossas mãos. É nossa grande chance de nos libertarmos e transformarmos nosso futuro, aceitando o que fizemos e lutando hoje, aqui e agora para aproveitar todas as oportunidades que temos de reconstruir a nós mesmos e nossa vida!

— Como, mãe? Diga-me como tirar do peito essa dor que sinto, essa mágoa tão profunda. Não consigo!

— Perdoe, meu filho. Perdoe. É o único modo de nos libertarmos dos sofrimentos, dessa dor que você traz dentro de si.

— Não posso! Não consigo! Não quero! Não posso!

Pedro despertou com os próprios gritos. Não era a primeira vez que isso acontecia. Em muitas noites ele já tivera pesadelos e despertara gritando, sentindo raiva ou com lembranças vagas que nunca se recordava com clareza. Sentou-se na cama com as sensações da conversa que tivera com a mãe e com Julia. Mas de nada se recordava.

Levantou-se, foi até a cozinha e tomou um copo d'água. Pensou no pai. Lembrou-se de seu olhar. Estava intrigado com aquele olhar, que não entendia. Deitou-se novamente e tentou dormir. Virava-se de um lado para outro sem adormecer. Vinha-lhe à mente um desejo estranho de conversar com o pai. Aquele pensamento foi tomando forma dentro dele. Sentia que tinha de falar com Jorge. Não sabia direito por que, só sentia que precisava fazê-lo. Continuou a se virar na cama sem poder dormir. Lutava com aquela idéia que persistia em sua mente. Não podia visitar o pai! Não fazia sentido algum aquele sentimento. Por que deveria ele visitar o pai, um dia depois que quase conseguira provar sua insanidade? Por quê? Não! Ele sempre quisera punir o pai e estava feito. Ele conseguira. Não tinha de ver o pai nunca mais! Ao mesmo tempo em que assim pensava, lembrava daquele olhar... O que vira nos olhos do pai o intrigara e ele sentia que tinha de visitá-lo.

Pedro passou o resto da noite a lutar com seus sentimentos. Sua razão lhe dizia que tinha feito o que devia. Justificava-se ao lembrar do ódio profundo que sentia pelo pai. Ao mesmo tempo, permanecia nele aquela vontade irresistível de ir ver Jorge, de visitá-lo. Afinal, quando já era madrugada e o sol estava quase a raiar, ele adormeceu. Foi um sono breve.

Pedro acordou um tanto atordoado. Enquanto se preparava para o trabalho naquela manhã, ponderava o que deveria fazer. Continuava a sentir um forte impulso que o fazia desejar ver o pai. E ainda lutava com suas emoções, seus sentimentos confusos e desconexos.

Não conseguia entender por que agora, logo agora que alcançara o que tanto desejara, logo agora que deveria estar comemorando seu sucesso, deparava com aquele impulso estranho, aquela vontade insistente de ver o pai e falar com ele.

Ao sair para o trabalho, entretanto, decidiu que não iria dar ouvidos àqueles indefiníveis apelos interiores. Conversou longamente com a namorada, à tarde, contando os sentimentos que o rondavam. Ela era psicóloga e junto com Pedro considerou que poderiam ser sentimentos vindos do fundo de seu inconsciente, provocados pelas pressões sociais ou por crenças que nos são impostas desde a infância.

Pedro sentiu-se bem com aquela explicação. Só podia ser isso. Ele trazia dentro de si, como todo ser humano, influências da sociedade, da moral e dos valores nos quais vivia mergulhado. E é natural, como sua própria namorada lhe dissera, surgirem sentimentos negativos quando estamos realizando aquilo que devemos realizar, mas que de alguma forma vai contra o que nos ensina a sociedade.

Pedro ficou satisfeito. Ao desligar o telefone, sentiu ligeiro alívio. Parecia que aquele impulso indefinível tinha cedido à explicação lógica e coerente da moderna psicologia. Ele se dedicou com afinco ao trabalho, buscando desviar qualquer pensamento que o remetesse ao pai.

Capítulo 37

Naquela tarde, Antônio obteve permissão para visitar o pai. Jorge acabara de ser transferido da clínica onde se encontrava para uma prisão psiquiátrica. Sua transferência ocorrera pela manhã e não deveria receber visitas naquele dia. Mas Antônio conseguiu uma autorização junto ao juiz do caso, afirmando que não falava com o pai há meses. Assim, foi até a prisão psiquiátrica acompanhado de Zezito e Lucas.

Ao chegar diante do prédio, com altos portões e guardas por todos os lados, sentiram profunda tristeza envolvê-los. O pai estava ali dentro, sendo tratado como um homem perigoso, vigiado e preso, impedido de voltar ao convívio da sociedade. E sabe-se lá em que condições e que tipo de tratamento estaria recebendo naquele lugar.

Apresentaram ao guarda a autorização para entrar. Ainda que fosse horário de visitas, era exigido um documento específico, no caso de Jorge. O guarda lhes acenou de uma guarita toda cercada de vidros especiais, avisando que podiam entrar. Abriu o portão e eles seguiram pela entrada principal. À porta tiveram de mostrar novamente a autorização ao policial que abriu. Foram conduzidos até uma assistente social que conversou brevemente com eles e, após fazer algumas perguntas, encaminhou-os à ala psiquiátrica.

Andavam pelos corredores observando os policiais e outras pessoas que transitavam naquele lugar. Todos pareciam frios e hostis. Ninguém tinha no rosto ou no olhar uma expressão mais amigável ou agradável. Até a assistente social que os atendeu, lhes pareceu extremamente indiferente a qualquer preocupação que demonstraram em relação ao pai. Fizeram algumas perguntas a que ela respondeu mecanicamente. O único interesse que aparentou foi em preencher o formulário que deviam completar para acompanhamento de Jorge enquanto estivesse lá. Eram corredores frios e sombrios. Perceberam como seria difícil para eles conviver com aquele lugar.

Antônio sentia o coração bater mais forte, à medida que se aproximava da ala onde se encontrava o pai. Tristes e temerosas expectativas o envolviam. Como seria o lugar? Quais seriam as condições do ambiente, da sala, do quarto? Estaria Jorge sendo maltratado? Como poderiam cuidar dele ali dentro? Era sufocante o que se via e sentia dentro daquele prédio.

Finalmente chegaram ao quarto onde o pai estava. Uma grossa porta de ferro, com um pequeno visor na frente, foi aberta e o guarda permitiu que entrassem, um de cada vez. Teriam quinze minutos cada um, nada mais.

Ao entrar, Antônio sentiu forte náusea. O cheiro do quarto era desagradável; as paredes estavam sujas. A pequena cama era de ferro, com um colchão fino e desconfortável. Mais nada.

Jorge levantou-se feliz ao ver o filho. Abraçou Antônio com lágrimas nos olhos:

— Meu filho, que bom! Como me sinto feliz em ver você!

— Pai... – Antônio o abraçou, incapaz de conter as lágrimas que teimavam em descer-lhe pela face. Limpou os olhos e disse, tentando ainda uma vez conter a emoção:

— Zezito e Lucas também estão aí fora. Estamos todos muito preocupados.

Jorge, sentindo o momento delicado e difícil para ambos, pediu suavemente:

— Sente-se, meu filho.

Sobre a cama estavam suas roupas. Também havia livros

espalhados na cama e num canto do chão do quarto, uma pilha deles.

—Vejo que trouxe todos os seus livros, pai.

—Têm sido a minha companhia e pela força que me vêm dando, não posso prescindir deles. Através dos livros, sinto a presença de grandes amigos, sinto muitas vezes como se o escritor, ou o espírito que o ditou, estivesse aqui, sentado comigo, me ensinando, me falando, me orientando. É uma energia muito forte que esses livros trazem. Eles me têm dado alívio e força. Ainda bem que me autorizaram a trazê-los.

— Como você está, pai? Como se sente?

—Estou bem, Antônio. É difícil, mas acho que considerando a situação posso dizer que estou bem!

— Pai, prometo a você que vamos continuar fazendo de tudo para tirá-lo daqui. Não iremos esmorecer. Nunca desistiremos! Fizemos de tudo, você sabe, porém não nos foi possível contratar um advogado melhor! Aquele incompetente prejudicou você!

Antônio começava a irritar-se ao relembrar o péssimo desempenho do advogado de defesa.

— Calma, meu filho. De nada vai adiantar você se irritar. Continuem tentando, sem esquecer que tudo o que nos acontece é sob a permissão de nosso Pai, de Deus. Se Ele permite que passemos por esses momentos difíceis, com certeza existe um plano em torno de tudo isso. É sempre para o nosso bem. Vamos aceitar, Antônio. Se não aceitarmos, tudo ficará mais difícil. Não entenderemos os desígnios de Deus e talvez com nossos atos precipitados e afoitos possamos estragar todo um plano que está desenhado e vem sendo realizado pelos benfeitores espirituais que nos acompanham todo o tempo em nossas vidas.

Antônio ficou visivelmente impressionado com a serenidade do pai. Ele estava tranqüilo e consciente. Sabia o que enfrentava, o que teria de enfrentar, e a despeito disso transparecia calma e fé. Antônio segurou as mãos de Jorge e afirmou:.

— Admiro sua paciência, pai. Estou muito impressionado. E fico feliz em ver que vem conseguindo manter a calma numa situação tão difícil como esta.

— A fé nos abre o coração para compreendermos muitas coisas que sem ela se tornam insuperáveis. Desde que despertei no hospital, após o incêndio em nossa casa, sinto-me diferente. Nova energia me tem revigorado, Antônio. Tenho aprendido que existem leis perfeitas que regem o universo. Pela oração e pela fé em Jesus tenho reconhecido a presença fortalecedora desses amigos espirituais que Deus envia para nos auxiliar. E aprendi, meu filho, que tudo o que colhemos em nossas vidas é resultado daquilo que plantamos.

— Quer dizer que você acredita mesmo que foi o causador dos incêndios, pai?

— Sou culpado, sim.

Antônio fitou-o incrédulo. O pai era culpado? Permaneceu, sem dizer palavra, com os olhos fixos no pai:

— Somos todos devedores, filho. Temos nossos débitos, nossas dívidas a serem redimidas. Deus fez tudo perfeito. Tudo o que plantamos com nossas atitudes, nossa conduta, vamos colher. Ou colhemos agora, na presente existência, ou colheremos algum dia, no futuro. Não fui responsável por nenhum dos incêndios ocorridos em nossa propriedade. Não sou responsável pela morte de sua mãe. E não estou doente. Todavia sei que toda punição é resultado de meus próprios atos, e busco-os no passado. Se assim não fosse, não estaria acontecendo. Pedro é apenas um instrumento da justiça. Sei que ele sofre. Se me tem tanta mágoa, alguma razão deve existir. Não sei o que nem por quê. Só sei que decidi confiar em Deus de todo o meu coração, Antônio, e me resignar aos seus propósitos. Sei que ele transformará minha dor em libertação. Procuro compreender o que a vida está oferecendo, para poder obedecer e agir corretamente. Afinal, precisamos confiar no bem; acreditar no bem e agir no bem, mesmo quando isso é difícil. Só assim, permanecendo no bem, poderemos ver seus resultados. Se desistirmos, se resolvermos agir como a grande maioria age, com ódio, vingança e rancor, nunca saberemos aonde o bem, o amor poderia nos levar...

Antônio continuava fitando o pai entre admirado e incrédulo. Ficou perplexo com aquela clareza de idéias. Já havia ouvido algo parecido em suas conversas com Gerson.

— Pai, você parece o Gerson falando.

— Ele sabe o que diz, porque não fala só por si mesmo. Fala aquilo que aprendeu dos que sabem mais do que ele. E busca, com fé, aprender com Jesus a melhor maneira de caminhar sobre a Terra. É isso que estou buscando também. E não quero que vocês alimentem mágoas ou ressentimentos em relação a Pedro. Procurem compreendê-lo.

— Isso é muito difícil, pai, mas estamos tentando. Temos tentado de verdade, apesar de não ser fácil. Ele ficou diferente, distante. Age de forma fria. Nem parece que nos conhece! Nem parece que somos sua família! Acho que ele nos abandonou, pai.

— Não faz mal, Antônio, façamos a nossa parte. Temos de orar por ele, todos nós. Precisamos continuar unidos, orando por ele, para que o perdão possa ganhar seu coração.

Um policial interrompeu a conversa dizendo que o tempo de Antônio acabara. Se queria que os outros irmãos vissem o pai, deveria sair. Antônio abraçou Jorge fortemente.

— Estaremos sempre aqui, pai. E vamos fazer de tudo para reverter a situação.

— Eu sei que posso contar com vocês. Confiem e orem por Pedro.

Antônio saiu da pequena cela sentindo-se reconfortado. Zezito e Lucas entraram, um de cada vez; ao sair do quarto tinham o olhar cheio de esperança e sentiam-se quase alegres por ver o pai sereno e confiante. Jorge lhes transmitia paz, confiança, e estavam reconfortados por aquela energia positiva que dele emanava.

* * * * *

Com o passar dos dias e das semanas, Jorge ia se adaptando como podia à vida na prisão psiquiátrica. Antônio, Zezito e Lucas estabeleceram uma rotina de visitas de forma que sempre um deles estava com o pai, cercando-o de atenção e cuidados.

Duda e Luís igualmente o visitavam. Jorge sentia-se amado ao ter os amigos a envolvê-lo em carinho e amizade. Gostava especialmente das visitas de Gerson, pois, além de toda a atenção que recebia, com ele tirava dúvidas, trocava impressões e sentimentos, e o amigo se fazia mais uma vez orientador, acompanhando de perto seus temores e dificuldades. Conseguia ajudá-lo em todos os momentos mais difíceis, quando Jorge parecia mais fraco ou com dificuldades de convivência naquele lugar árido. Duda e Luís eram também confidentes próximos e Jorge preferia pedir auxílio a eles, na intenção de poupar os filhos de maiores preocupações e sofrimentos. Era com os amigos que Jorge abria seu coração e dava a conhecer seus temores e suas fraquezas. Quando vacilava, quando sua fé se fazia menor diante dos desafios que tinha de enfrentar, recebia socorro através dos amigos.

Apesar das visitas confortadoras, era freqüente se sentir só. Distante do campo, que tanto amava e do qual nunca se afastara antes, lembrava-se do pôr do sol no sítio Esperança, dos anos de luta e trabalho e de tudo que construíra. Talvez nunca mais voltasse a vê-lo, pensava, entristecido.

Mas, nesses momentos recebia uma visita inesperada, ganhava um novo livro ou tinha um sonho bom, o que lhe renovava a força e a energia. Invariavelmente lhe chegavam, na hora certa, o consolo e o amparo de que necessitava e ele prosseguia confiante. Tinha esperança de que viria ser feliz, ainda que preso naquela realidade dolorosa.

Jorge esperava sair daquele lugar, porém o que almejava acima de tudo, era ter a oportunidade de conversar com Pedro. Depois de muito pensar e hesitar, escreveu-lhe uma carta e pediu que Antônio a fizesse chegar às mãos do irmão.

Desejava profundamente conversar com Pedro. Acertar-se com o filho era o maior anseio de sua alma. Vinha do mais íntimo de seu ser e, apesar de tudo que Pedro lhe havia feito, Jorge esforçava-se por compreender-lhe as razões ocultas da alma. Sabia que Pedro tinha razões que ele próprio desconhecia. E assim, esperava pacientemente que pudesse reatar com o filho os laços de amizade e fraternidade que algum dia, em algum lugar, haviam se partido ou quem sabe sido cortados por algum deles...

Essa consciência que mais e mais se intensificava para Jorge o fazia permanecer firme em seus propósitos, em sua determinação, em sua fé, mesmo que muitas vezes se sentisse desanimado. Sabia que tudo em nossa vida é conseqüência de nossos atos. E sabia que se colhia o isolamento, o afastamento e o ódio do filho, provavelmente plantara isso no passado. E ele queria reconstruir sua vida, ciente de que tudo o que fizesse agora traria conseqüências para seu futuro.

— Por favor, Antônio, faça todo o possível para essa carta chegar até Pedro.

— Tudo farei, pai, pode ficar tranqüilo.

Antônio saiu da pequena cela com a carta nas mãos e foi diretamente ao escritório do irmão. Ao entrar, percebeu uma movimentação estranha. Aproximou-se de uma jovem que atendia a recepção e lhe disse:

— Preciso falar com Pedro. Sou irmão dele e tenho uma importante entrega a fazer.

— O senhor é irmão dele?

— Sim, sou Antônio.

— Bem... Acho que o senhor terá de retornar em outra hora. Pedro não poderá atendê-lo hoje.

— Mas é importante! Tenho de entregar-lhe uma carta.
— Senhor Antônio, é que... Bem...
A jovem parecia hesitante e receosa de prosseguir.
— O que houve? Algum problema?
— É que o dr. Pedro não está passando muito bem. Ele sentiu-se mal hoje pela manhã e foi levado ao hospital às pressas.
— O que foi que aconteceu? Ele está com algum problema sério?
— Não sei ao certo. Estamos preocupados, aguardando notícias. Parece que foi algum problema de coração...
— Ele teve um infarto ou coisa parecida?
— Não tenho certeza. Ele não se sentia bem e foi para o hospital. É tudo que sei.
— Em qual hospital ele está? Sabe me informar?
— Não sei, dr. Cláudio foi quem o acompanhou e estamos esperando que volte para ter maiores notícias.
— Vou aguardar um pouco. Acha que ele chega logo?
— Só sei que vem direto do hospital para cá.
Antônio sentou-se na recepção. Amassava a carta nas mãos suadas. De súbito esqueceu até o motivo que o levara até o escritório do irmão. Estava preocupado. Seria algo sério? Sua ansiedade não se estendeu por muito tempo. Pouco depois Cláudio entrou no escritório, andando depressa. Tinha o semblante tenso e sério. Atravessou rapidamente a recepção e antes mesmo que Antônio o reconhecesse foi a passos firmes para sua sala.

Antônio, que se levantara assim que o viu entrar, sentou-se novamente quando observou a recepcionista segui-lo não menos apressada. Continuava com a carta nas mãos.

Finalmente ao ver a jovem regressar com a face lívida, indagou:
— E então? Como ele está? Onde está?
— Parece que foi infarto. Ficou internado. Aqui está o en-

dereço do hospital. Dr Cláudio não sabe por quanto tempo ele ficará lá. Disse que recebeu os primeiros atendimentos, e permanece na UTI.

Antônio também empalideceu. Colocou o endereço no bolso, agradeceu à jovem e saiu imediatamente. Queria maiores informações do irmão e nem percebeu como chegou ao hospital. Entrou e procurou notícias. Como ninguém as dava, insistiu até conseguir falar com o médico que atendera Pedro.

— Acalme-se. O estado do seu irmão é sério e inspira cuidados, mas cremos que ele não corre perigo de vida, a princípio. Tudo dependerá de como irá reagir daqui para diante. Estará em observação constante. Teve um forte ameaço de infarto e as conseqüências poderiam ser muito mais graves se o atendimento não fosse rápido. Ele permanecerá sob cuidados intensivos.

— Quer dizer que foi sério? Se não tivesse sido socorrido a tempo...

— Sim. A sorte dele foi receber socorro imediato. Não fosse assim, talvez não tivesse resistido.

— Então foi sério mesmo!

— Antes de vir para cá ele teve um princípio de infarto. Depois de chegar, teve outro ameaço bem mais forte. Mas como estava sob os cuidados médicos, com os equipamentos e medicamentos à mão, foi possível controlar e minimizar os efeitos. Seu irmão teve muita sorte.

— Quando poderei vê-lo? Ele terá de ser operado?

— Por enquanto não. Permanecerá na UTI, em observação e só poderá receber visitas uma vez ao dia. A de hoje já passou. Terá de retornar amanhã.

— Não poderia vê-lo de longe?

— Sim, vá até a sala de Terapia Intensiva. Seu irmão está no fundo da sala, virado para o vidro. Poderá vê-lo.

Antônio despediu-se do médico e seguiu para a UTI. Queria olhar para o irmão. Diante do vidro, procurou por Pedro. Lá estava ele, abatido, cercado por muitos equipamentos. Antônio permaneceu alguns minutos a observá-lo. Mentalmente, fez uma prece a Deus pedindo ajuda para o irmão. Apesar da mágoa que sentia por tudo que ele havia causado ao pai, Jorge sempre o estimulara a manter-se firme no sentimento de perdão, de compreensão.

Do fundo da sala, Pedro avistou o irmão. Antônio, ao terminar a prece, percebeu que ele o vira e acenou com a mão. Notou que lágrimas desciam pela face de Pedro; seu olhar era de medo e de angústia. Antônio ficou observando o irmão por mais alguns instantes e depois, acenando em despedida, se foi.

Ao entrar no carro, veio à lembrança a carta do pai que trazia no bolso. Imediatamente pensou que teria que contar ao pai e aos irmãos. Seria mais um sofrimento para Jorge. Resignado, Antônio ligou o carro e seguiu para o trabalho.

No dia seguinte, voltou à prisão no horário de visitas com Zezito e Lucas. O pai estranhou ao vê-los juntos, pois normalmente se revezavam ao visitá-lo. Além disso, o semblante dos filhos lhe dizia que algo sério havia ocorrido.

Antônio entrou com um enfermeiro.

— O que houve, Antônio? Algum problema?

— Pai, preciso lhe contar algo. Sente-se.

— O que foi? Alguma coisa com Pedro?

— Sim, mas ele está bem.

— O que aconteceu?

— Calma, pai. Pedro está bem. Está sob cuidados médicos, no hospital, e passa bem. Teve um princípio de infarto. Foi socorrido rapidamente, recebeu todos os cuidados médicos e passa bem. Conversei com o médico que o atendeu. Ele disse que Pedro está fora de perigo.

Jorge sentou-se na cama. Sentia um frio que começava na espinha e lhe percorria todo o corpo. Faltaram-lhe as energias. Tudo sumia de repente diante de seus olhos. Abaixou a cabeça, buscando forças. Quando o enfermeiro fez menção de aplicar-lhe um calmante, Jorge, erguendo a cabeça, pediu:

— Não me apliquem nada, por favor. Estou bem. É apenas uma dor profunda que sinto. Ficarei bem em alguns instantes.

Em seguida, olhando Antônio, perguntou:

— Você o viu, falou com ele?

— Eu o vi, porém não pude falar com ele. Daqui estou indo direto ao hospital para visitá-lo.

— Gostaria muito de poder vê-lo....

Antônio afagou os cabelos grisalhos do pai. Sabia que a dor era imensa e que não poderia sair para visitar o filho.

— Assim que terminar a visita retornarei aqui, pai, a tempo de poder entrar, e trarei notícias de Pedro.

Jorge animou-se ligeiramente com a compreensão do filho. Antônio saiu depressa para não perder o horário de visitas no hospital.

Quando lá chegou acompanhado dos irmãos, a namorada de Pedro saía da sala. Não se conheciam. Antônio foi até a cabeceira da cama e tocou levemente as mãos do irmão. Pedro tentou falar.

— Antônio... É bom vê-lo...

Antônio levou o dedo à boca, pedindo ao irmão que ficasse em silêncio.

— É melhor não falar, Pedro, não fazer esforço. Você precisa estar bem calmo para se recuperar logo.

Pedro olhava o irmão com angústia. Queria dizer o que sentia, mas sabia que Antônio estava certo.

Antônio acariciou suas mãos e seus cabelos, garantindo que ficaria bom. Pedro fez sinal que sim com a cabeça. Carinhosamente, buscando dar consolo e forças ao irmão convalescente, Antônio permaneceu ao seu lado, dizendo algumas palavras de consolo e esperança. Mostrou-lhe Zezito e Lucas que acenaram do lado de fora do quarto, pelo vidro. Findo o horário de visitas, retirou-se prometendo voltar no dia seguinte.

Capítulo 38

Antônio passou a visitar o irmão diariamente, acompanhando sua recuperação lenta e gradativa. Em alguns dias Pedro foi transferido para o quarto. Ainda debilitado, recebeu os irmãos, sentindo-se envergonhado e alegre. Saudou-os com a voz fraca:

— Antônio, Zezito, que bom vê-los...

— Procure não falar, Pedro. Você tem de se cuidar muito para uma completa recuperação – pediu Antônio solícito.

— Estou bem. O médico me assegurou que vou me recuperar completamente. Disse que precisarei tomar alguns remédios, talvez por muito tempo... mas vou ficar bem.

— Vai, sim, tenho certeza! – afirmou Antônio, procurando sorrir.

Lucas estava calado. Embora feliz por ver o irmão bem, ainda lutava com a mágoa e o ressentimento pelo que ele havia feito ao pai. Antônio conversara longamente com os irmãos e Jorge também procurava fortalecer nos filhos a idéia do perdão e o sentimento de amor e união.

Movido pelos pedidos incessantes do pai e em respeito a eles, Lucas aproximou-se do irmão e tocou-lhe as mãos. Pedro sentiu o quanto isso era difícil para ele. Lembrou de relance que na última vez que o vira haviam lágrimas em seus olhos. Fora no tribunal, pouco antes da sentença do juiz.

Pedro fechou os olhos e suspirou fundo. Queria perguntar

pelo pai. Desde o final do julgamento vinha resistindo ao impulso de visitá-lo. Deixara que meses se passassem, contudo aquela luta interior permanecia.

Com o correr dos dias, sentia-se mais e mais amargurado. Não encontrava prazer em nada. Porém lutava, orgulhoso, não querendo admitir que podia estar arrependido do que fizera. E a luta interior não cessava. Passou muitas noites em claro, pensando e relembrando.

Na tentativa de sufocar os sentimentos que o assolavam, mergulhou mais no trabalho, buscando esquecer todo o restante. Já não se divertia e trabalhava quinze, dezesseis horas todos os dias. Algumas vezes avançava noite adentro e só retornava para casa de madrugada. Nesses momentos admitia que, já que tinha de permanecer acordado, era melhor que fosse trabalhando, para não pensar.

Reprimindo suas emoções, não tardou que sentisse os primeiros sinais de que o coração não andava bem. Depois viera aquela dor intensa, que motivara a internação. Todas essas lembranças passaram rapidamente pela mente de Pedro.

Antônio, atento ao estado do irmão, sentia nele sinais de mudança. Quem sabe estivesse arrependido? Seria isso possível? E antes de sair do quarto de Pedro naquela manhã, ao despedir-se, depositou a carta do pai em suas mãos, sem dizer nada. Ele a trazia sempre consigo, aguardando uma oportunidade para entregá-la. Sentindo o irmão mais refeito, julgou ser aquele o momento apropriado.

Pedro acompanhou com olhar agradecido os irmãos ao se retirarem do quarto. Abaixou os olhos devagar e observou o envelope em suas mãos. Sabia que era uma carta do pai. Apertou-a nervosamente. Sentia vontade de abrir e ler imediatamente; ao mesmo tempo, uma força maior o detinha.

Mais uma vez pensou no pai e o sentimento de mágoa e rancor ressurgiu. Teve ímpetos de lançar para longe aquele pedaço de papel. Então recordou o olhar terno do pai no tribunal, reavivando em seu íntimo a emoção e o desconforto que aquele olhar lhe causara. Os sentimentos que o pai assim expressara haviam penetrado as profundezas da sua alma, do seu ser. Percebera amor e não ódio nos olhos do pai e aquilo o confundira totalmente. Queria vingar-se, queria ferir o pai, e era ele quem havia se ferido, afinal.

Pensou em si mesmo, deitado naquela cama. Poderia ter morrido. Lembrou-se das palavras de Gerson sobre a morte e as pessoas que passam por experiências como a de seu pai no hospital. Guardava poucos detalhes da conversa, pois algum tempo já transcorrera desde a única vez em que encontrara com Gerson.

Pedro sentiu que talvez devesse ter dado um pouco mais de atenção àquelas palavras e orientações, ainda que lhe parecessem estranhas a uma primeira análise.

Deparar com o fato de que poderia ter morrido alguns dias atrás lhe provocava tremenda angústia e desespero. Ele poderia ter morrido e nada sabia sobre a vida após a morte, nada conhecia daquele assunto. Ele se preocupara muito pouco, quase nada, até aquele momento, com sua vida espiritual ou com questões de religião. Era um homem muito prático e gostava de tudo que pudesse ser comprovado com fatos. Mas a morte era, sem dúvida, um fato do qual ninguém foge e para o qual é preciso preparar-se. Ele poderia tê-la enfrentado e sentia-se completamente despreparado, assustado, apavorado!

Lembrava o olhar meigo de seu pai em meio a uma situação de tanta contrariedade, dor, ódio, vingança e mágoa. Como ele conseguia manter aquele olhar calmo e sereno a dizer-lhe que o perdoava? Como? O que teria ocorrido com seu pai naqueles meses em que não o vira? E seus irmãos? Nunca os havia tratado com o respeito e o carinho que agora recebia deles.

Depois de muito refletir, ele concluiu que alguma coisa estava mudando em sua família. Mais uma vez apertou a carta entre as mãos. Hesitante, começou a abrir o envelope. Retirou a carta e confirmou que a assinatura era de seu pai. E com alguma dificuldade, pois tinha as mãos e os braços presos por agulhas a diversos equipamentos, começou a ler.

"Meu filho, espero de todo o coração que esta carta chegue às suas mãos e que você a leia. Pedro, é com profundo pesar na alma que analiso os fatos que nos envolvem e que nos conduziram até aqui. Se sofro por estar preso e separado da vida comum, sofro muito mais, por saber que fiz algo tão mau para você que agora me torna merecedor de sua mágoa, seu ressentimento. O que mais quero nesta vida, meu filho, é o seu perdão, é o seu amor. Reconheço que a mágoa e o ódio sempre foram a marca de nossa convivência. Mas hoje sei que o amo e peço a Deus nosso Pai e a Jesus, todos os dias, que nos unam novamente sob o seu amor. Para mim o seu perdão, Pedro, será como água para alguém sedento em dias de calor; e, apesar da dor que sei presente em seu peito, também sei que és um bom homem e um dia, com a graça de Deus, saberá encontrar a força para compreender-me, permitindo que nos reaproximemos.

Sei o que digo, pois estou banhado em nova luz que me ilumina a alma e me faz entender, ainda sem saber exatamente como e por que, tudo aquilo que sentimos e que não podemos traduzir em palavras. Somente nossa alma sabe o que já passamos em outras vidas, Pedro, e que hoje continuam a viver em nós como cinzas acesas do passado. Saibamos apagar os restos do fogo que ainda nos queima por dentro, descobrindo novo caminho a trilhar.

Espero o dia iluminado em que hei de reencontrá-lo!

Seu pai."

De repente, Pedro foi dominado por indescritível emoção. Lágrimas desciam pelas suas faces e ele não as controlava. Chorou sentidamente, deixando que o pranto lavasse sua alma dolorida, seu ressentimento e seu remorso. Chorava como uma criança, deixando aflorar toda a sua emoção. Sentia como se soubesse do que o pai lhe falava naquela carta e deixou-se tomar completamente pela emoção que aquelas palavras lhe despertavam.

Julia e Dulce, que se mantinham a seu lado, aproveitaram o momento de ternura que a carta de Jorge proporcionava a Pedro para tocar-lhe a alma de forma intensa. Julia envolvia-o com suaves emanações de amor e ternura. Intensas luzes azuis partiam da área de seu coração e se derramavam por todo o corpo de Pedro. Alisando-lhe os cabelos suavemente, Dulce ponderou como se falasse consigo mesma:

— Apesar de vê-lo sofrer, sinto que as lágrimas lhe fazem bem. Será que nosso irmão se renderá, enfim ao toque do perdão?

—Temos trabalhado sem cessar para auxiliá-lo nessa grande tarefa. Esse é meu maior desejo e permaneço confiante que Jesus, do mais alto, seguirá nos amparando e permitirá a Pedro o regresso ao plano inicial de sua encarnação. Ele ainda sofre a dor profunda que o pai lhe causou no passado, porém as chagas precisam ser cicatrizadas e as cinzas definitivamente apagadas – afirmou Julia serenamente.

Olhando com ternura para o filho, Dulce falava-lhe ao ouvido:

— Deixe que saia toda a mágoa através de suas lágrimas. Deixe que o pranto lave o seu coração, Pedro, e perdoe. O perdão não é um ato de fraqueza, e sim o único caminho de restauração das nossas vidas. Somente o perdão nos coloca acima de nossas limitações e nos ajuda a ir em frente na nossa caminhada. Negar o perdão àqueles que nos ofenderam, é negar a nós próprios a possibilidade de seguir adiante. É nos fazermos prisioneiros do passado e daqueles que nos massacraram. Se sofremos, é porque colhemos o fruto de nossos atos. Quando perdoamos, aceitamos os desígnios de Deus em nós. E quando compreendemos que aqueles que nos ferem talvez estejam cobrando de nós reparações que lhes devemos do pretérito, encontramos a força para mudar nossos destinos. Esta é a sua oportunidade, Pedro. Perdoe, meu filho. Perdoe e comece a reconstruir sua vida!

Pedro não podia perceber a mãe ou Julia, mas sentia a energia intensa daquele ambiente e chorava deixando que a mágoa, por tanto tempo represada em sua alma, transbordasse.

A enfermeira entrou e ficou assustada com o choro sentido de Pedro. Os equipamentos estavam alterados. Seu coração, tomado pela forte emoção, refletia o impacto daquele momento sobre a vida do rapaz. A enfermeira saiu e rapidamente retornou com uma injeção tranqüilizante. Aplicou-a e Pedro foi aos poucos serenando até adormecer.

Assim que ele caiu em sono profundo, mais uma vez seu corpo espiritual, igualzinho ao corpo físico, foi desprendido com a ajuda de Julia e Dulce. Ele estava abatido e sem forças. Sentou-se na cama, ao lado de seu corpo físico e, olhando para Julia disse:

— Estou cansado e confuso. Misturam-se em mim mágoa e ressentimento, aos quais se junta uma nova dor que aflora em meu coração. Já não consigo odiar meu pai tão intensamente. Sinto dor por todos nós. Sinto dor por tudo o que ele me fez. Sinto dor por termos todos de sofrer tanto assim...

Julia, olhando-o com ternura disse:

— Pedro, meu amor, muitas vezes a dor é o instrumento sagrado que nos faz compreender coisas que de outra forma, jamais entenderíamos. Ela é um freio ao mal que podemos causar a nós mesmos e aos outros. É a bendita ferramenta do Alto a nos corrigir a caminhada e nos auxiliar a transformar nossos destinos.

— E viver assim, com tanta dor e sofrimento, vale a pena?

— A dor não permanece para sempre, Pedro – disse Dulce pegando suavemente suas mãos. É a companheira a nos aconselhar que revisemos nossa caminhada, enquanto precisamos dela. Quando lhe aprendemos a lição, transforma-se em sabedoria e crescimento; é então que novos horizontes se abrem diante de nós, e ficamos mais fortes. Além do mais, nosso Pai nunca nos abandona, Pedro. Estamos aqui a seu lado, com a permissão de Deus, dando-lhe sempre forças e amparo. Isso por si já não é maravilhoso?

— Mas por que, mãe? Por que, se tudo o que eu queria era amar e ser feliz?

— Um dia, Pedro, você vai compreender. Aos poucos, meu filho, aos poucos. Confie em Deus. Retome seu caminho e um dia você verá como são sábios e perfeitos os planos de Deus para nós.

Pedro baixou a cabeça sem dizer palavra. Sentia os ombros pesados com o fardo da dor que trazia na alma. Lutava ainda com todo o seu passado, que se fazia tão presente dentro dele. Julia aproximou-se mais do companheiro e tocando seu rosto com suavidade lhe falou:

— Pedro, serene seu coração, perdoe e recomece. Nunca é tarde. Estarei sempre com você. E no futuro, se você não se afastar de Jesus, estaremos juntos de novo, e aí então verdadeiramente felizes.

Pedro parou de lutar, pela primeira vez na vida, com seus sentimentos mais nobres. Estava cansado e deixou-se dominar pela ternura da mãe e da mulher que tanto amara. Envolvido em suave torpor, adormeceu profundamente.

Na manhã seguinte, despertou bem mais disposto, com uma sensação de leveza. Acordou com a carta do pai entre as mãos. Olhou-a e relembrou de relance as emoções do dia anterior. Havia dormido muito. Parecia que dormira por uma eternidade. Estava envolvido pelas lembranças quando Antônio entrou no quarto.

— Como se sente hoje, Pedro?

Pedro olhou-o com ternura e alegria.

— Estou melhorando, Antônio, estou melhorando.

— Fico feliz ! Todos ficamos felizes!

Dizendo isso, Antônio olhou para a carta do pai. Viu que o irmão a trazia aberta nas mãos assim que entrou no quarto.

Pedro sabia que Antônio se referia ao pai. Olhou-o por alguns instantes sem dizer nada e então perguntou:

— Como ele está?

— O pai?

— Sim? Como está o pai?

— Com muita vontade de ver você!

— Mas... como ele está? De saúde, de cabeça, enfim...

—Vai lutando, batalhando para manter-se firme. Sofre, por certo, Pedro. O ambiente naquele lugar é muito difícil, você bem sabe...

Notando a tristeza que de súbito se estampara no rosto do irmão, procurou alterar a conversa para algo mais agradável

—Tem alguma notícia de quando vai sair daqui?

— Não. Parece que querem acompanhar um pouco mais minha recuperação aqui no hospital.

Silenciaram por alguns minutos. Antônio desejava falar mais sobre o pai, porém temia prejudicar a recuperação do irmão. Foi Pedro, que retornou ao assunto:

— Gostaria muito de vê-lo, Antônio. Gostaria de ver o pai.

Antônio fitou-o incrédulo. Seria mesmo verdade que o irmão estava mudando? Seria possível? Ele havia desejado ardentemente que aquela mudança acontecesse. Gerson por vezes lhe falara que o amor e o perdão podem transformar situações irremediáveis, mas ele tinha dificuldade em crer naquilo. Por isso fitava o irmão espantado, mal acreditando nas palavras que acabava de ouvir. Sem conseguir disfarçar o contentamento que sentia com as palavras de Pedro, buscou conter a emoção e lhe disse:

— Seria ótimo vocês poderem se encontrar. O pai ficaria muito feliz. Seria importante para ele! Infelizmente isso não é possível, ao menos por enquanto. Você está aqui e não se sabe por quanto tempo. E o pai... Bom, acho que precisaremos ter paciência.

— Gostaria muito de vê-lo logo! Hoje, se fosse possível!

— Mas não é, Pedro. Você, mais do que ninguém, sabe que é impossível!

Pedro permaneceu pensativo por alguns instantes. Sabia que o pai não poderia sair da prisão psiquiátrica, a não ser para fazer exames... Lembrou-se de que o hospital onde estava internado possuía uma unidade psiquiátrica extremamente moderna e desenvolvida. Àquele pensamento, um brilho surgiu em seus olhos:

— Antônio, tive uma idéia. Quero que ligue para esse número – deu o telefone do médico da clínica onde o pai ficara internado – e peça ao dr. Marco Aurélio que venha me ver. Preciso falar com ele.

— O que você vai fazer, Pedro?

— Vou trazer o pai aqui.

— Como?!

— Vou fazer com que ele venha fazer algum exame no hospital. Aí, vou pedir ao médico que o traga até aqui.

— Você acha isso possível?

— Não sei, vou tentar. Peça ao dr. Marco Aurélio que venha. Creio que ele poderá nos ajudar.

Antônio saiu do quarto e não demorou a retornar.

— Tudo certo. Ele virá amanhã pela manhã.

Pedro olhou o irmão com um misto de alegria e melancolia. Antônio o fitou, curioso. O que teria passado pela mente de Pedro? Alguns meses atrás colaborava decisivamente para colocar o pai na prisão psiquiátrica, sem dó nem piedade. E agora, movimentava tudo que podia para vê-lo, para encontrar-se com ele. Alguma coisa, por certo, estava se modificando nele.

Despediu-se e prometeu retornar em breve. Pedro pediu que Antônio lhe ligasse no dia seguinte para ter notícias.

Capítulo 39

Tudo acontecia de acordo com os desejos de Pedro, que possuía muita habilidade para conduzir situações e pessoas à sua volta.

Mais uma vez, Marco Aurélio iria auxiliá-lo. Relutou muito a princípio, pois receava que os médicos pudessem de alguma forma suspeitar que a doença de Jorge não passava de uma farsa. Sabia que teriam de ser muito cuidadosos em cada ação para conservar a situação sob controle. Porém, diante da insistência de Pedro, e a pretexto dos exames que deveriam ser feitos em Jorge para a próxima audiência com o juiz, o médico encontrou uma saída em um exame que o hospital tinha condições de fazer com muita precisão.

Marco Aurélio obteve permissão junto ao hospital para realizar pessoalmente os exames. Ainda faltava conseguir autorização judicial para a saída de Jorge da prisão. No entanto, Marco Aurélio sabia como poderia manipular a situação. Conhecia todos os procedimentos.

No dia seguinte, o médico fez uma visita a Jorge na prisão, com a desculpa de examiná-lo e prosseguir na avaliação de sua suposta doença, pois continuava sendo um dos responsáveis pelo diagnóstico naquele processo. Determinou a necessidade do exame específico e visto que na prisão não poderia ser efetuado, criou-se o impasse.

Pedro, do hospital, acionou todos os seus contatos jurídicos e conseguiu, por fim, a autorização judicial para que o pai fosse levado ao hospital e ali se submetesse ao exame, sob a responsabilidade de Marco Aurélio, acompanhado por policiais. O exame foi marcado para dois dias depois daquela visita.

Pedro informou Antônio sobre o bom andamento dos planos para a visita do pai, quando o irmão lhe telefonou na noite seguinte, conforme o combinado.

Antônio desligou o telefone intrigado. Pedro sempre alcançava tudo que queria! Olhou para os irmãos e os amigos que estavam também na sala, e suspirou com semblante feliz:

— Ele é impossível! Conseguiu! Meu pai vai ao hospital depois de amanhã para ser examinado. Acho que vão conseguir se encontrar.

Todos entreolharam-se felizes. Zezito e Lucas quase não acreditavam no que acontecia. Duda e Luís sentiam-se felizes demais. Sabiam o quanto era importante para Jorge aquele encontro, o quanto ele ansiava por falar com o filho. Gerson era o mais exultante de todos. Trazia no semblante a serenidade, a paz e a satisfação de observar mais uma vez a fé, o amor e a confiança em Jesus transformando as pessoas, as situações.

— É um progresso tremendo esse, Antônio! – afirmou, satisfeito.

— Sim, Gerson. É muito bom, mas ao mesmo tempo estranho. Fico imaginando o que pode ter feito Pedro mudar de atitude tão de repente e tão radicalmente. Ontem acusava e destilava ódio contra ele. Hoje, quer estar com ele e tudo faz para tornar isso possível. Será que esconde outras intenções?

— Que intenções poderiam ser? Não há nada de pior que possa atingir Jorge agora, há? – perguntou Duda, quase respondendo à própria questão.

— Não sei, Duda. Pedro não parece de forma alguma estar planejando qualquer coisa ruim – afirmou Antônio, procurando lembrar-se das expressões do irmão na última visita que fizera.

— Não sei, não. Não estou gostando muito dessa mudança repentina de atitude... – falou Lucas preocupado.

Gerson ajeitou-se melhor na cadeira que ocupava, na sala de estar da casa de Antônio, e disse com ar sério:

— Lucas, Zezito e Antônio, acredito que essas mudanças que estão ocorrendo com Pedro não sejam repentinas. Há quanto tempo temos pedido a Deus por sua família? Há quanto tempo vimos buscando manter a fé e a confiança em Jesus e nos seus ensinamentos de amor e perdão, acreditando firmemente que essa deveria ser nossa atitude para com Pedro? Mesmo em meio a seus atos de crueldade e frieza, temos perseverado na postura amorosa. E o que dizer de Jorge? Ele vem mostrando a firmeza dos grandes homens que compreendem pouco a pouco as verdades espirituais. Que força maravilhosa vem revelando! Confiante em Deus, tem demonstrado fé e serenidade.

E depois de breve silêncio, prosseguiu:

— Meus amigos, não se iludam acreditando numa simples mudança de postura. Muitos de nossos companheiros espirituais vêm trabalhando incessantemente para mover-lhe o coração.

E cercado por energias de benfeitores espirituais que lhe influenciavam o pensamento, finalizou:

— Muito vem sendo feito, no plano espiritual superior, para voltar a reunir essa família, sob os ensinamentos de nosso Mestre Jesus. Nada acontece por acaso e o que plantamos, colhemos. Vocês vêm plantando, com a graça de Deus, perdão e compreensão; no momento oportuno, as sementes germinarão e darão frutos de paz e harmonia. E quem sabe o momento não chegou? Quem sabe não se aproxima a hora da colheita?

A alegria envolveu o grupo de amigos. Sentiam-se profundamente amparados pela luz Divina. Sentiam que novas esperanças lhes brotavam na alma. Diante de seus olhos quase incrédulos, percebiam que forças maiores movimentavam a tudo e a todos, e que aquelas verdades que vinham estudando e aprendendo eram poderosos fatores de transformação a operar na vida das pessoas.

* * * * *

Na prisão, Jorge recebeu com estranheza a comunicação daquele exame, sentindo-se desalentado. Teria de submeter-se outra vez àquele médico, que não apreciava, e ficou preocupado.

Porém, decidiu suportar com serenidade mais aquela situação. Sua maior preocupação era Pedro. Recebia notícias de sua melhora através de Antônio e dos amigos, mas gostaria de verificar com os próprios olhos o estado real do filho.

Persistia nas preces a Deus para que um dia os reunisse novamente sob os laços de amor e fraternidade que ele aprendia a compreender e desejar para si, para sua família e para todas as pessoas.

Foi assim pensativo que ele deixou a prisão naquela manhã. Não poderia supor o que o aguardava, pois desconhecia o nome do hospital onde o filho estava internado. Sem perguntas, sentou-se no carro ao lado do dr. Marco Aurélio, que não lhe dirigia o olhar. Dois policiais da prisão seguiram em outro carro.

Chegaram ao hospital e Jorge foi levado diretamente ao departamento onde seria examinado. Ficou surpreso com os equipamentos que viu; nunca estivera em uma sala tão bem equipada e tão sofisticada. Olhava tudo curiosamente, absorto em seus pensamentos. Imaginava quantas pessoas jamais teriam oportunidade de ser atendidas com tal sofisticação. Ele, que não precisava, estava ali e muitos necessitados nunca teriam acesso a esses cuidados. Jorge ponderava a realidade em que vivia, quando dr. Marco Aurélio se aproximou dele. Os guardas se detinham com outro médico em conversa amistosa, fora da sala de exames. Ele tratara para que fossem distraídos.

Pegando Jorge fortemente pelo braço, o médico disse:

— Venha comigo sem maiores perguntas. Tenho de levá-lo.

Desconfiado Jorge resistiu, incomodado com aquela atitude de alguém em quem já não confiava.

— O que está acontecendo?

— Seu filho está neste hospital. Pedro quer vê-lo.

O semblante de Jorge então se iluminou. Suas feições se fizeram diferentes, mais viçosas e mais alegres.

— Será, meu Deus, que finalmente irei falar com Pedro? Poderei vê-lo, afinal!

— Mas temos de ser muito rápidos, Jorge. Tudo isso é uma manobra de Pedro.

— Percebo que sim. O mesmo tipo de manobra que me colocou naquele hospício, não é mesmo? Indagou Jorge tranqüilo. E ao notar a expressão assustada com que o médico o fitou ele emendou:

— Não se preocupe, Dr. Marco Aurélio. Isso é um problema de família e vamos deixar que continue assim.

Sem dizer mais nada, saíram depressa pela porta dos fundos da sala de exames. Passaram por diversos corredores. O médico ia cumprimentando alguns enfermeiros, desviando de outros, até chegarem em frente à porta do quarto onde Pedro se encontrava.

Jorge, então, parou subitamente. Sentia forte emoção dominá-lo. Estranhas sensações o invadiram naquele momento, quando lhe veio a nítida impressão de já ter vivido uma situação semelhante àquela: Pedro num quarto de hospital e ele a visitá-lo aflito. Toda aquela experiência lhe parecia muito familiar. Procurou lembrar quando ele havia vivido aquilo. Mas Pedro nunca estivera internado antes, nunca sofrera maiores problemas de saúde. Onde poderia ter vivido uma situação como aquela? Jorge percebeu, então, que eram impressões do passado que emergiam de seu interior, como que se apresentando novamente diante dele. Respirou fundo, entrando resoluto e feliz pela nova oportunidade.

Pedro, que estava sentado na cama acabando uma refeição, olhou-o entre alegre e assustado. De repente, não sabia mais o que fazer. O que iria dizer ao pai, que por tanto tempo odiara? Quase arrependeu-se de tê-lo trazido ali. Sua presença física, fazia-o sentir-se desconfortável. Reminiscências do passado tomavam-lhe a alma diante da figura do pai. Jorge, por sua vez, o olhava com serenidade e imensa ternura. Ignorando a presença de Marco Aurélio, saudou o filho:

— Que bom vê-lo, meu filho. Só Deus sabe quanto desejava isto. Tenho pedido a Ele sem cessar por esta oportunidade. Pela benção do Pai ela me foi concedida. Obrigado, Pedro, por permitir-me a oportunidade de vê-lo.

Vencido pela ternura e pelo amor que emanavam de seu pai, os últimos sentimentos de resistência de Pedro se dissolveram. À sua frente estava aquele homem que não podia compreender, por mais que se esforçasse. Que laços os uniam e separavam? Pensava.

Jorge aproximou-se devagar, como se pressentisse, por forças invisíveis, as emoções conflitantes do filho. Temia aproximar-se bruscamente. Tocou-lhe as mãos com suavidade. Ambos foram então envolvidos pelos espíritos de Dulce e Julia, que tudo acompanhavam felizes.

Com o olhar incrédulo ao constatar que tudo caminhava bem, o médico disse retirando-se:

— Vocês têm pouco tempo, não mais do que dez minutos. Vou sair e venho buscar Jorge em seguida. Precisam ser breves.

Sem falar, Pedro olhou o médico e acenou que sim com a cabeça.

— Meu filho, perdoe-me. Sei que de algum modo, magoei sua alma duramente. Sei que seu coração traz cinzas de mágoas e ressentimentos. Devo tê-lo ferido demais, manchando nossas vidas de forma indelével, suplico, meu filho, seja o que for que eu lhe tenha feito, perdoe-me!

Sofro amargamente esse distanciamento entre nós. Sinto virem do fundo da alma dor e amargura, tristeza e arrependimento. Sei que nada fiz à sua mãe além de amá-la durante toda a nossa vida em comum. Mas talvez em outros tempos, distantes, eu tenha magoado você e causado nossa separação...

As palavras morreram-lhe na garganta. Lágrimas desciam pela sua face. Jorge via não Pedro, deitado na cama daquele hospital para recuperar-se de um problema de coração, e sim Pedro, seu filho, deitado em outro quarto de hospital, quase morto, com o corpo queimado. Era aquele Pedro que ele via, e diante daquela cena do passado, que permanecera marcada profundamente em algum lugar de sua mente, ele se desculpava.

Presente e passado se encontravam naquele momento.

Pedro estava tocado. Fitava o pai entre espantado e aliviado. Mesmo sem compreender bem o que Jorge lhe falava, não fazia perguntas. Ainda resistia um pouco, porém incapaz de controlar a emoção que os envolvia naquele instante de reencontro de almas, ele por fim baixou as últimas resistências e disse:

— Pai... Que foi que eu fiz com você! Sou eu que tenho de lhe pedir perdão. Eu...

— Não, Pedro. Não diga mais nenhuma palavra.

— Eu fui terrível, pai. Fui muito mau para você...

— Pedro, não falemos mais nisso. Eu sei de tudo que aconteceu, meu filho. Sei que não estou doente. Mas isso tudo agora não me importa. O que mais me importa é reatarmos nossos laços de amor e amizade, através do perdão que pode nos reaproximar. Só isso me interessa, meu filho. O resto iremos resolver a seu tempo.

Pedro olhou-o chocado. Então ele sabia de tudo! Como? Como descobrira?

Como se lhe adivinhasse os pensamentos, Jorge falou:

— Não se preocupe, Pedro, ninguém me contou. Percebia tudo através de minha intuição, ajudado por amigos espirituais que todos nós possuímos.

— Acredita mesmo nisso, pai? Nesses amigos espirituais, na vida após a morte, em termos vivido outras vidas, como Gerson tanto falou?

— São essas novas verdades, meu filho, que me têm sustentado. Elas têm me dado forças para permanecer firme diante da adversidade. E agora, Pedro, estão me reaproximando de você!

Pedro ia começar a perguntar ao pai como descobrira toda a farsa da doença, quando foi interrompido pela entrada ruidosa de Lucas e Zezito, que conversavam animados.

Ao depararem com Pedro e Jorge, tão próximos, estacaram emudecidos. Passada a surpresa inicial, entraram e abraçaram o pai alegremente.

— Pai, que bom ver você aqui!

— Também é bom ver vocês.

Abraçaram-se com carinho. Pedro, então, olhando o pai e os irmãos, sorriu como há muito tempo não fazia, e exclamou:

— Pai, é muito bom ver você! Sinto como se não o visse há muitos e muitos anos. Sinto como se um fardo pesado tivesse sido retirado de minhas costas, e estou leve como se flutuasse!

Lágrimas desciam pela sua face, diante do olhar surpreso e perplexo dos irmãos.

Jorge, compreendendo que o perdão finalmente se fizera entre eles, disse:

— Também sinto como se não nos víssemos há séculos, meu filho. Eu amo você!

Vendo que o momento era de reconciliação, Lucas e Zezito abraçaram-se ao pai. Pedro os olhou com ternura e abriu os braços, pedindo naquele gesto que fosse incluído no abraço suave e reconfortante. Era um novo começo.

Capítulo 40

Quando Antônio entrou no quarto todos choravam. Era a emoção do reencontro e do perdão. Ele uniu-se àqueles que tanto amava e enxugando as lágrimas, fitou feliz o pai e os irmãos abraçados. Enfim estavam juntos: Jorge, Pedro, Zezito, Lucas e ele. Pensou na mãe: apenas ela não estava ali naquela hora. Contudo sabia que de onde estivesse, ela vibraria feliz por vê-los todos juntos.

— Graças a Deus – pensou –, depois de tantos anos, estamos verdadeiramente juntos!

Sob o olhar protetor de Dulce e Julia, que a tudo assistiam, desapareciam aos poucos daqueles corações as cinzas do passado.

Após alguns instantes de silêncio, Dulce disse sorrindo, em meio às lágrimas de alegria que desciam também de seus olhos:

— Depois de mais de um século, meu filho, estamos todos juntos, finalmente reunidos de novo!

E Julia, abraçando a amiga de tantas lutas, exultou:

— Abençoada reencarnação que nos permite redimir nossas faltas do passado, colocando-nos de novo na Terra, ao lado daqueles que amamos e que odiamos, para o resgate de nossos débitos e a construção de um futuro feliz e glorioso.

Juntas, observando as luzes que desciam do céu sobre a família que se reencontrava, sorviam felizes a energia que emanava dos céus, certas de que um belo futuro se descortinava para todos.

Dulce e Julia, intimamente satisfeitas pela tarefa concluída, entreolharam-se sem dizer palavra. Sabiam que era hora de partir. Novas responsabilidades aguardavam por elas: pessoas a ajudar, outras famílias a reaproximar, passados a resgatar.

Sem dizer nada apenas abraçaram um a um, despedindo-se momentaneamente daqueles a quem tanto amavam, e partiram.

O sol iluminava o dia com um brilho que parecia mais intenso, adivinhando o momento único de reencontro das almas sobre a escola terrestre.

Dulce sabia que era um importante recomeço. Muitas lutas ainda viriam, mas juntos e unidos a Jesus estariam mais fortes para enfrentá-las.

Belém "Casa do Pão"
XXXI

Entre,
descanse,
e siga em paz

O Grupo Cristão Assistencial Casa do Pão XXXI é uma entidade sem fins lucrativos, situada no bairro do Maracanã, região carente da periferia da cidade de Atibaia.

Desde 1998, temos como missão atuar na base da formação da criança e adolescente ajudando-os a descobrir e desenvolver seu potencial. Para isso buscamos auxiliar as crianças e suas famílias através da distribuição gratuita de alimentação, roupas e xaropes fitoterápicos, além do atendimento odontológico.

Para contribuir com o desenvolvimento do potencial das crianças, implantamos na Casa do Pão o projeto Centro da Juventude Anália Franco, que oferece apoio psicológico e educacional através das atividades de diversas oficinas, como: marcenaria, padaria, apoio escolar, entre outras.

Atualmente são cerca de 110 famílias atendidas e o projeto Centro da Juventude trabalha com mais de 40 crianças.

Venha fazer parte desta família. Trabalhemos, que o céu nos ajudará! Unamo-nos e nada poderá suplantar a nossa força! E amemo-nos para que Jesus possa se expressar através de nós. Somente assim estaremos realmente cooperando para que a caridade suavemente caminhe estabelecendo o amor na face da Terra.

Seja um apoiador da Casa do Pão ou torne-se um voluntário.

Rua Alberto de Almeida Brandão, 187
Maracanã – Atibaia – SP.
Fone: (11) 4415 1500